臨床心理学②
診断と見立て
[心理アセスメント]

氏原 寛・成田 善弘 共編

培風館

執筆者一覧 （2005年10月現在）

第I部　診断と見立て
- 1章　氏原　　寛（帝塚山学院大学大学院人間科学科研究科教授）
- 2章　成田　善弘（大阪市立大学大学院教授）
- 3章　菊地　孝則（公立昭和病院心身医療科，主任医長）
- 4章　神谷　栄治（椙山女学園大学人間関係学部助教授）

第II部　面接による診断と見立て
- 1章　乾　　吉佑（専修大学文学部教授）
- 2章　川戸　　圓（川戸分析プラクシス，ユング派分析家）
- 3章　岡　　昌之（東京都立大学学生相談室教授）

第III部　心理アセスメントの効用と限界
- 1章　空井　健三（中京大学文学部教授）
- 2章　金児　曉嗣（大阪市立大学文学部教授）
- 3章　菊池　道子（埼玉医科大学精神医学教室非常勤講師）

第IV部　心理アセスメント
- 1章　上芝　功博（元千葉大学教育学部教授）
- 2章　小川　俊樹（筑波大学心理学系助教授）
- 3章　鈴木　睦夫（中京大学文学部教授）
- 4章　小林　哲郎（京都大学カウンセリングセンター助教授）
- 5章　秦　　一士（甲南女子大学文学部教授）
- 6章　田中富士夫（金城大学文学部教授）
- 7章　吉川　眞理（学習院大学文学部助教授）
- 8章　名取　琢自（京都文教大学人間学部助教授）
- 9章　中瀬　　惇（京都ノートルダム女子大学人間文化学部教授）
- 10章　佐野　竹彦（愛知教育大学教育学部教授）
- 11章　松島　恭子（大阪市立大学生活科学部教授）
- 12章　山中　康裕（京都ヘルメス研究所所長）
- 13章　青木　健次（京都大学学生懇話室助教授）
- 14章　高石　浩一（京都文教大学人間学部教授）
- 15章　山口　素子（神戸女学院大学人間科学部助教授）
- 16章　森岡理恵子（華頂短期大学学生相談室カウンセラー）
- 17章　高尾　浩幸（文教大学人間科学部教授）

本書の無断複写は，著作権法上での例外を除き，禁じられています。
本書を複写される場合は，その都度当社の許諾を得てください。

図 12-3 「複数の地平」に乖離現象の一証拠をみる。
　　　　事例：13 歳，女性

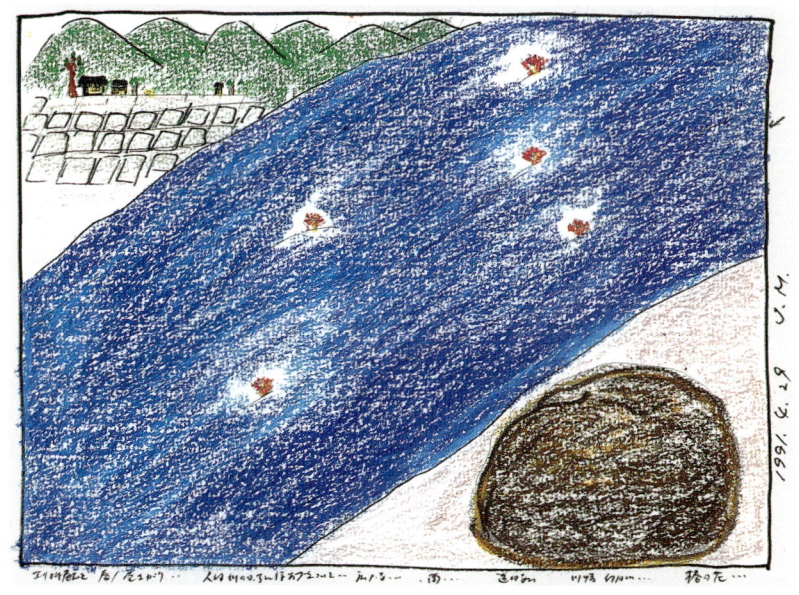

図 12-4 大川を流れる椿の赤い花に，つげ義春の「赤い花」
　　　　のテーマと，複数の地平に基底断層をみる。
　　　　事例：32 歳，女性

第2巻　診断と見立て

——まえがき——

　ここに臨床心理学テキスト第2巻『診断と見立て——心理アセスメント——』を出すことになりました。これは第1巻『カウンセリングと精神療法——心理治療——』と同じく，心理アセスメントの効用と限界を，大学院レベルの学生に十分理解してもらうことを目的としています。だから，それぞれの心理アセスメントについての施行法その他，初歩的なことはすでに承知しているとの前提で，それがどんな場合どういう意味で有効で，したがってどんな場合にはあまり有効でないのかが論じられています。当然，それらのテストをいかに組み合わせるか，いわゆるテストバッテリーについても，1章が割かれています。

　しかし何よりも本書を特色づけているのは，以上に加えて「見立て」という点を強調していることです。見立てについては諸家の定義があり，必ずしも一致した見解はないのですが，本書では心理臨床家がクライエントを引き受けるとき，はたして心理学的な働きかけが可能かどうか，可能とすればどのような角度からどのように働きかけることができるのか，その際どのような経過が予想され最終的にはどのような予後が予想されうるのか，などを見通すこととしています。もちろんこうした見立ては，そもそものインテークに始まって，そのつど心理治療の状況に応じて修正されてゆかなければなりません。それにもかかわらず，そのような見通しなしに，治療のプロセスが順調に進むことはありえないのではないでしょうか。

　同時にそれと密接に関連することですが，こうした見立てには，カウンセラーの側の主観的な判断が決定的に重要であることを指摘しておきたい。心理治療が，主として治療する側とされる側との人間関係をめぐって展開する以上，カウンセラーとクライエントの双方が，お互いの影響を受けることなしに関与し合うことはありえません。いわばそこには両者の共通空間，共通のプロセスのごときものが生じます。だから双方とも，己の内に生ずるプロセスに思いを凝らすことによって，実は，相手の内的プロセスを感じとることができる場合があります。例えばカウンセラーの感じるイライラが，実は本当に話したいことを話せぬ場の雰囲気にイライラしているクライエントの気持ちの反映である場合のように。

だから見立てにはどうしても直感的, 主観的な側面がつきまといます。他方, 診断は医学に発したことばであるし, 患者を客体として客観的に理解することを指します。そして, 適切な診断には適切な治療法が伴っており, それによって患者の予後を相当的確に見通すことができます。心理アセスメントには, この診断的な側面がつきまといます。つまり誰が誰に施行してもその結果は同じでなければならない, という前提があります。しかし, 本書のI-1章にもあるように, ある種のテスト, 例えばロールシャッハ・テストにおいては, 検査者と被験者の関係の深まりに応じて反応のレベルの異なっていることがあります。従来はテストシチュエーションの問題として, できるだけ排除されるべきとされていたものです。しかし心理治療における逆転移の有効性の認識と相まって, テストにおける検査者の主観性の有効性が, 特に経験の深い検査者の側から指摘されることが少なくありません。もっともそうした主観性をいっさい排除する方向もあり, これは精神医学的診断におけるDSM派と力動派のごとき, 本来は相補的なものが一時期相反的に見えているだけなのかもしれません。

 本書は臨床心理学のテキストですから, 精神医学的診断について正面から論じようとするものではありません。しかし執筆者の中に医師が多く含まれていることからも明らかなように, 診断の問題を決しておろそかにしようとしているものではありません。

 ゆくゆくは, 心理臨床家の側からの独自の見立て(診断)の基準を作ることが必要でしょう。もちろんそれは, 精神医学的診断基準と重なり合うもので, 決して対立する新しいものではありません。その後一般化されたとは見えませんが, かつてベック(Beck, S.)がロールシャッハ・テストによる分裂病の亜型の分類基準を作ったように, です。今後, 心理学的につまずいた人たちに対する精神科医, 心療内科医, 心理臨床家の協力はますます緊急なものとなってきます。現時点での心理臨床家の教育・訓練が医師の訓練に比べて質・量ともに不十分なのは承知しています。それがいつか同等のレベルのものとなり, 両者が専門領域の異なる専門家同士として協力し合う時の一日も早からんことを願っての, 本書はその一つの試みにほかなりません。

 心理アセスメントという, 心理臨床家に独自の領域の仕事であるかに見えるものも, やはり精神医学との関係を抜きに考えることの難しいことを, 読者諸君におわかり頂きたいものです。

　　　平成11年9月

　　　　　　　　　　　　　　　　　　　　　　　　　　　　氏　原　　　寛

——目　次——

第I部　診断と見立て

1章　心理臨床の立場から ─────────────── 2

- **1-1** はじめに　2
- **1-2** ロジャーズ再考　2
- **1-3** 共感——感情レベルと感覚レベル　7
- **1-4** ロールシャッハ・テストをめぐって　12
- **1-5** 診断と見立て　16

2章　精神科医の立場から ─────────────── 21

- **2-1** はじめに　21
- **2-2** 記述的診断　22
- **2-3** 力動的評価　28
- **2-4** 診断面接における留意点　31

3章　心療内科医の立場から ────────────── 35

- **3-1** はじめに　35
- **3-2** 心身医学と心療内科(医)　36
- **3-3** 心身医学的診断に関する基本的観点　37
- **3-4** 診断と見立ての実際　42
- **3-5** 心身医学的診断と臨床心理　47

4章　診断と見立ての枠組み——DSMとICDをめぐって ──── 50

- **4-1** はじめに　50
- **4-2** 臨床的診断とはなにか　51
- **4-3** 診断の歴史　52
- **4-4** DSMとICDの特色　56
- **4-5** 診断システムの問題点　60
- **4-6** 利用に際して　64
- **4-7** おわりに　65

第II部　面接による診断と見立て

1章　精神分析的立場 — 68

- **1-1** はじめに　68
- **1-2** 精神分析的診断面接の登場　69
- **1-3** 精神分析的な診断面接過程では何が行われるのか　71
- **1-4** 四つの準備　74
- **1-5** おわりに　78

2章　分析心理学的立場 — 80

- **2-1** はじめに　80
- **2-2** 言語連想検査を用いての診断と見立て　80
- **2-3** コンプレックスの診断と見立て　84
- **2-4** 診断名を無視する力　87
- **2-5** おわりに　89

3章　心理臨床的立場 — 90

- **3-1** はじめに　90
- **3-2** 診断と判断　91
- **3-3** 「見立て」と相手の「立場」　93
- **3-4** 「見立て」とお互いの「立場」　96
- **3-5** おわりに　98

第III部　心理アセスメントの効用と限界

1章　投影法の効用と限界 — 102

- **1-1** はじめに　102
- **1-2** 心理検査の特性別分類とその意味　103
- **1-3** 投影法の受け取り方と結果の伝え方　107

2章　質問紙法の効用と限界 — 110

- **2-1** はじめに　110
- **2-2** 心理アセスメントとパーソナリティ理論　111
- **2-3** 心理アセスメントとしての質問紙法　112
- **2-4** 質問紙法にまつわる諸説明　115

3章 テスト・バッテリーについて ——————————— 121

- **3-1** はじめに　121
- **3-2** テスト・バッテリーとは　121
- **3-3** テスト・バッテリーの利点　122
- **3-4** テスト・バッテリーの問題点　122
- **3-5** テスト・バッテリーの構成　123
- **3-6** おわりに　131

第IV部　心理アセスメント

1章 ロールシャッハ法 ——————————————— 134

- **1-1** はじめに　134
- **1-2** 投映法としてのロールシャッハ法　134
- **1-3** ロールシャッハ法の効用と課題　135

2章 ロールシャッハ法（エクスナー法）————————— 142

- **2-1** はじめに：ロールシャッハ法とは何か　142
- **2-2** エクスナーの意図：共通言語の開発へ　142
- **2-3** エクスナー法の特徴：包括的システムの完成　144
- **2-4** エクスナー法の長短：信頼性と言語の問題　149
- **2-5** おわりに：バベルの塔は必要か　150

3章 TAT（主題統覚検査），CAT（児童統覚検査）——— 152

- **3-1** はじめに　152
- **3-2** TAT（主題統覚検査）で明らかになるもの　153
- **3-3** CAT（児童統覚検査）　159
- **3-4** TAT，CAT の臨床的使用について　159

4章 SCT（文章完成法）———————————————— 161

- **4-1** はじめに　161
- **4-2** SCT の歴史　162
- **4-3** SCT の構造　163
- **4-4** SCT の評価と分析　164
- **4-5** SCT の応用と限界　166

5章　P-Fスタディ（絵画欲求不満テスト） ──────── 168

- **5-1** はじめに　168
- **5-2** テストの概要　168
- **5-3** 実施法　170
- **5-4** 整理法　170
- **5-5** 解釈法　172
- **5-6** 効用と限界　174

6章　MMPI（ミネソタ多面人格目録） ──────── 177

- **6-1** はじめに　177
- **6-2** MMPIを使うために必要な条件　178
- **6-3** どのようなテキストで学ぶのか　179
- **6-4** 検査の実施について　179
- **6-5** 採点と整理　180
- **6-6** 結果の解釈　181
- **6-7** 報告書作成の前に　183

7章　YG法（矢田部-ギルフォード性格検査） ──────── 185

- **7-1** はじめに　185
- **7-2** YG法の概要と実際　185
- **7-3** YG法の構成　189
- **7-4** 性格特性論，性格類型論とYG法　190
- **7-5** YG法が明らかにする性格の次元　190
- **7-6** YG法の12基礎因子の吟味　191
- **7-7** YG法の性格特性の実際的利用にあたって　192
- **7-8** 結び　193

8章　ウェクスラー知能検査 ──────── 194

- **8-1** ウェクスラー知能検査とは　194
- **8-2** ウェクスラー知能検査の特徴　195
- **8-3** 検査の実施方法　195
- **8-4** IQの計算方法　197
- **8-5** 実施上のポイント　199
- **8-6** 結び　201

9章　ビネー知能検査 ──────── 202

- **9-1** ビネー検査の成立過程　202
- **9-2** ビネー検査の広がり　204
- **9-3** ビネーによる知的機能の考え方　207
- **9-4** ビネー検査の使用上の注意　208

10章　集団知能検査 —————————————— *211*

- **10-1**　はじめに　211
- **10-2**　集団知能検査の歴史　211
- **10-3**　集団知能検査の分類　212
- **10-4**　実施する検査の選択　212
- **10-5**　検査の実施と留意点　213
- **10-6**　採　　点　214
- **10-7**　結果の表示法　214
- **10-8**　結果の解釈　215
- **10-9**　検査用紙，手引きの管理　216
- **10-10**　効用と限界　216

11章　K式発達検査 —————————————— *218*

- **11-1**　はじめに　218
- **11-2**　K式発達検査とは　218
- **11-3**　K式発達検査の実際　220
- **11-4**　他の発達検査との併用について　225

12章　風景構成法 —————————————— *228*

- **12-1**　はじめに　228
- **12-2**　いくつかの臨床アセスメントの実例　229
- **12-3**　おわりに　239

13章　バウムテスト —————————————— *240*

- **13-1**　バウムテストの概要　240
- **13-2**　バウムテストの実施法　241
- **13-3**　バウムテストの解釈　243

14章　人物画テスト —————————————— *249*

- **14-1**　はじめに　249
- **14-2**　人物画テストの誕生　249
- **14-3**　DAMについて　251
- **14-4**　DAPについて　252
- **14-5**　人物画研究の展開　256
- **14-6**　改めて，人物画とは？　257

15章　HTPテスト（家・樹木・人物描画検査）―――― 259

- **15-1** はじめに　259
- **15-2** HTPテストの実施法　261
- **15-3** HTPテストの解釈　262

16章　内田-クレペリン精神検査 ―――― 266

- **16-1** はじめに　266
- **16-2** 内田-クレペリン精神検査の施行法　266
- **16-3** 作業曲線の意味するもの　267
- **16-4** 事　例　269
- **16-5** 内田-クレペリン精神検査の効用　273

17章　言語連想テスト ―――― 275

- **17-1** はじめに　275
- **17-2** 言語連想テストの歴史　275
- **17-3** 言語連想テストの理論的背景：コンプレックス理論　276
- **17-4** 言語連想テストの実際　278
- **17-5** 結果の分析とその意義　281
- **17-6** 言語連想テストの解釈　284
- **17-7** まとめ　286

索　引 ―――― 287

第Ⅰ部　診断と見立て

1章　心理臨床の立場から

1-1　はじめに

　ずいぶん以前のことになりますが，共感的理解か診断的理解かで，わが国の心理臨床家たちが大きく揺り動かされたことがあります。ちょうどロジャーズの考えと方法がわが国に導入され始めた頃のことで，彼の診断無用論をどう考えるかが，大きな問題になったのでした。というのは，当時ロジャーズにのめり込んだ人たちの多くが，どういうわけかロールシャッハ・テストになじんでおり，このテストを通して人間を理解しようとすることとクライエントを共感的に理解することとが両立するのかどうか，真剣に考え込まざるをえなかったからです。私個人の印象では，それについて突っ込んだ議論がなされた記憶はありません。今のことばでいえば，みごとな分裂(splitting)の機制が働いて，うやむやのうちに両方ともが捨てられることがなかったのではないかと思います。しかしそのことが，わが国におけるロジャーズ理解を安易な方向に押し流したのではないか，という気持ちが私にはあります。しかし，ここでこのテーマを取り上げたのは，単なる懐古趣味にふけるためではありません。心理アセスメントを考える場合，この問題を避けて通ることはできない，と思うからです。中途半端なままで棚上げされてきた議論を，改めて考えようとするのはそのためです。

1-2　ロジャーズ再考

(1)　今日と明日の間

　私自身は以上の問題について，今まで何度か発言してきました(氏原, 1975, 1980)。だからこれから述べることは，それらといくらか重なるところがあります。好むと好まざるにかかわらず，ロジャーズないし来談者中心療法はこれからもわが国のカウンセリング界では重要な位置を占めると思います。その後の私なりの考えの展開を示す意味も込めて，あえてこのテーマを取り上げるゆえんです。なお，この派の立場，方法などについては，本シリーズ第1巻のII-1章を

1章 心理臨床の立場から

ご参照下さい。

　そこでまず診断的理解についてですが，これは西欧の身体医学に基づく発想と思われます。病を厳格な因果関係の中にとらえ，客体としての患者の体に客体としての物理的化学的刺激を加えることによって，苦痛をとることを目ざします。こうしたやり方が最大の効果を発揮したのは前世紀の半ばから今世紀の半ばまで，といわれます。その結果が先進国における感染症の撲滅でした。ところが最近の医学は，その努力の多くを老人医療に向け，不可逆的な老いと死のプロセスに直面してややグロテスクな様相を露わにしているらしいのです(大井, 1989)。

　というのは，感染症の撲滅は，まだ時が来ていないのに明日のなくなった人々に明日を甦らせるものでした。投薬にしろ手術にしろ入院にしろ，治療は患者に多くの犠牲を強いるものです。しかし今日我慢すれば明日は元気になるという期待が，患者に耐える力を与えました。その意味で医学とは，明日のための科学ということができるでしょう。しかし終末期医療の対象は，文字どおり明日のなくなった人たちです。この人たちに明日を甦らせることはもはや不可能です。にもかかわらず"明日のため"にという思い込みが，明日のない人たちに1日を生き延びさせるという，ナンセンスな努力につながっています(大井，前掲書)。もちろんそれに対する反省は，ホスピスとかQOL (quality of life；「生き甲斐」に近い)への関心の高まりとして現れてきています。単に命を長らえることよりも，生の質ないし意味が問われ始めているのです。

　意味とか価値はきわめて主観的なものです。客観的には同じ100万円が，それぞれの状況によってまったく違った意味をもつように。ただし，診断的理解がまったく無価値というのではありません。資格をもった多くの医師や看護婦には，助かる人を助けるために，つまり明日のために，大いに働いてもらわねばなりません。そのために客観的な診断的理解は不可欠です。ただし，明日のなくなった人，つまり時の来た人に対して診断的理解に基づく医学は無力です。さりとてそういう人を手をこまねいて見送るだけでは済まされません。とすれば，明日のない今日の意味を探らなければならないのです。おそらくそのとき，共感的理解が大きい役割を果たします。

(2) 「いま・ここ」の意味

　ロジャーズが診断無用論を唱えたのは，しかしそれとは違った考え方によっています。何よりもロジャーズにとっては，心理学的不適応にどう働きかけるかの問題が重要でした。身体病のことはそれほど頭になかったと思われます。そして有名な彼の3条件が示しているように，カウンセリングにおいては，クライエン

トと共に感じることが重要であるとし，その際，クライエントについて知ろうとすることは，つまり診断的に理解しようとすることは，共感のプロセスを妨げるとしました。そしてカウンセリングの場における「いま・ここ」の出会いの意味を強調したのです。

これはブーバー（Buber, M., 1878-1965）のいう「我と汝」の関係に近いのです。ブーバー自身とは，有名なニューヨークでの論争（Rogers, 1957）で結局平行線をたどったのですが，診断的態度をブーバーのいう「我とそれ」関係になぞらえると，共感ということでロジャーズの言おうとしたことがわかりやすいと思います。しかし優れた実践家の常として，彼の書いたものには，必ずしも論理的に首尾一貫しているとはいえない部分があります。当時のわれわれには，ロジャーズの理論を実践的に裏づける，あるいは批判するだけの経験が欠けていました。そこでロジャーズのことばを文字どおり額面どおり受け取って，悪戦苦闘していたのだと思います。

ロジャーズは「いま・ここ」の出会いを強調しましたが，考えてみれば，「いま」だけの今だとか「ここ」だけのここなどというものはありません。おそらくロジャーズは，そのことを百も承知の上で言っていたのだと思います。ただ私たちが勝手に今だけの今，ここだけのここ，ということばに縛られていたのでしょう。かりに二人の人が出会って，物理的には「いま・ここ」を共有したとしても，一方が60歳を過ぎており，他方が20歳代ならば，「いま」の意味はお互いにまるっきり違います。外国人をわが家に迎えているのならば，お互いの「ここ」の意味が同じとはまず考えられません。

特殊な状況，例えば神戸の大震災の直後，避難場所に集まった人たちは余震におびえ，いかに今を生き延びるかということで，それこそ老いも若きも，金持ちも貧乏人もなく，一つの場，一つの時を共にしていたように思います。死という絶対的なものが現実にその姿を垣間見せるとき，相対的な各人にとっての「いま・ここ」の意味——単純化していえば，明日どれだけ役立つかによって測られる今日の意味です——など，まったく色あせるからなのでしょう。一瞬にしてそこに居合わす全員の明日が消滅するかもしれぬ状況では，文字どおりの「いま・ここ」が共有されやすいのです。人間存在の本来の意味は多分そこにあり，カウンセリングのある局面で，そういう相が露わになることはあるかもしれません。少なくともカウンセラーは，背景にそれのあることを弁えておかねばならないでしょう。しかしそれについては次節で考えます。

実際のカウンセリングでは，クライエントは確かに「いま・ここ」でカウンセラーの前にいるのですが，彼または彼女がどうして「いま」「ここ」にいるのか

がわからなければ，彼らの「いま・ここ」の意味を確かめ合うことなどできっこありません。「いま」がクライエントにとっては「いつ」なのか，「ここ」が「どこ」なのかを明らかにしてこそ，「いま・ここ」でいかにあるべきかを決めることができます。それを決められないからこそ，クライエントはカウンセラーを訪ねてきているのです。

(3) ことばの二重性

しかしここで微妙な問題が生じます。というのは，人間にはある種の状況では大体同じような反応をする傾向があるからです。先に神戸の震災について触れました。当日か翌日だったか，TVで避難所の人たちが，「今いちばん欲しいものは何ですか」とアナウンサーに質問されていました。食べ物か飲み物か毛布かなどと考えながら見ていた私にとって，意外だったのはほとんどの人が，「余震がおさまって欲しい」と答えておられたことです。学校の体育館の，それも被害がなかったわけでない建物ですから，大きな余震が来ればひとたまりもないかもしれないのです。だから誰しもが，いつ死ぬかわからない状況におられたのでした。だからこそ余震がおさまって，とりあえずは死なずにすむという保証が欲しかったのだと思います。

そこで「いま・ここ」の状況に戻りますと，「いま」が「いつ」か，「ここ」が「どこ」かの確かめは，いわば客観的状況の確認です。それが，明日のために今日いかにあるべきかという方向性を規定します。そういう状況を各自が自分なりに，ということは客観的に，どう受け止めるかが大切です。それがカウンセリングのねらいの一つだといってもよいでしょう。しかしややもすれば，人間とはそういうときにはこんなふうになるものだ，という決めつけが生じます。例えば分裂病とはこんなものだとか(実際にはそんなに単純に割り切れるものではありません)。母子家庭に育てばこうなりやすいとか。ロジャーズが診断的理解に批判的だったのは，それが以上のような，安易な割り切り方につながりやすいのを恐れてのことだった，と思います。

割り切るということは，客観的，したがって知的に，あえていえば診断的に理解することです。多くの場合それは言語的レベルで行われます。そこには，明確化と同時に単純化の働きがあり，意外に深い洞察につながることがあります。しかし，そのとき生じている感情的ないし感覚的，要するに全身的なプロセス(ロジャーズならば有機体的プロセスというでしょう)を抑え込んでしまう場合があります。ロジャーズが恐れたのはおそらくこの場合です。しかしロジャーズの技法(そういうものがあるとして)にも，同じような二重性があります。

(4) 感ずるためには知らねばならない

　以上，診断的理解と共感的理解には確かに相反的な関係があります。しかし実は相補的な関係が強いのです。わが国の初期のロジェリアンたちは，おそらくそのことに気づいていませんでした。私自身はそのことを「感ずるためには知らねばならない」と定式化することで何度も説明してきました（氏原，1980）。例えば何の変哲もない柱の古傷が，子どものとき兄弟でした背比べのしるしと"わかった"とたん，何ともいえぬ懐かしさがこみ上げてくる，といった場合です。私の好きな「バラはバラでも自分が水をかけたバラは別物だ」という『星の王子さま』（サン・テグジュペリ）のことばも，感じるための見分けの大切さを示していると思います。知ることが対象との関わりを深め，主観的な感情体験を豊かにするのです。実の親子と思っていたのがそうでないとわかったり，あるいは逆の場合，一つの客観的情報にわれわれの感情がいかに容易に振りまわされるかがわかります。しかし知的な情報だけにしがみつくと，すでに述べたような割り切りが生じます。有機体的プロセスが妨げられ，というより切り捨てられ，生き生きとした感覚やみずみずしい感性が失われます。すべてが「要するに……にすぎない」という，一種のニヒリズムに陥るのです。極端な場合，いわゆる病的幾何学主義にとらえられます。

　さきに，わが国の初期のロジェリアン（私もその一人でした）の多くが，妙にロールシャッハ・テストに親近感を抱いていたということを述べましたが，テストを通して得られる情報が，面と向かっているクライエントとの関係をより豊かにすること，つまり診断的理解と共感的理解の相補性にどこかで気づいていたからではないか，と思います。しかしロジャーズの診断無用論，というより有害説が頭にありますから，相反的だと割り切ろうとしながら，直感的に，あるいは有機体的に，そうではないかもしれないとひそかに感じていた節があります。そうした矛盾に明確に気づくことなく，もし気づいていれば実践的にも理論的にも必死の思いで取り組むべき問題に触れることがなかった，したがってロジャーズを自分たちのものとして理解することが不十分なままに残された，ということです。最近のロジャーズ復興機運（諸富祥彦著『カール・ロジャーズ入門──自分が"自分"になるということ』1997など）が，依然として以上の問題に直面することなしに終わる──その可能性がなきにしもあらずと恐れています──とすれば，初期のロジェリアンの二の舞を踏むことになります。そうならないためにも，本章が執筆されていることを了解してください。次節では共感的理解をめぐって，いままで述べてきた問題をさらに掘り下げていきたいと思います。

1-3 共　感 —— 感情レベルと感覚レベル

(1) 主観(体)的共感

　ロジァーズは，カウンセラーはあたかもクライエントであるかのごとく，クライエントを共感的に理解しなければならない，と述べています(Rogers, 1951)。この「あたかもクライエントのごとく」をどう理解するかが問題でした。当初のロジェリアンたち，少なくとも私は，それをまるでクライエントそのままに，ととらえました。これには後にも述べるように，ある程度無理からぬところがあります。しかしこれも後で説明するように，カウンセラーは自分について理解している以上に，クライエントを理解することができません。その辺の微妙な兼ね合い，前節のことばでいえば共感的理解と診断的理解の相補性を経験のレベルでどれだけ実感しうるか，そしてそれをいかに伝達可能な形で言語化できるかが，その頃のロジェリアンの課題なのでした。しかし当時のロジェリアンたちには，その課題自体が見えてなかったように思います。それに対する曲がりなりにも私なりの一つの解答が，先に述べた「感じるためには知らねばならぬ」ということだったのです。

　これを一言でいうと，もしも私があなたと同じような状況であったなら，たぶんこんなふうに感じると思うのだが，今のあなたの感じとはそういう感じなのか，という問い返しにつながります。これはしかし，「あなたの状況」についてできるだけ詳しい客観的な情報を必要とします。もちろんそこには過去のしがらみも未来への方向性も含まれます。その場合，心理アセスメントの結果も重要な情報源になります。そして，そういう状況の中にカウンセラーがわが身を置いてみる。そこで自ずから内に生じてくる感情のプロセスに身を任す。そこから，今あなたの感じていることはこんな感じなんですね，というある意味で独りよがりの理解が生じるのです。そしてその理解が眼前のクライエントの様子と合わなければ，例えば，こんな悲しい話をしながらどうしてあなたはニコニコ笑えるのですか，といった問い返しが可能になります。タイミングが大切なのですが，ここでは取り上げません。

　だからこうした共感的理解は，カウンセラーのまったく主観的な内的プロセスに基づいています。一時はやった「あなたは今こんなお気持ちなんでしょうか」というカウンセラーの確かめに，「いいえ，違います」と返されて途方にくれる必要はまったくありません。クライエントが今どうなのかではなくて，カウンセラー自身がクライエントをどう感じているのかを的確に感じ取ることが大切なのですから。そこで，今のあなたにはそうは思えないかもしれないけれども，いず

れわかりますよ，くらいのことが相当はっきり言えるのです。

(2) いわゆる感情の明確化について

ここで，ロジャーズのいう感情の明確化について考えます。一言でいってそれは，カウンセラーが関係の中でどれだけ自分の動きに敏感であるか，によって決まります。カウンセリング場面は，カウンセラーとクライエントが二人して作る共通空間です。両者ともがその影響を受けます。お互いが相手によって動かされているからです。自分のその動き（あるいは動かされ方か）に気づくことによって，多かれ少なかれ相手の動きを感じることができます。だから，くどいようですがここで必要なことは，カウンセラーがどれだけ深く自分の動きに気づいているかです。それに応じてクライエントに対応することができ，それによってクライエント自身，共通空間のより深いレベルでの自分の動きに気づき，それが自分自身の今まで気づいていなかった動きに気づかせるのです。

初めの頃の日本のロジェリアンたちは，そして今でもかなりの人たちが，そのことに気づいていなかった，あるいは気づいていないのではないか，と私は思っています。非常に単純化することになりますが，ロジャーズの理論には若干の技法(？)が伴っていました。それが感情の明確化とクライエント発言の繰り返しといわれるものです。私自身振り返ってみて，質問はいけない，自分の意見も言ってはならない，ひたすらクライエントの言うことをおうむ返しに繰り返す——それが私および当時の私たちの誤解であったこと，それとロジャーズの説明がそうした誤解を招きやすかったのは確かです——ということに，なんともいえぬ白々しさを禁じることができませんでした。さりとてどうしてよいかもわからず，長い間途方にくれていたのを覚えています。当時のロジェリアンたちのほとんどが，真剣に実践に携わっている限り，似たような苦しみを味わっていたものと思います。

心理治療のたいていの諸派が，無意識を意識化することによって治療が進む，と考えているようです。ロジャーズは特にそうは言っていませんが，その自己概念に基づく不適応理論には，早くからジェンドリン(Gendlin, E.T., 1926 —)の指摘していたように，精神分析と共通する抑圧パラダイムが含まれています。そして抑圧されたものがどうして意識化される（彼の場合には自己概念に取り込まれる）かのプロセスを説明するために，潜在知覚とか有機体的プロセスなどのことばを使います。詳しい議論は省きますが，彼が意識を，かなり明確な部分とずいぶん曖昧な部分からなる場として考えていた，とは言えると思います。それが現象的ないし知覚の場理論です。私自身はそれに基づいて意識の場ということを

考えています(氏原，1993)。

　簡単にいえば，クライエントが言語化できる意識内容は，意識全体のごく一部だということです。だから，クライエントの言うことをおうむ返しに繰り返すとき，ことばの背景にある言語化以前の情動に，カウンセラーがどれだけ気づいているかが決定的に重要なのです。それが言語レベルにとどまっている限り，それで治療的なプロセスの展開するケースはかなり限られてくるのではないでしょうか。

　意識の場における図(フィギュア)の部分は，背景(バックグラウンド)との相互作用があって初めて明確なものたりえます。例えば私がこうして文字を書き連ねているとき，今書いていることは，背景としての文脈(今までに書いてきたこと，これから書こうとしていることについての言語化以前の意識)，と絶えず照合されています。文脈に合わないという感じは，必ずしも言語的レベルで意識化されているのではありませんが，相当はっきり感じ取ることができます。それは一種の違和感です。例えば内臓諸器官の動きが，異常の生じたときにのみ感じられるように。その場合には，せっかく思いついたことばも捨てられます。図としてのことばだけが突出して，背景としての文脈に合わないので意味が明確になりません。だから現在のはっきりした(つまり文章化が可能な)意識も，常に背景にある，より豊かなしかし曖昧な部分と相互に作用し続けているわけです。このあたりは，ジェンドリン(1966)のフェルドセンスの概念が役立つと思います。

　ロジャーズが感情の明確化ということばで言おうとしたことは，以上のプロセスを踏まえてのことだと思います。つまりクライエントがある種のことばで表現しながら十分に伝えきれない，かつ本人にも明確に感じ取れていない，意識の場の背景の感じを，どれだけカウンセラーが明確にとらえうるか否かが大切なのです。以前私たちが戸惑ったのは，その辺のプロセスを体験的にとらえそこなっていたからだと思います。

　感情については，もう一つ言っておきたいことがあります。私の定義では，感情とは対象(あるいは経験，このあたりの説明は主客の微妙な関わりについて述べているので，若干同義反復的な言い回しを避けられません)を自分との関わりにおいて受け止めたとき生ずる意識状態です。ロジャーズのことばを借りれば，有機体的プロセスを自己概念に取り込むときに生じる意識的プロセス，ということになります。したがってそれを，主体性の回復といってもよいでしょう。今まで他人事としてすませてきたものを，自分の責任で引き受けることになるからです。それはしばしば困難な，かつ苦痛を伴う大変な作業です。だからこそカウンセラーの共感がいるのです。

(3) 共　感——感覚レベル

　以上が感情レベルの共感です。そこで次にそれを超えた感覚レベルの共感について述べることにします。日本人は，暑さも寒さも喜びも悲しみも同じように「感じ」てしまうので，感情と感覚を感じ分けることが，ヨーロッパ語を操つる人たちよりも下手だと思います。感情と感覚がどう違うのかは，いろいろ言い方があると思いますが，本章では特に，感覚を言語以前の意識的プロセス，ロジャーズのいう有機体的プロセス，したがって定義次第では無意識のプロセスとも呼べると考えています。自我—意識—言語の微妙な関わりでいえば，感覚のプロセスは感情とは違って，直接には自我と無関係です。しかしそれはどこかでは感じられており，現在の意識にも多かれ少なかれ影響を及ぼしています。本シリーズの第1巻『カウンセリングと精神療法』の第 I-1 章で，フロイトの症例"ドラ"（Freud, S., 1969）について触れましたが，おとなたちの偽りに満ちたやりとりをドラはどこかで見抜いていました。しかしそれが明確にならないままに，神経症の症状として現れたのでしょう。

　これも第1巻で紹介したように，ラカン派の分析家のドルトは，赤ん坊に対する母親の声かけの大切なことを繰り返し強調しています（Dolto, F., 1994）。お腹が減って泣いているときや大きなウンチをしたときなど，「あぁ，あぁ，お腹がすいてたのね，さあオッパイをあげますよ」「そうら，だんだんお腹がくちくなってきた。あぁ，大きなあくびをして，気持ちいいのねぇ」とか，「あれ，大きなウンチが出てスッとしたねぇ」とか。もちろん1歳までの赤ちゃんに，母親の言うことばの意味がわかるはずはありません。しかしこの時期の母子には不思議な一体感があります（例えばウィニコットの母性的専心（Winnicott, D.W., 1977））。母親の全身感覚に基づくこうした発言が，赤ん坊に母親のもつ全体的な存在としての感覚を伝えます。それによって赤ん坊の感じている部分的な身体感覚が，全身的なものに凝集されるのです（あるいは取り込まれるといってもよいでしょう）。さらに大切なことは，そのように感じている感覚が，共同社会に十分受け容れられるものであることが，漠としたものでありながらはっきり感じとられることです。それらの感覚が自我感覚の芽生えの基盤になる，とドルトは主張しています。

(4) カウンセリングにおける共通空間

　以上の場合の母子関係は，先に述べたカウンセラーとクライエントの作り出す共通空間に近いものです。カウンセラーはクライエントとの間に，お互いに動かし動かされ合う関係を作り上げます（実は，あらゆる人間関係にこの側面がある

1章 心理臨床の立場から

のですが)。この関係は二人して作ったものですから，あなたでもあれば私でもあり，私でもなければあなたでもない，という微妙な関わりになります。ただしそれを通して，つまり関係の中の己の動きを通して，クライエントの動きを感じとることが可能になることはすでに述べました。この感じは感情レベルというよりは感覚レベルのものです。本能的，衝動的，反射的といってもよいところが多分にあります。しかし通常あまり意識されることはありません。強いていえば男女が自ずから惹かれ合う，あるいは子犬や子猫の仕草を見ていて，われ知らず可愛く思う(思わせられる)，そのプロセスです。実際のカウンセリング場面でいえば，初対面のそのときに，クライエントの性，年齢，人品，骨柄にカウンセラーがどれだけ動かされているか，から始まります。面接のプロセスが進んでくるにつれて，例えば「今日は何かイライラした感じがするのだけれども，ひょっとしたらあなたは，言いたいことがいっぱいあるのにそれが言えないのでイライラしているんじゃないか」，「実は私も言いたいことがたくさんあるのに，どう言ってよいかわからずイライラしている」とか言えることがあります。あるいは遊戯治療中，思わずきつい調子で子どもの要求をはねつけてしまい，「今までうまくいってると思っていたけれど，それは私の独りよがりで，あんたは私の気づかないところで腹立ててたんだよね。私の方が先に腹立てちまってたんだろうかなあ」などと言えるかもしれません。これは先に述べた，「私だったらこう感じると思うけれども，あなたの今の感じはそうなのか」という，感情レベルの共感よりは"深い"レベルの共感です。一種の融合状態から感じられてくるものです。

　この感じは，まずカウンセラーがカウンセリング場面に違和感を感じること(それに気づくことが大切です)から始まります。そして，とっさのことであるにしろ，それについて思いをめぐらす。そこでカウンセラーの感じることは，この私とこのあなたとの「いま・ここ」のやりとりを通してこそ起こったことで，一人きりではもちろん，他のクライエントとの間でも決して起こらないということです。クライエントからいえば，このカウンセラーとの「いま・ここ」でしか経験できないプロセスです。そのことにどれだけ早くカウンセラーが気づき，それを二人のものとして共有できるかどうかが，この段階でのカウンセリングのもっとも大切なところです。

　先にドルトのことばかけの話を取り上げましたが，カウンセラーはまさしくその場合の母親役をとるのです。その場の断片的な経験，あるいはそこで感じていることが断片的にしか意識されていない，それをカウンセラーが自らの全体的な感性を通して，その場の全身的な感覚経験として凝集させるのです。一種の融合体験が漠とした部分感覚を萌芽的な全体的意識—自我感につなぎ，それが世界と

の一体感，自分がこの世で独りぼっちではないという感覚を育みます。それがことばを通したやりとりで行われるのです。先に，言語化が有機体的プロセスを妨げる場合のあることを指摘しました。しかしここでは同じ言語化が，バラバラであった感覚レベルのプロセスを一つにまとめ，それを促進することになります。その意味で感覚レベルの意識を自分のもの，つまり感情レベルに高めるのがカウンセリングのねらいの一つだ，ということができるでしょう。

感覚レベルの共感とは，ことば以前，自我成立以前，感情以前の，いわば本能レベルでの感応現象です。だから必ずしも明確に意識されていないことがほとんどです。しかしどこかで感じられています。すでに述べたように，カウンセラーがクライエントに出会うとき，相手が男性か女性か，老人か子どもか，人品，骨柄，経済的背景などのすべてが，カウンセラーを動かしています。どのクライエントに対しても同じなどということはあり得ません。そういう微妙な己の動きに，カウンセラーがどれだけ敏感でありうるか。それがカウンセリングの成否を左右していることが多いのです。

以上，クライエント理解における共感的理解の大切さについて述べてきました。それが診断的理解と，相反的というよりも相補的に関わっていることも述べたつもりです。考えるところがあって，特にロジャーズの診断無用論を巡って述べてきました。その際，初期のロジェリアンたちが，ロールシャッハ・テストに対する未練を捨てきれなかったことについても触れました。そこで次節では，それらのことを踏まえながら心理アセスメントが，したがってそこから得られる外的枠組みによる診断的知見が，カウンセリングにどう生かされるのかについて，ロールシャッハ・テストを中心に考えてみたいと思います。

1-4　ロールシャッハ・テストをめぐって

(1)　テスト状況

心理アセスメントには規定度の高いものと低いもの（逆に自由度はそれぞれ低く，あるいは高くなります）とがあります。前者の代表的なものが知能検査で，後者を代表するのが投影法です。それらについては第Ⅱ部の諸章を見てください。規定度が高いとは，課題のもつ枠が狭く，それに対する"答え"が限られていることです。自由度が高いとは，枠が広いのでどう答えてもよく，それだけ被験者の内界が投影されやすい，と考えられています。例えば母親と息子らしい人物がいて，お互いの表情が曖昧な絵を見せて物語を作ってもらう（それがTATです）と，二人の人物を母・息子とする物語を作る人が多い。それだけ規定度が

高いわけです。その点についてはそれほど自分を出す必要はありません。しかし表情が曖昧ですから，二人の仲を良いとするのか悪いとするのかは，被験者が決めなければなりません。それだけ自由度が高いことになります。その時点での被験者の，母・息子関係にまつわるコンプレックスがその分漏れやすいのです。

　ところで状況に応じて反応にはゆれが生じます。心理アセスメントには妥当性と信頼性が必要です。妥当性とはそのテストが測定しようとしているものを本当に測っているのか，ということです。信頼性とは，いつどこでやっても被験者の反応がそれほど変わらない，ということです。知能検査のような客観テストでは，そのことが決定的に重要です。しかし投影法ではそれがかなり曖昧になります。だからそれをできるだけ客観的なものにしたい，という動きが常にありました。ロールシャッハ・テストでいえば，いわゆるサインアプローチ，近頃では，わが国に急速に広まりつつあるエクスナー法などが，それに当たります。

　このことは，以前からテスト状況として問題にされてきたことです。つまりどういう状況でテストされるかによって，反応に相当なゆれの生ずることが以前から知られていたからです。例えば復職判定のため心理アセスメントの行われるとき，誰しも緊張の高まるのを避けられません。ロールシャッハ・テストは，緊張しやすい性格を見分けることができる，とされています。するとテスト結果に現れた緊張が，生まれつきの性格によるのか状況によるものか，判断がかなり微妙になってきます。さらに，検査者が男性で被験者が若い女性の場合，性反応の現れることはめったにありません。もしそれが出たとすれば，被験者の自我機能にある種の障害を考えなければなりません。普通の人のもっている恥じらいないしたしなみに欠けるからです。ロールシャッハ・テストは，被験者が何を見たかによって性格を測るテストです（実はいかに見たか，による判断の方が大切なのですが，詳しくは本書のIV-2章に当たってください）が，状況によっては見たものを言わないことがあるわけです。すると見たか見ないかよりも，言うか言わないかが判断の基準になりますから，テストとしての一貫性が若干損なわれることになります。もちろん，検査者，被験者が特別に親しい関係であれば，性反応が少々出たからといって少しもおかしくはありません。

(2) 傾向法則

　身長や体重を測るのに，検査者・被験者関係が影響を与えることはありません。患者に薬を与える場合，医師であろうと看護婦であろうと薬剤師であろうと，誰が手渡しても同じ効果が期待されます（実際には与える人によって微妙な差があるらしい）。心理アセスメントも，いつ誰が施行しても同一被験者ならば

同じ結果が出なければなりません。しかし投影法の場合，すでに述べたように必ずしもそうならない場合があります。妥当性についても，各研究者の報告はまちまちです。ロールシャッハ・テストは，被験者の内界の投影というよりも検査者の投影だ，と冗談めかして言われるくらいです。アメリカではあまりに主観的にすぎるとして，ロールシャッハ・テストを施行しなくなった病院や大学が増えている，という報告がずいぶん以前からあります（例えば Klopfer, B., 1954)。先のエクスナー法やコンピュータ化の動きは，このテストにこうした批判に耐えうる客観性をもたらそうとする試みだといえるでしょう。しかし私自身は，こうした動きに懐疑的です。というのは，ロールシャッハの反応を客観的に記号化することは不可能，と考えているからです。ロールシャッハが反応を記号化した（それによって反応を数量的に扱うことが可能になりました）ことが，このテストの臨床的価値を著しく高めたことに疑いはありません。しかし彼のカテゴリーは，反応の分析に当たって少なくともこれだけの観点が必要ということで，記号化によって反応の意味をすべてとらえたとは言っていないのです(Rorschach, H., 1998)。

　例えば陰影反応の出やすいカードと出にくいカードがあります。だから記号化すれば同じ反応でも，どのカードに出たかによって意味が違います。数量化システムは，それらを同じく1と数えるのですから，反応のもつ意味がこぼれてしまいやすい。ましてや出やすいカードに出なくて，出にくいカードに出た陰影反応の意味は，数だけで評価することはとてもできません。さらに，運動反応とするには運動性が弱く，形体反応とすると運動性が落ちこぼれてしまう，といった場合があります。しかもどちらかに記号化しなければなりません。その際こぼれた意味を，どのように解釈(＝アセスメント)に読み込むかがきわめて重要です。それが，数量化処理だけで解釈しきってしまおうとする傾向に賛成しかねる理由です。その意味で特にロールシャッハ・テストに限っていえば，数量化は辻の言う傾向法則(1997)を見ることができればよい，と思っています。傾向法則とは，ある仮説が正しければ数量的に大体こういう方向性(傾向)が見える，ということです。だから細かい数字にはこだわりません。FかFcかで目くじらを立てて騒ぐ必要はないのです(ただし，そうなる前に，記号のもつ解釈的意味，逆にいえば各反応のもつ記号的意味を徹底的に考え抜いておく必要があります)。また辻の言う，事例に則して個々の反応の意味を押さえる訓練が必要です。ただし本章はロールシャッハ・テストについて論ずるところではないので，この問題についてこれ以上立ち入って説明することは省きます。言いたいことは，いわゆる診断的理解に寄与するはずの心理アセスメントには，信頼性・妥当性を超えたところで

1章 心理臨床の立場から

臨床的有用性をもつものがある，ということです。テスト状況によって客観性が損なわれる，そのことを逆にとっていっそう有用な知見を引き出すことが可能だ，ということです。

(3) ロールシャッハ面接

　以上のことを端的に示しているのがロールシャッハ面接（藤岡, 1992 ; 秋谷, 1988）です。これは，テスト結果に基づいて面接するという意味ではありません。検査者と被験者が，いわば治療関係に近い状況でテストを施行するとき，お互いがお互いに影響されぬことはありません（先の性反応についての説明を思い出してください）。検査者のロールシャッハ・テストに関する経験や知識が増えるほど，主に反応を通して目前の被験者に心が開かれます。それに対して被験者の心も開かれる。そしてこの検査者以外の検査者ならば出ないような反応の出ることがあるのです。

　私はこの状況を転移，特に逆転移現象になぞらえることができるのではないか，と思っています。当初，逆転移は治療的に望ましくないできるだけ排除されるべきもの，と考えられていました。治療者はできるだけ中立的な，いわば鏡のような存在であることが求められていました。しかし最近の傾向では，治療者は患者の影響にモロに身をさらし，そこに生じる己の内なるプロセスを通してこそ患者をいっそう理解できる，とする考え方が有力です。心理アセスメントにおいても，特にロールシャッハ・テストやTATのような投影法においては，微妙な問題を含みながら，同じようなことがいえるのではないでしょうか。

　いわゆる診断的理解が，実は共感的理解を通して得られることがあり，逆に診断的理解があるからこそ，共感的理解が深まる場合があります。臨床の場では，主体と客体がゴッチャになるようなことがあり，それを無理に二つに割り切ろうとすると，かえって現実から離れてしまうという逆説があります。次節にいう見立てとは，そのような主観性と客観性の相反性，相補性の両方に目を向けつつ，カウンセリングの方向性を見定めていこうとする試みです。それをロールシャッハ・テストという代表的な投影法によるアセスメントを通して，見てきたわけです。

1-5 診断と見立て

(1) 共感的診断

　診断と見立てには似たような意味とともに微妙な差があります。身体医学では，診断さえ正しければそれに見合う治療法があり，不治も含めて，見通しが立てやすい。しかしカウンセリングではそうはいきません。確かに精神医学的枠組みがずいぶん役に立つことが多くあります。また，カウンセラーたちはしばしば神経症，時には精神病圏の人たちに会わねばなりません —— 多くの場合，精神科医との協力が不可欠です —— から，その枠組みにかなり通じておく必要があります。しかし精神医学では，仮りに分裂病という診断に間違いないとしても，その人にどう関わればよいかわからないことが少なくありません。診断が即治療につながらないのです。見立てには，治療者（医師，カウンセラーを問わず）の意欲も含めて，もしもこの人に自分が関わるとすれば，どのような角度から切り込み，どのような経過が予想され，予後はどうなるのか，といった見通しが含まれます。その際，とても心理学的なアプローチでは手に負えない，といった判断の入ることもあります。

　だからその場合，クライエントが精神病か神経症かという見分けは，それほど重要ではありません。精神病でもカウンセリングの"効く"場合があります。神経症だからといってカウンセリングで簡単に治るわけではありません。仮りに"不治"であっても，そこからカウンセリングの始まる場合のあることは1-2節で述べました。夢のような話ですが，私自身は，カウンセラー独自の立場に立っての診断基準ができてもよいと思っています。前節までに述べてきた"共感的理解"に基づくものです。もちろんそれは精神医学的診断基準とは相補的な関係にあり，多分に重なり合うものでなければなりませんが。かつて心理アセスメントを担当していた心理士が，検査，というより解釈結果が医師の診断と一致するか否かに一喜一憂していた，そういう状況がいつまでも続いてよいはずがありません。お互いの判断に食い違いが生じたときこそ，双方がお互いの考えをいっそう理解し合い，さらには両者を統合する立場が生み出されるかもしれないのですから（藤岡，1970）。以前は，そして現在でも，そこまで自信をもって医師と話し合える心理アセスメントの専門家の数は，決して多くありません。

(2) 幸福な豚と痩せたソクラテス

　診断とは元来，主に体に関してのものです。基本的には因果論によっています。だから多様な精神症状も，まず何らかの身体因と結びつけて考えられます。

1章 心理臨床の立場から

薬物，例えば血中のアルコール濃度の多少によって，われわれは大体似たような，しかしふだんとは違う精神状態に導かれます。精神症状にも似たような生理的プロセスが期待されています。かつて梅毒菌が発見されたとき，多くの医師たちは，これで精神病の病原菌を突き止められるのではないかと，意気が上がったといわれています。だから体と心がどこかでつながっているのは確かです。新しい薬で，今まで難治とされたうつ病や重い強迫症状が軽くなった，という話もあります。もちろん薬理学の進歩した結果です。アメリカで評判の多幸薬も，その流れでのことでしょう。わが国で数百万部の売り上げがあったという『脳内革命』も，同じ趣旨に沿ったものです。それについては「幸福な豚」と「痩せたソクラテス」の比喩に基づいて，以前論じたことがあります（氏原，1998）。快食，快眠，快便の，まったく悩みのない人と，人間はどこから来てどこへ行くのか，などと考えて不眠や食欲不振に陥る人と，どちらが精神的に健康かという問題です。

　体に働きかける試みは，どこかに生じた異常を元の状態に戻そうとします。しかし異常とは何かを決めるのは，見かけほど容易なことではありません。必ずしもマイナスに評価できないことがあるからです。例えば異常な才能に恵まれている場合とか。しかしそれで当人が幸せかどうかはわかりません。多くの天才たちが，必ずしも幸せな生活を送っていないことは周知のことです。だから異常にはどこか苦しみとか悩みが伴っていなければなりません。身体医学の場合は，要するに苦しみをなくしてしまえばよいわけです。その原則を精神症状に当てはめれば，先に述べた多幸薬の開発につながります。しかしこれは，まかり間違うと「幸福な豚」の大量生産ということになりかねません。楽をするだけで人間が満足できるとは思えないからです。例えば山登りなど大変な苦労が要ります。時には生命を落とす危険さえあります。その苦労を一つ一つ乗り越えて何事かを成し遂げてゆくとき，初めて大きな喜びが生じます。定年になって生き甲斐の喪失を嘆く人は少なくありません。しかしボーヴォワール（Beauvoir, S. de, 1970）によれば，そういう人は定年以前からすでに生き甲斐を見失っていたのです。稼ぐことを意味のあることと錯覚していただけのことなのです。しかし苦しい勤めに耐え家族を養っていると感じうることが，一見俗ですが深い人間的な喜びにつながっていた可能性は大きいと，私自身は思っています。

　カウンセリングは心に働きかける試みです。ただし心には形がなくて誰も見た人はいないので，そのプロセスを，具体的客観的に誰しもが納得できるように説明することはできません。また，生理的な状態がちょっと変わるだけで，心が容易に動かされてしまうのも，アルコールのもつ心理的影響を考えるだけで明らか

です。だからいわゆる気分変調を元に戻すために、さまざまな薬物が開発され、それなりの効果を挙げてもきました。ロゴテラピーを開発したオーストリアの精神科医フランクルでさえ、うつ状態を心理学的働きかけだけで治そうとすることの無謀さを戒めています(Frankl, V.E., 1985)。

　しかし苦しみあってこその喜びがあります。例えば死病を宣告されたある高校生は、あるとき道ばたのタンポポの美しさにふと気がついて息をのみます。それが生命力に溢れているのに打たれたのです。そしてそれに感動して見つめている自分が、同じく生命力に溢れていることを実感します。そしてまさしく今を生きている喜びを味わうのです。余命いくばくもない極限状態でこそ、初めて体験できることです。心理学的な働きかけとは、ある意味で医学的には絶望状態に陥った人が、それでも残された日々を意味あるものとして生きるのを助ける試みだと思います。1-2節で述べたQOLとは、医学界がようやくそういった問題に関心をもちはじめたしるしなのでしょう。医学は、まだ時の来ていない人に明日を甦らせることができても、時の来た人の老いや死を食い止めることはできません。そこでそのような生をどう全うするのかをも考えに入れ込むのが、本節にいう見立てです。

(3) カウンセリングの意味

　見立てとはだから、診断的には絶望的な人に対してさえ、働きかけの可能性を見ようとするものです。もちろん、苦しみや悩みがなくなるに越したことはありません。その限り診断的理解によるところは小さくありません。ここでの診断は必ずしも医学的に限られない、例えば環境的要因などの客観的理解のことも指しています。しかし大切なことは、そういう理解を踏まえた上で、目前のクライエントをどう受け止めるか、ということです。そこにカウンセラーの側の主観性が入り込むし、入り込まねばなりません。単純化していえば、明日のなくなった人たちと会うことにカウンセラーが意味を見いだせるかどうかです。今日、医学的にも社会的にも見放されて、ただ死ぬことを待たれているような人たちがいます。そういう人たちが自分の存在に意味を感じるのは非常に困難です。われわれは、自分に会うことに意味を見出す人に出会うことがなければ、自分の意味を実感することができないのですから。ただし、明日のある人だけを診るという医師が、ホスピスに熱心な医師よりも劣るということはありません。医師の仕事が、本来明日のためのものであることは、すでに述べました。

　死をどう考えるかは大変難しいことです。しかし大部分の日本人は脳死にはなじめない、と言われています。親しい人が脳死と判定され、まだ体に温もりがあ

1章　心理臨床の立場から

り心臓も動いているとなると、それを"死んだ"とみなすことに抵抗があるのは、日本人の偏見かもしれませんがわかるような気がします。柳田邦男の本（『犠牲』、1995）によれば、家族が見舞いにゆくと、死んだはずの息子さんに生理的な反応が生じたといいます。

　親しい人を亡くされたことのある人ならば、息を引きとる前に会えたか会えなかったかに大きい差のあることがおわかりでしょう。すでに意識はなくなっており臨終の10分前に着くか5分後に着くかには、客観的に見てこれといった差はありません。しかし当人にしてみれば、せめて息のある間に会えるかどうかは大問題です。ましてや死の直前、目を見交わすようなことがあるとないとでは決定的な差があります。これはその人の独りよがりにしかすぎません。しかしもし死にゆく人が、その時瞬間的にでも意識を吹き返し、その人が来ているのを目にできれば、その人が自分との今生の名残りに込めている意味がわかるのではないでしょうか。先に述べたように、己の存在の意味は他者によって意味を感じとられることによって、初めて感じられるのです。

　意味や価値は主観的なものです。何に生き甲斐を見出すかは各人各様です。ある人にとって無上の喜びをもたらすものが、別の人にはまったく無意味なことがあります。見立てには、この人をクライエントとして引き受けることに意味があるのか、というカウンセラーのもっぱら主観的な吟味が含まれます。カウンセラーの感じる意味が、カウンセリング場面を意味のある共通空間に変え、それがクライエントの失われつつあった意味を取り戻すことがあります。もっとも、あるカウンセラーが会うだけの意味があるとするクライエントに、別のカウンセラーが意味を感じないことはありうる、と思います。だからといってカウンセラーの優劣が決まるわけではありません。もともと日常場面では付き合いたくない人たちに会うことを、あえて職業として選んだのがカウンセラーや精神科医です。自分をも含めてそういう人たちにある種の偏りのあることは承知しておかねばなりません（Searles, H.F., 1991）。特定のクライエントに対する好意は、おそらく避けられないことです。ただその場合でも、クライエントを好きになるとは、自分を好きになることによってしか果たされないことは、承知しておく必要があります。

　以上、本章では診断的理解と共感的理解の相補性について考えてみました。わが国の心理臨床の実践が、ロジャーズの理論と方法の取り入れから始まったことには異論がないと思います。しかし当初問題になった診断的理解と共感的理解の逆説的な関係が十分に吟味されることなく、最近ロジャーズの復興が云々されているような気がします（久能ら、1977）。そしてそれをそのまま受け容れそうな

雰囲気があるように思います。しかしロジャーズには，実践を重ねなければ見えてこない面が多々あります。その理論にかなり問題のあることはすでに述べました。これからもロジャーズの理論と方法は，わが国で根強く受け継がれていくように思います。しかし先に述べた逆説を逆説のままにとどめておいたのでは，今後の発展はたぶん望めません。あえて診断的理解か共感的理解かという古い論議を蒸し返したのは，これから心理臨床の専門家として立とうとする若い諸君に，実践的裏づけの薄い理論化は，ひ弱な心理臨床家しか作らないことを言いたかったからです。ロジャーズはもっぱらカウンセリングの実践について発言しているのですが，実はそこに心理アセスメントについて考える際の，もっとも基本的な問題が含まれている，と考えています。

■ 文　献

Beauvoir, S. de.　1970／朝吹三吉 訳　『老い（上，下）』　人文書院.
Dolto, F.／榎本　譲 訳　1994　『無意識的身体像』　言叢社.
Frankl, V.E.／霜山徳爾 訳　1985　『夜と霧——ドイツ強制収容所の体験記録』　みすず書房.
Freud, S.／細木照敏・飯田　真 訳　1969　『あるヒステリー分析の断片（フロイト著作集5）』　276-366，人文書院.
藤岡喜愛　1970　私信.
藤岡喜愛　1992　ロールシャッハ法　氏原 他編　『心理臨床大事典』　519-527　培風館.
藤岡喜愛・秋谷たつ子 編　1988　『ロールシャッハ法を学ぶ』　金剛出版.
Gendlin, E.T.／村瀬孝雄 訳　1966　『体験過程と心理療法』　ナツメ社.
Klopfer, B. & Ainsworth, M.D.　1954　Interpretation: Quantitative Analysis. In *Developments in the Rorshach Technique,* Vol.1 World book, New York.
久能　徹 他　1977　『ロジャーズを読む』　岩崎学術出版.
諸富祥彦　1997　『カール・ロジャーズ入門——自分が"自分"になるということ』　星雲社.
大井　玄　1989　『叢書 死の文化3．終末期医療—自分の死をとりもどすために』　弘文堂.
Rogers, C.R.　1951　*Client-centered therapy.* Houghton Mifflin.
Rogers, C.R.　1957／伊東　博編訳　1966　『サイコセラピィの過程』　岩崎学術出版社.
Rorshach, H.／鈴木睦夫 訳　1998　新・完訳『精神診断学』　金子書房.
Searles, H.F.／松本雅彦 他訳　1991　『逆転移1』　みすず書房.
辻　悟　1997　『ロールシャッハ検査法』　金子書房.
氏原　寛　1975　『カウンセリングの実際』　創元社.
氏原　寛　1980　『カウンセリングの実践』　誠信書房.
氏原　寛　1993　『意識の場理論と心理臨床』　誠信書房.
氏原　寛・杉原保史 共編　1998　『臨床心理学入門—理解と関わりを深める』　培風館.
Winnicott, D.W.／牛島定信 訳　1977　『情緒発達の精神分析理論』　岩崎学術出版社.
柳田邦男　1995　『犠牲（サクリファイス）』　文芸春秋.

2章 精神科医の立場から

2-1 はじめに

　本章では精神科医の立場から診断と見立てについて述べますが，精神医学の領域に含まれる各種の疾患や障害一つ一つの診断を述べるのではなく，精神科医が患者を前にして，どのように考えて診断を進めてゆくか，その考え方の筋道を述べてみたいと思います。ただし精神科医といっても専門領域や研究方法によって診断についての考え方にも多少の違いがありますから，ここで述べるのはあくまで，精神療法に関心をもっている一臨床医である筆者の考え方です。

　精神科医と心理臨床家では診断や見立てについての考え方や診断基準が異なるところがあるかもしれませんが，悩み苦しむ人たちを援助するという点では両者は共通するので，診断についての考え方にも共有しうるところが多いでしょう。また多少の違いがあるにしても，精神科医と心理臨床家は共同して，あるいは協力して働く場合もあるので，心理臨床家にも精神科医の診断についての考え方を知っておいてほしいと思います(逆も同じです)。また，心理臨床家が関わる人たちの中には，精神医学的な疾患や障害をもつ人たちもあるでしょうから，精神科医に紹介したり相談したりする必要もあるでしょう。適切な紹介や相談ができるように，精神医学の診断について知っておいてほしいと思います。

　精神医学的診断には記述的診断と力動的診断(評価)の二つがあります。筆者は診断という用語は記述的な疾病診断に限って用い，力動的診断は力動的評価あるいは力動的定式化と呼びたいと考えていますので，本章ではそのような言葉の用い方をすることにします。

　また，日本語には「見立て」という言葉があります。これを『広辞苑』でひくと，「① 見送り，送別。②（イ）選定，鑑定，（ロ）診断，（ハ）遊客が相手の遊女を選ぶこと。③ なぞらえること。④ 芸術表現の一技法，対象を他のものになぞらえて表現すること。」とあります。「診断」という言葉は「見立て」の一部であり，診断よりも見立ての方が幅の広い概念であることがわかります。ただし，「なぞらえる」ということも診断ということに含まれると思います。診断とは，

目の前の個別的なある事態を，定まった定義をもつより一般的な概念にとりあえずなぞらえてみる，ということなのです。なぞらえてみることで，その個別的事態の理解が深まり，治療法につながれば，その見立ては有効であったということになります。

本章では，まず記述的診断について，次いで力動的評価について述べ，さらに診断面接の留意点について述べることにします。

2-2 記述的診断

(1) 診断することの意味

記述的診断とは，その患者がどのような症状を示しているか，その原因は何であるか，疾患分類から見てどのような疾患に罹っているか，を明らかにし，可能なら経過を予測し，治療法を選択することをいいます。記述的診断は症候論，病因論，治療論が一組となっていることが理想です。身体医学においてはこういう診断が可能な場合が多いのですが(こう思うのは，ひょっとしたら身体医学を理想化しすぎているかもしれませんが)，精神医学の領域では身体疾患の場合ほど原因が確定されておらず，治療方法も必ずしも確立していません。しかし，いずれ原因が究明され，治療法が確定することを期待して，一般医学の診断の枠組みを踏襲しています。

診断を単に分類し，レッテルを貼ることにすぎないとする批判もありますが，実は分類すること自体が判断のプロセスであって，治療を考える上で不可欠のことなのです。

疾患を分類することがなにゆえ必要かについて，ヤスパース(Jaspers, K., 1948)は次のようにいっています。「第一に，現れる精神疾患を疾患単位の理念のもとに概観して，何が得られたかを認識する。第二に，精神医学各論を叙述するために分類が必要であり，そうした図式がなくては素材を整理することができない。第三に，図式が患者の大きな現在数を統計的に把握する手段として必要である。」

つまりヤスパースは精神障害を認識するための枠組みとしての診断図式，言い換えれば判断のプロセスとしての分類を目的としています。そして分離された個々の疾患は，たとえ理念(イデー)であるとしても――したがって基準を満たすものでないにしても，理念的にも実践的にも個々の研究の目標点になるとしています。

この対極にあるのがスピッツァー(Spitzer, R. L., 1980)の操作的疾患概念で

す。スピッツァーによると，分類の目的は最も広い意味でコミュニケーション，コントロール，理解の三つにあります。コミュニケーションとは，その分類を使う人たちが互いに彼らの取り扱う精神障害についてコミュニケーションし合うことを可能にすることであり，コントロールとは理想的にはその障害の発症を予防できるか，あるいは治療によってその経過を緩和できるかといった能力の意味であり，理解とは精神障害の原因とその発症，顕在化のプロセスについてわかることである，としています。

また，吉松和哉(1983)は臨床における診断の意味を「第一は，まったく治療者側の立場で，正しい診断がつくことによって正しい治療方針が立てられるという段階」であり，「第二は，患者に対してその診断名を伝えることにより，治療者と患者がその療養方針に対して共通の理解の基盤に立てる段階」であり，「第三の段階は，いわゆる精神療法的意味合いを含んだ治療的診断」であり，「この段階の診断こそ最も精神医学的であるといってよい」と述べています。

(2) わが国で用いられている慣用的診断分類

身体医学における疾患とは，① 特有の症状，② 特有の経過，③ 特有の器質的変化，④ 特定の原因，の四つが明確になっているものをいいます。例えば肺結核は，発熱や咳などの結核に特有の症状があり，増悪と改善を繰り返す特有な経過があり，結核結節や空洞など特有の器質的所見があり，結核菌という原因を特定することができます。一般医学においては，これが疾患の定義なのです。

精神医学が扱う疾患のうちでも身体医学でいう疾患と同じ定義を満たしているものもあります。その代表が進行麻痺です。進行麻痺は痴呆を中心とするさまざまな精神症状や痙攣発作を呈し，梅毒感染後10年から20年して発病し，いったん発病すると放置すれば数年で死亡するという特有の経過を示し，梅毒特有の脳の実質的変化があり，梅毒スピロヘータという原因を特定できます（わが国の野口英世が1913年に，患者の脳内にスピロヘータを発見し，原因を確定しました）。これは精神病の疾患単位のモデルになった疾患であり，いずれ他の精神病もこのように病理所見や原因が確定されるものと期待されたのです。しかし必ずしもそうはゆきませんでした。

精神医学の取り扱う疾患あるいは障害は，必ずしも身体医学でいう疾患の定義を満たしていません。例えば分裂病や躁うつ病などの内因性精神病といわれる疾患においては，近年研究の進歩が著しいとはいえ，特有の器質的変化はまだ見つかっておらず，原因もまだ特定しがたいのです。しかしいずれ病理所見がわかり原因が特定できるであろうと期待して「病」と呼んでいるのです。心因性の精神障

害においてはもちろん病理所見は認められず，身体的原因はないとされます。

　現在，精神医学の取り扱う疾患あるいは障害は，わが国では慣用的に次の3種に分類されています。① 身体に基礎づけられる精神障害，② 身体に基礎づけられると想定されるが，現在のところ，身体的基盤を特定できない精神障害，③ 心理的原因によると考えられる精神障害，の3種類です。①を外因性あるいは体因性精神障害(あるいは精神病)，②を内因性精神障害，③を心因性精神障害と呼び習わしています。③に神経症を含める場合もあります。これらは病気ですから，生まれつきのものではなく，人生のある時期から始まるものです。広義の精神障害には，このほかに生来性のものとして，精神発達遅滞と人格障害が含まれます。この慣用的分類を表2-1に示します。

　最近はICD-10やDSM-Ⅳの分類がわが国でも次第に用いられるようになっていますが，これらが病因論や治療論につながりにくい症候だけの分類であるのに対し，この慣用的分類は病因論を含んだもので，現在でも十分にその価値をもっているものと筆者は思っています。

　ただし，外因(体因)，内因，心因という分類はかなり単純化した分類です。内因性精神病が将来，すべて身体に基礎づけられるかどうかは疑問であり，多くの研究者が心理・社会的要因の関与も否定できないと考えています。身体，心理，社会のさまざまな要因が重なり合って多元的に規定されるものかもしれません。

表2-1　わが国における精神障害の慣用的分類

Ⅰ．**身体因(外因)性精神障害**(身体的基盤のあるもの)
　(1) 器質性精神病：脳の器質的疾患に基づくもの：梅毒性精神病(進行麻痺)，初老期痴呆，老年痴呆，てんかん性精神病，頭部外傷によるもの，脳疾患(急性髄膜炎，脳炎，脳腫瘍，その他)によるもの，など
　(2) 中毒性精神病：アルコール精神病，薬物その他の中毒によるもの。
　(3) 症状精神病：急性伝染病，肝臓疾患，腎臓疾患(尿毒症・人工透析によるものを含む)，代謝疾患，内分泌疾患などによるもの。

Ⅱ．**内因性精神障害**(現在，身体的基盤が確認されていないが，いずれ明らかにされるはずだと考えられているもの)
　(1) 精神分裂病
　(2) 躁うつ病
　(3) 非定型精神病

Ⅲ．**心因(反応)性精神障害**(心理的原因によるもの)
　(1) 原始反応，反応精神病(拘禁反応，感応精神病，うつ反応，妄想反応，分裂病様反応など)
　(2) 神経症

また心因性と従来考えられていたもの，例えば不安神経症や強迫神経症に近年，身体的基盤が見いだされつつあり，これらを単純に心因性とすることはできなくなりつつあります。とはいえ，この分類はまだ大まかには有効であり，原因とともに経過の見通しや治療法に結びついた分類ですから，現在でも多くの精神科医によって用いられています。

(3) 身体因，内因，心因の順に考える

　精神科医は診断するに当たって，身体因，内因，心因の順に考えます。決してこの逆ではありません。身体因を見落としていては，場合によっては患者の生命の危険を招くかもしれません。また身体因であることがはっきりすれば，有効な治療法のあることも多いのです。

　例えば，うつ状態を示す患者を診た場合，精神科医はまず身体的基盤の有無に関心を払います。患者自身や家族はしばしば心因論者であることがあります。会社でのストレスから憂うつになったのだろうとか，失恋が原因なのだろうとか考えがちです。しかし，うつ状態はさまざまな身体疾患の症状としても出現します。内分泌性疾患，膠原病，腎不全，肝疾患，悪性腫瘍(特に膵臓癌)などにうつ状態が生じることは珍しくありません。さまざまな薬物によってうつ状態が生じることもあります。こういう身体因性のうつ状態を示す患者は動作が少なく，かつ緩慢となり，表情は乏しくなります。泣いたりすることはむしろあまりありません。どちらかといえば，内因性うつ病と似た病像を示します。ですから，うつ状態を示す患者を診たら，精神科医はまず身体因を疑って他のさまざまな症状の有無を調べます。例えば下垂体の病気を疑えば体重の減少，体毛の減少，声がれなどがないかを診ると同時に，内分泌的な検査を行います。時には前頭葉の腫瘍がうつ状態を示す場合もあります。これを疑えば，頭痛や吐き気などの脳圧亢進症状の有無を調べ，頭部CTやMRIを撮ります。また治療のために使われている薬剤，例えばステロイドやβブロッカーなどがうつ状態を招くこともありますので注意が肝要です。

　身体因性精神障害の診断においてもっとも重要なことは意識障害を見逃さないことです。内因性，心因性の疾患が原則として意識の障害を伴わないのに対し，身体因性精神障害には意識障害が伴うことが多いのです。意識が障害されていれば容易にわかるだろうと思われるかもしれませんが，昏睡のような深い意識障害なら容易にわかるとしても，軽い意識障害はなかなかわかりにくいものです。簡単な言い間違いやちょっとした錯覚などに注意を払い，軽い意識障害の存在を疑って問診しなければなりません。うつ状態を診た場合も，精神科医はそこに軽

い意識障害が存在していないか，あるいは次第に出現してきはしないかに注意を払います。

　うつ状態について，身体因性のものが除外されたら，次に内因性のうつ病を疑います。患者がいかにも悲しげに泣くといった状態よりはむしろ感情が乏しいかに見えること，不眠，食欲不振，体重減少，便秘，性機能障害，その他の身体症状を伴うこと，希死念慮のあること，気分や体調の日内変動があること，そして病相のあること，などが内因性と診断する重要な手がかりになります。内因性うつ病であれば，ほとんどの場合，休養と適切な薬物療法によって治癒します。診断を誤っていたずらに精神内界を探究し，うつ状態を悪化させることのないよう注意しなくてはなりません。

　身体因性でも内因性でもないことが明らかになって初めて心因性を疑います。つまり心因性という診断は除外診断なのです。身体因性や内因性の疾患でも，発症に先立ってあたかも心因と思われるような出来事があることも珍しくありません。しかし，それはきっかけにすぎないことも多いのです。患者や家族はしばしば心因論的解釈をしがちですから注意が必要です。除外診断で心因性が考えられるとなったら，心因的な出来事，体験と現在の状態の間に意味関連があるかどうか，了解が可能かどうかを検討します。了解には，体験されたものをそのままとらえる静的了解と，心的なものが心的なものから生じているということを確かな明証性をもって了解する発生的了解とがあります。心因性と診断するためには発生的了解が可能であることが求められます。つまり患者に感情移入して追体験することにより，そのような体験をすればそういう状態になるのも無理はない，と感じられることが必要なのです。

(4) 主観的体験と客観的所見

　記述的診断は患者本人の主観的体験の内容と，客観的に観察される言動の両面から行われます。患者本人の主観的体験を把握するには，知覚，思考，情動，意思などに注目します。具体的には幻覚や妄想があるかどうか，思考の障害があるかどうか，気分はどうか，意欲はどうか，などを診ます。その上でその人の内的体験を全体として理解しようと努めます。主観的体験は患者自身に語ってもらわなくてはわかりませんから，患者の話をよく聴くことが診断をするために最も大切なことになります。

　客観的には，患者の表情，態度，服装，それらが全体として面接者に与える印象に留意します。表情だけからでも実に多くの情報が与えられるものです。表情を一瞥（べつ）しただけで分裂病と診断のつくことさえあります。

こういう状態像を観察し，記述するに当たっては，面接者は患者から距離をおいて客観的に把握する態度と，語られる体験を知的に理解するだけでなく，情緒的に関心を向けてその意味を理解しようとする態度の両方をとる必要があります。そしてその患者の正常な人格からの意識や体験の連続性をたどりながら，その中のどの部分が，いつからどのように病態化し，異常として本人に体験されるようになったのか，あるいは病態化しているにもかかわらず，本人が異常として体験していないのか，に注目します。

(5) 主訴に注目する

　患者本人が異常として気づいているところ，そしてそれによって苦痛を体験し，それを取り除きたいと思っているところが主訴として表れてきます。そしてそれが患者が受診する理由になります。診断のためにも，また治療のためにも，まず主訴を明確にすることが必要です。主訴にはさまざまなものがあります。特定のあるいは漠然とした不安であったり，憂うつや焦燥感であったり，「人が怖い」という訴えであったりします。さまざまな身体症状の訴えであることもあります。主訴として訴えられるということは，その体験が自我異質的に体験されているわけで，それを自我異質的に体験している人格の部分が健康な部分です。こういう受診の仕方は神経症圏の患者に多く見られます。

　境界水準の患者の場合には，主訴が漠然としていることが多くあります。彼らはさまざまな行動化をしつつも，それを主訴として訴えるのではなく，「何となく空しい」とか「癒されたい」とかと訴えて受診します。彼らは不安を特定の症状に限局化する能力に乏しく，面接者との関係を症状解消のための手段としてみなしていません。空しさを埋めてくれる関係そのものを希求しているのです。

　本人が苦痛を感じて自ら受診するのではなく，周囲の人たちが，どうもおかしいと気づいて受診を勧め，本人が連れてこられる場合もあります。こういう受診の仕方は子どもの場合はむしろ当然ですが，青年や成人の場合は精神病圏の患者，アルコールや薬物依存，痴呆，パーソナリティ障害などの場合に見られます。こういう患者は病的な部分を自我異質的に悩むことがなかったり，乏しかったりします。人格全体が病んでいるのです。周囲が気づいている病的なところと，本人が悩み訴えているところがずれている場合もあります。例えば分裂病患者が誰かに監視されている，嫌がらせをされていると感じて，周囲の人たちに対して攻撃的になったり，閉じこもったりし，まわりから「おかしい」と思われていても，本人は周囲の嫌がらせに対して仕方なくそう振る舞っているだけで，自分で異常とは体験していないことがあります。しかしそういう患者も，そういう

状況での不安や不眠に焦点を当てて質問すると，肯定することもありますから，まずそれを主訴として取り上げ，当面の治療の目標とすることで合意ができる場合もあります。主訴のないところに治療をしようとすれば，押しつけになったり，強制になったりします。診断においても治療においても，常に主訴に注目し，主訴から出発するのがよいのです。

2-3　力動的評価

(1) 正常，健康な面から

　力動的評価とは，患者の心理・社会的側面を明らかにし，記述的診断との統合をはかって患者の全体像を理解し，治療方針を選択する指針を得ることをいいます。力動的評価に当たっては，まず第一に患者の正常なところ，健康なところに注目します。患者が面接者と同盟を結んで診断の過程や治療に協力しうるか，病的体験を自我異質的なものと体験して訴えることができるか，病識をもっているか，面接者の説明を理解して治療的指示を守ることができるか，などに注目します。精神療法を行うかどうかで重要なのは，患者が「心理的に考える能力(psychological mind)」をもつかどうかです。すなわち，自分の問題について，どのような自己理解があるか，自分の問題を内的，情緒的なこととの関わりで理解してゆくことができるか，記憶や体験を組み立てて一連のつながりのあるものにし，自己探究してゆくことができるか，言葉を用いてある程度の抽象的な思考をしたり，比喩を用いたりできるか，情緒を言葉で表現し伝達することができるか，などを見定めます。これらは患者に精神療法を行うかどうか，行うとしたらどのような精神療法(言語的か非言語的か，探究的か支持的か)が適しているかを判断する上で重要なことです。

(2) 病理面の評価

　第二に，これは第一と表裏のことですが，患者の現在の適応状態を病理の面に注意を払いつつ評価します。もっとも重要なことは，自我機能の評価です。例えば，考えたり，話をしたり，勉強したり，仕事をしたり，といった日常生活がどの程度維持され，どの程度障害されているか，患者は不安や葛藤をどの程度精神内界に保持し，主観的に体験できるか，衝動をどの程度コントロールできるか，趣味などの昇華経路がどの程度ひらけているか，などを診ます。さらには現実検討能力を評価します。現実検討能力とは，本人が主観の中で描き出しているイメージや願望や空想と現実とを照合する能力をいいます。すなわち，夢と現実，

観念や空想と現実との区別がどの程度できているか，ということです。例えば幻聴に支配され，幻聴の命じるままに行動してしまうような患者は現実検討能力に欠けるといわざるをえません。また，どんなときにどの程度，自分の内的な情動や不安を外界に投影して，それを現実と思い込んでしまうかを診ることも必要です。例えば，ある青年は内心，父親に激しい怒りを抱いていたのですが，それを自覚せず，父親に攻撃されると感じて父親を極度に恐れていました。彼の投影はなかなかに強固で，彼が自身の怒りと現実の父親を認識するには何か月もかかったのです。

さらに，患者がどのような防衛機制を用いているか，それらの防衛機制がどの程度適応的に働いて，内的安定を保つことに役立っているか，それとも防衛が成功せず不安が露わになっているか，その防衛がかえって不適応を引き起こしていないか，などを検討します。そして，これらの防衛機制がどれほど柔軟に働いて，本人がその防衛の働きについて意識化が可能か，それともその防衛が過剰に硬化していて，本人がそれを意識化することができないでいるか，などを評価します。

防衛機制には大別して，抑圧を中心とする比較的成熟した防衛機制と，分裂を中心とする原始的防衛機制とがあります。前者には抑圧，知性化，合理化，置き換え，昇華，反動形成などが含まれ，後者には分裂，投影性同一視，否認，原始的理想化，価値切り下げ，などが含まれます。神経症の特定の類型は特有の防衛機制と関連づけて理解されます。例えば強迫神経症では，反動形成，知性化，置き換え，隔離，取り消し，などが主として用いられ，それらは肛門期への退行として理解されています。

(3) 発症状況

第三に，現在の病状がいつどのようにして生じてきたか，どのような状況や出来事が発症に先立って存在していたか，それがどの程度ストレスとなっていたかを診ます。また発症前の適応状態はどうであったか，それが現在どのような状態になっているかを評価します。ただしこの場合，発症に先立つ出来事を直ちに心因と考えるのではなく，まず時間的関係を把握し，その意味づけは治療過程の中で次第に明らかになればよいと考えておきます。例えば，ペットの死のあと抑うつ的になった患者について，次第にそれ以前により重大な喪失体験のあったこと，それへの喪の仕事が十分にされていなかったことが明らかになった，という例があります。ペットの死が，かつての対象喪失とそれへの喪の仕事の引き金になったのです。

(4) ライフサイクル

　第四に、患者がライフサイクルの観点から見て、どのような年代にあり、どのような発達に直面しているかを評価します。精神障害の発症は、なんらかの発達課題の達成の挫折と関連して理解しうる場合があります。例えば思春期・青年期であれば、発達課題として、①変貌する身体の受容、②親からの分離・自立、③同世代の同性集団への参加、④現実的自我理想の確立、⑤異性との関係の確立、などが課題と考えられます。患者がこれらの発達課題にどのように直面し、どのように乗り越えているか、あるいは乗り越え損なっているかに注目し評価します。この評価は治療方針の決定に当たって、きわめて重要です。親や周囲の人たちにどう働きかけるかにも手がかりを与えてくれます。

(5) 面接への期待

　第五に、なぜ患者が現時点で面接を求めたのか、あるいはなぜ周囲の人たちが現時点で患者を連れてきたのかを明らかにします。症状が急激に出現したためか、以前からの問題が生活状況の変化によって顕在化したり増悪したりしたのか、成長と発達によって患者が自ら悩むことができるようになったのか、を明らかにします。次いで、患者が面接に何を期待しているかをみます。患者の期待はさまざまです。面接にくる意志がなく、強制的に連れてこられたような場合は、患者は面接には何も期待していないし、面接者に問題解決への助力を依頼することもありません。またある場合には、面接者に依頼しさえすれば面接者がたちどころにすべて解決してくれるであろうという万能的期待を抱いていることもあります。そういう期待のあり方は患者の病理と深く関わっています。期待を明確にしないまま安易に面接を引き受けてしまうと、患者が途中で著しく失望したり、裏切られたと感じたり、ときには面接者に攻撃的になったりします。面接者は患者の期待を明確にするとともに、それに対して自分が何をなしうるかを告げなければなりません。

(6) 力動的定式化

　最後に、以上を踏まえて、その患者の生活歴、発症状況、病歴、現在の状態を総合的に把握し、その患者がどのようにして現症を呈するに至ったかを再構成します。その人の人生における病の意味と由来を明らかにするのです。これを力動的定式化といいます。その人の人生について、もっともありそうな物語を作ることだといってもよいでしょう。この定式化は治療の進展に伴って次第に詳細化され深化されることが期待されます。ある物語が作られ、患者と面接者がそれに合

意したときには，治療の重要な部分が終わったといってもよいのです。

2-4 診断面接における留意点

(1) 面接を構造化する

　小此木啓吾 (1998) が強調しているように，診断のためにはできるだけ構造化された面接を行うのがよいでしょう。構造化された面接とは，面接室で一定の時間，何回か続けて行う面接です。ここでいう面接とは，もっぱら対面法による面接です。対面法には文字通りの対面法と，90度面接といって面接者と被面接者が90度の角度で座り，直接目を合わせない方法があります。その中間的な席の取り方もあるでしょう。互いの表情や視線を直視するような席の取り方ですと，互いに相手の反応を意識する度合いが高まり，緊張が高まりやすくなります。90度法の方が多少気が楽で，沈黙があってもそれほど緊張が高まらず，相手の反応よりも自分の精神内界に目が向きやすくなります。

　実際の臨床場面では，必ずしも常に構造化された面接が行いうるとは限らず，病棟の廊下で立ち話をしたり，ベッドサイドで話を聞いたり，作業やレクリエーションに加わりながら話し合ったりすることによって診断しなければならない場合もあります。また，そのような関わりが治療的に大きな意味をもつこともまれではありません。しかし正確な診断に到達するためにも，臨床家としての基礎を築くためにも，そして何よりも患者に安全感を提供するためにも，できるだけ構造化された面接をするよう心がけたいものです。そこで得られる認識が，その他の場面における関わりを評価する軸になるからです。

(2) 面接の目的を明確にする

　面接をするに当たっては，その面接の目的を患者に伝えることが必要です。例えば初診の患者に予診をとる場合は，予診のあと担当医が面接することになるので，予診者はその後の治療を担当するわけではありません。あるいは治療を受け持っている精神科医から，心理学的あるいは精神力動的理解を得ることを期待して，心理臨床家に面接が依頼される場合があります。そのような場合は，自分の役割を患者に伝えた上で，その範囲で話を聴くことが大切です。話だけ聴きだされて見捨てられた，といった気持ちが患者に残ることがないよう配慮すべきです。

(3) 患者にできるだけ自由に話してもらう

　診断面接では、まったく患者に自由に話してもらうということでなく、症状や病歴を把握するために面接者が質問することもありますが、それでもまず、できるだけ患者が自由に話せるような雰囲気をつくることが必要で、結局はその方が診断についての重要な情報が得られるものです。「どういうことで来られましたか」と問うて、そこから患者の話すことについてゆきつつ適宜質問をして、必要な情報を得るという姿勢がよいでしょう。

(4) 面接（者）に対する患者の気持ちに配慮する

　患者は面接を受けるということ自体に、面接者に自分を見知られ、秘密を探られ、評価されるという不安を抱いているものです。特に精神科を受診する患者では、自分が狂気とみなされるのではないかという恐れや、とうとう精神科にかかることになってしまったという屈辱感をもっていることもしばしばあります。面接について患者があらかじめ抱いている不安について十分留意し、できるだけその不安について話すように促し、その多くを人間にありうる気持ちとして認め、しかもそれをできるだけ軽減するよう働きかけなければなりません。

　患者は面接者に対しても、面接にくる以前から何らかのイメージを作り上げている場合があります。そのイメージは精神科医や心理臨床家一般について患者がもつイメージ、例えば何でもフムフムと聴いて受け容れてくれる人とか、あるいは他人の心の中に無作法に侵入し、秘密をかぎ回る人とかであったり、以前の面接経験の持ち越されたものであったり、ときには親や兄弟に対する感情の転移されたものであったりします。そのあたりを見きわめて対応することが必要です。

(5) 「いま・ここ」での精神力動を理解する

　一例をあげます。

　　　患者は高校生の男子で、不登校と家庭でときどき暴力をふるうということで、母親に伴われて受診しました。母親に引っ張られるようにして面接室に入ってきたときから、いかにも不機嫌で表情も険しく、面接者が「どういうことで来られましたか」と問うても、ぶっきらぼうに「知らん」と答えるだけでした。面接者が「なにか気分が悪そうですね」というと、「本当は来たくなかった。こんなところに来ても無駄」というので、「お母さんがお膳立てして、それに乗せられて来てしまったということですか」と聞くと、すこし表情をやわらげました。そしてそのあと、今までの進路の選択はみな親が選んで勧めたものだったこと、そこから脱け出して自分らしくしたいと思っても、結局いつもうまくいかなかったことをポツリポツリと語りました。途中で母親が「あなたもそうしたいと言ったじゃない」などと何度も口を挟もうとしましたが、面接者はその都度「お母さんの話はあとで伺いますか

ら, まずご本人に話させてください」と母親の介入を遮りました。そして面接者が「いやだいやだと思っても, 結局今日もここに連れてこられてしまったんですね」というと, 彼はうなずきました。彼はもう拒否的ではなくなっていました。

彼は今までずっと親の引いたレールの上を歩かされて, それを嫌だと思い, 何とか自分らしく生きようと努力してきたが, いつもその試みが挫折して現在に至っていました。お膳立てされたものはもう嫌だと思いつつ, 結局それに乗ってしまっていたのです。内心依存したい気持ちもあって, 本当に自分で決めることに不安を抱いていたとも考えられます。こういう葛藤が今この面接場面でまさに演じられているのです。おそらく不登校も家庭内暴力も, この葛藤の反映なのでしょう。

こういった力動は青年期の患者にはよく見られるものです。それを「いま・ここ」の面接場面と結びつけて理解し(診断し), 患者に伝え返すことが重要です。

(6) 面接者自身の感情を検討する

面接者自身の心身の状態や気持ちも診断面接に影響を及ぼすことがあります。あまりにも疲労していたり, 自分自身の悩みごとで頭がいっぱいになっていたりしては, 患者のことに心を向けることがむずかしく, 精神療法はもとより, 診断面接にも支障をきたします。また面接者の疲労や不安は患者に察知され, 患者を不安にさせます。患者は面接者の疲労や不安を自分のせいだと思うかもしれません。そういう解釈の仕方が診断の一助になる場合もありますが, 診断を混乱させる場合もあります。

例えば, 先にあげた高校生の男子の例で考えてみます。面接者自身が親からの自立をめぐって未解決の葛藤をもっていたとしましょう。自立したいと思いつつ, 現実には親のいうことに従って生きてきたとします。その面接者は患者の自立したがっている部分に過剰に肩入れして, 親への反抗をそそのかすかもしれません。自分が願望し, しかし現実には成しえなかったことを患者にしてもらおうとするのです。こうなると, その面接は, 自立したい子どもを押さえつける悪い親を, 患者と面接者がいっしょになって攻撃するといった雰囲気になりかねません。そうなってしまっては, 面接者は患者の中にある自立したい気持ちと依存したい気持ちの葛藤を認識することができなくなります。

あるいは, その面接者がかつて親から自立した際に, 親を見捨てたように感じて後悔していたとしましょう。彼には親の気持ちがよくわかるので, 自立しようとする患者に対して, まだ早すぎると押さえにかかるかもしれません。そうなるとその面接は, 親と面接者がいっしょになって患者を制止したり説教したりする

場になりかねません。この場合も，面接者は患者の中にある自立と依存の葛藤を読み取り損ねます。患者は親と面接者が共謀していると感じて，心を閉ざしてしまうでしょう。いずれの場合も，面接者は適切な力動的評価をすることに失敗してしまいます。

　面接者は，自分の個人的な見解や価値観を押しつけないように，また自分で意識しない感情に衝き動かされて患者に行動化を促したり説教したりしないように努めなければなりません。患者が自身の意見や感情を表現しやすい雰囲気を作りだすことを優先し，自己主張を断念しなければならないのです。

(7) 診断を患者に伝える

　一定程度の記述的診断に到達したら，可能なら経過の見通しを述べ，治療方針を説明します。治療に選択肢のある場合はそのことを説明し，患者に選択してもらうようにします。患者が混乱している場合は，今は患者自身が決めかねる状態にあるということを患者と合意した上で，面接者が決断することもありえます。

　その診断を患者や家族がどう受け取るか，その診断に対してどういう気持ちをもつかに留意します。例えば，うつ病という診断は現在の精神科医にとっては予後が良いことを意味しますが，患者や家族は不治の精神病といわれたように思うかもしれません。そのあたりに留意して，よく説明することが必要です。1回の面接で確定診断に至らない場合は，「もう2，3回お会いして，はっきりわかってきたらお話しします」と告げておきます。このように告げることは，むしろ面接者に対する信頼を増しこそすれ，不信にはつながらないものです。

　力動的評価についても可能な限り患者に伝え，それについて患者がどう思うかを問うようにします。先にあげた男子高校生に対する面接者の言葉もその一例ですが，力動的評価が適切になされれば，それは共感でもあり解釈でもあるのです。

■文　献

藤縄　昭　1983　精神医学における診断図式序説．土居健郎・藤縄　昭編『精神医学における診断の意味』東京大学出版会．
Jaspers, K.　1948　*Allgemeine Psycho-pathologie,* 5 *Aufl.* Springer Verlag, Berlin und Heiderberg.（内村祐之・西丸四方・島崎敏樹・岡田敬蔵 訳　1953　『精神病理学総論（上・中・下）』岩波書店．）
小此木啓吾　1998　記述的診断と力動的診断，診断面接の実際．小此木啓吾・深津千賀子・大野　裕 編『心の臨床家のための精神医学ハンドブック』創元社．
Spitzer, R.L. & Williams, J.B.W.　1980　Classification in Psychiatry. In Kaplan, H. I. *et al.* (eds.), *Complihensive Textbook of Psychiatry,* 3rd ed. Williams and Wilking. Baltimore / London.
吉松和哉　1983　臨床精神医学における診断の落とし穴．土居健郎・藤縄　昭編『精神医学における診断の意味』東京大学出版会．

3 章　心療内科医の立場から

3-1　はじめに

　従来医学領域で人間の心に関わる疾患や問題に，医師として中心的役割を担ってきたのは精神科医でした。しかし近年その一翼を「心療内科医」が担うようになりました。そして「心療内科」が正式な標榜科名として認められた平成8年以降，この科名を看板に掲げる医療機関は急増しており，今後臨床心理士が臨床の現場で「心療内科医」と連携する機会は間違いなく増えるでしょう。そのような状況を鑑みると，今後臨床上のよりよきパートナーシップを築くために，「心療内科医」とは何か，どのような臨床対象にどのようなスタンスで望むのか，とりわけどのような診断過程を踏むのかということを理解しておくことは有意義なことに違いありません。

　ところで独立した一つの診療科として公的に認知されたという意味で，そのアイデンティティーは一応の確立をみたと言えますが，実は「心療内科(医)」と呼ばれる集合はかなり不均一なものです。その主な診療対象も治療法も，そして当然ながら診断手続も，それぞれの持つ臨床の場や依って立つ理念によってさまざまです。そこで本章ではまず，ここで論じる「心療内科医」とはそもそもどのような医師を念頭に置いているか，ということを明らかにしておきたいと思います。

　次に実際の診断過程について述べますが，それに先立ちそれらの背景を成すいくつかの基本的観点について論じておこうと思います。具体的には，心身医学的診断とはそもそも何を診断するのか，それは精神医学的診断とどのような関係にあるのか，あるいはそのような診断を成り立たせるための診療形態そして医者－患者関係とはどうあるべきかというようなことなどです。

　そして最後にその診断過程に臨床心理士がどのように連携しうるかということに触れたいと思います。

3-2 心身医学と心療内科(医)

　心身医学(psychosomatic medicine)という用語を初めて用いたのはドイツの精神分析家ドイチェ(Deutsch F., 1922)です。彼はヒステリー症状の形成機制としてフロイト(Freud S.)が提唱した転換の概念(1894年)，すなわち心的内容が意識化されることを逃れてある種の象徴性を帯びながら身体症状に置き換えられるという考え方を発展させ，それが身体諸器官の器質的障害の形成機制にもなりうること，そしてそれまでもっぱら身体医学的治療手法の対象でしかなかったさまざまな身体疾患の治療に精神分析という心理学的アプローチが応用しうることを提唱し，心と身体の越えがたい壁に大きな風穴を開け，新たな臨床領域を切り開いたのです。その後さまざまな形で発展を遂げた心身医学は今日，その基本的あり方に関して二つの観点を内包していると言えます。一つは特異な病態を持つ疾患群としての心身症をその主な対象と位置づけ，臨床や研究を構築しようとする観点です。ここで心身症とは日本心身医学会の定義によれば，「身体疾患の中で，その発症や経過に心理社会的因子が密接に関与し，器質的ないし機能的障害が認められる病態をいう。ただし神経症やうつ病など，他の精神障害に伴う身体症状は除外する」(日本心身医学会教育研修委員会編, 1991)ということになります。対象を比較的狭く限定し専門性を重視する観点と言えましょう。一方これとは対照的に対象をより広く普遍的にとらえようとする観点があります。そもそも心身医学の出発点には，物理的効率を重視するあまり臓器と臓器，身体と精神を分断してとらえ，疾患を体験する「個」の存在を置き去りにしてしまった近代以降の医学への反省があります。この視点に立てば，狭義の心身症に限らずあらゆる領域において患者を身体的のみならず心理的，社会的観点をも包括した一個の全体存在ととらえて医療が実践されるよう，専門的知識と技術を駆使しながら支援するというあり方がありうるわけです。そして実際上「心療内科医」とは，この二つの観点をさまざまな割合で併せ持つ臨床家の集合と言えます。

　ところで，本章のタイトルにもある「心療内科医」とは doctor of psychosomatic medicine の訳であり，邦訳に際しては「(主に)心理療法的アプローチを行う内科医」という意味が込められています。medicine の訳語に広く「医学」ではなく「内科」があてられた背景には，この医学あるいは理念をわが国に導入した際に内科領域で主導した人々の，精神科との違いを強調し独自性を主張したいという意図があったと言われます。しかし今日心身医学的理念を臨床的に実践しているのはなにも内科医だけとは限りません。精神科医はもちろん小児科医や産婦人科医など旧来の診療科目の垣根を越えた広い領域で，共通の理念のも

とに心身医学的医療が実践されています。したがってこの章では「心療内科（医）」を，「心身医学的理念の実践を主たる臨床活動としている診療科(医師)」と位置づけて論を進めたいと思います。

3-3　心身医学的診断に関する基本的観点

(1) 何を診断し見立てるか

a. 身体的見立て　心療内科を訪れる患者の多くは何らかの身体的愁訴を携えています。私たちはそれらが身体医学的裏付けをどれだけ持つものかを評価するとともに，身体医学的観点からの診療，ことに専門的な関わりをどれほど要するものかを見立てる必要があります。それはその後の診療形態を決めるうえで不可欠だからです。例えば発作性の呼吸困難(感)を訴えている場合，それが不安に伴う過換気発作のみであれば，基本的には呼吸器の専門家の併診を仰ぐ必要はありませんが，その不安の基礎に気管支喘息とその発作への恐怖があり，状況によっては実際吸入や補液など緊急の専門的治療が必要な場合もあるのです。心療内科医は自らの持つ臨床的なキャパシティを超える病態かどうか，超える場合はどのような医療側の連携が適切かを見立てねばなりません。

一方で心療内科医は精神的な問題が何らかの身体的疾患や異常に付随して生じている病態に出会うこともあります。これは他の診療科の入院患者に関するコンサルテーションを受けた場合に多いことです。身体的疾患や異常に付随するという場合，次の二通りの病態が考えられます。一つは身体的疾患に罹患したことやその診断ないしは治療のために入院を余儀なくされたという，状況に対する心理的反応として精神問題を生じた，いわゆる心因性精神障害の場合です。端的な例としては進行癌と診断され，余命数か月と告知されたことで抑うつ状態に陥ったような場合です。このような場合患者自身が自分の置かれた現実をどのように体験しているかという，内的で個別的な体験に心理的な意味で寄り添っていくことがもっとも重要ですが，それと並行して私たちは身体的病状が実際どれほど深刻なものなのか，予後や今後の闘病にどのような苦難が予想されるのかといった，客観的視点に立った全体像の把握と評価をしておくことも必要です。それなしには，例えばしばしば極端に悲観的に偏りがちな認知の歪みや，病状を無視した躁的な否認を的確に察知し適切に介入することができないからです。

精神的な問題が身体的問題に付随するもう一つの病態は，身体的異常が生物学的なメカニズムを解して精神症状を形成している，いわゆる器質性精神障害の場合です。例えば腎不全によりさまざまな老廃物が体内に蓄積し，体液や電解質の

バランスが崩れたことにより中枢神経系が影響を受け，活気が失せ，つじつまの合わない言動が生じるといった場合がそれにあたります。経験的に言うと，身体医学各科の医師は身体的な異常を，精神状態とのつながりという視点から把握し評価することには疎い場合が少なくありません。そのためコンサルテーションを受けた私たちが，精神症状の要因たりうる身体的異常はないだろうかという視点で，情報をもう一度洗い直すことによって初めてそれが明らかになるということも少なくないのです。以上述べてきたように，心療内科医はさまざまな観点に立って患者の身体的状態を見立てる必要があります。

b．精神的見立て　心身医学的診断においては，精神状態についての見立ても当然欠かすことはできません。それが身体的不調の原因になっているにせよ，逆にその結果として生じているにせよ，その性格や程度さらにその原因について見立てる必要があります。その際一般的には症候学的診断をつけることが基本となります。すなわち患者に生じた異常体験を所見として取り出し，その特徴を適切な表現によって記述することを通して精神状態を把握し，広く共有された疾患分類体系の中に位置づけるわけです。分類体系としては今日，米国精神医学会の提唱するDSMや，WHOによるICDなどがその代表で，近年心身医学領域でもそれらに準拠した診断が広く行われるようになっています。症候学的診断は，ともすると診断医の主観に依拠しがちな精神（心身）医学的診断に，一定の客観性を提供します。また類型化された疾患単位に対応した標準的治療方針を導き出すうえでも有用です。しかし仮に診断がその次元に留まるとしたら，私たちの臨床は患者を類型化された診断名（ラベル）の中に押し込め，「病をみて人をみず」という心身医学が批判したはずの現代医学と同じ轍を踏むことになる危険性を孕んでいます。

そこで私たちはもう一つの重要な視点を併せ持つことが必要になります。すなわち精神力動的観点とそれに基づく診断です。症候学的診断が観察に基づく客観性や類型性を重視するとすれば，力動的診断では患者の主観的体験や個別性を重んじます。すなわち，個性的存在としての「その」患者がどのように具合が悪いのかを，客観的徴候にとどまらず無意識の領域をも含めた内的世界（自己，自我，対象関係）についてまで探索領域を広げて評価します。さらにその不具合がどのような背景（歴史的，社会的，生物学的）と体験のもとに成り立っているのかといった，その患者「個人」にとっての「意味体験」（いわば個別的ストーリー）を見立てていきます。このような見立ては心理療法的アプローチと密接に関わってきますが，その有用性は必ずしもそれに限定されるものではありません。患者の体験に沿って病状の成り立ちを理解することそのものが極めて治療的なことで

3章　心療内科医の立場から

すし、また患者の自我の成熟度や対象関係の質、あるいは患者が病状を内的にどのように体験し関わろうとしているのかを理解しておくことは、投薬も含めて今後の治療全般にその患者がどのように関わることになるのかを推測し配慮することを可能にします。

　以上述べた二つの視点からの診断は互いに相補的なものであり、適宜それぞれを駆使することで精神状態を立体的に見立てることができるのです。

　c. つながりの見立て　　身体と精神それぞれの状態が評価されるとともに、心身医学的にはそれらが互いに何らかのつながりを持つものかどうか、持っているとすればそれはどのようなつながりかを見立てる必要があります。例えばすでに述べたように身体的異常に伴う心因性の精神障害なのか、器質性精神障害なのか、逆に身体症状が精神的問題に起因する場合、それがうつ病や不安障害の付随的な性質のものか、転換機制によるものか、あるいは狭義の心身症のように神経内分泌免疫系のより複雑なメカニズムを介した器質的あるいは機能的異常を伴うものか、さらには精神力動的観点からはどのようなつながりを読みとることができるのかなどを見立てることが必要です。

　d. 治療との関係性の見立て　　診断は次にひかえる一連の治療行為、すなわち治療の必要性と可能性を見定め、治療計画を立て患者と共有し、そして遂行していくことを前提として行われます。この治療という営みは、さまざまな水準において患者側と医療者側との共同作業にほかなりません。したがってその正否は、提示された治療を活用する意志と力を患者側がどれだけ持ちあわせているかに大きく左右されます。心理療法的アプローチが利用されることの多い心身医学的治療においては、その要素はとりわけ重要となるため、診断過程でそれらを力動的観点から見立てることが不可欠と言えます。具体的には、受診したことへの思い(そこには自力ではどうしようもできないという無力感や何とか助けてほしいという望みのほか、なぜこんな科にかからねばならないのかといった屈辱感や、本当に適切な治療が受けられるのかといった疑念など否定的な思いも少なからず含まれています)、期待(どのような期待か、それは現実的で妥当なものか)、治療意欲(積極的か受け身的か、そもそも受診は誰の希望か)など治療動機の質を見極めねばなりません。さらにどれだけ豊かな内的世界を持ち、それを疎通させる力、とりわけ言葉など象徴を用いて伝える力がどれだけあるのか、逆にこちらから差し出す介入(薬、助言や指導、あるいは心的内容についての解釈など)をどれだけ理解し建設的に自分のものにしうるのか、あるいはさまざまな不安や苦痛、ことに治療者への陰性の情緒を行動化せずに持ちこたえうるかといった、治療を活用する能力も見立てておく必要があります。

またコンサルテーション-リエゾンの場面では，患者の心身の状態を見立てるだけでなく，医療者側との関係性のあり方を把握することがしばしば重要で，関係性の問題そのものが依頼の中心的なテーマであることも少なくありません。

(2) 一人で心も身体も診ることの限界

　医療が高度に専門分化したことに伴う弊害への反省に基づき，患者を一個の全体存在として関わろうという理念が心身医学の根幹にあることをすでに述べました。しかし一方で医学の長足の進歩によって得られた膨大な知識や技術は，さまざまな形での機能分化によってより有効に活用されうることは疑いの余地がありません。そのような現実を踏まえつつ心身医学的理念に基づいた診断を実践するためには，心療内科医は自らの持つ身体医学的診断能力の限界をわきまえ，それを超える診断手続きについては当該の(場合によっては複数の)専門科に依頼し，それら全体を把握し，患者がそれらを包括的な診療として体験できるよう配慮したマネジメントを行う必要があります。あるいはコンサルテーション-リエゾンサービスという形で，医療の包括性という心身医学的理念の実践をめざすのも一つのあり方と言えるでしょう。

(3) 精神科診断と心療内科診断

　個々の医者で違いはあるにせよ，心療内科医は通常精神病圏の患者やアルコールなどの物質関連障害の患者は継続的診療の対象としませんし，一方，精神科医の中には身体的な愁訴が切迫している場合，それが器質的ないしは機能的異常を伴わない場合でも，診療に対して消極的になる場合が少なくないようです。しかしそうは言っても双方の診療対象にはかなりのオーバーラップもあります。その場合同じ診療対象に対する双方の診断手続にそれほど大きな相違はないのではないかと思います。しいて違いをあげるとすれば，精神科医の場合，精神症状やその背後の病理の把握に関心と労力をより傾け，それゆえ他の精神疾患との鑑別に長けているでしょうし，一方，心療内科医の場合は身体症状とその形成要因に関心をより払い，他の身体疾患との鑑別に鋭敏であると言えるかもしれません。このこととも関連して双方の診断名の用い方にも微妙な違いのある場合があります。例えば精神科医なら不安障害(パニック障害)と診断する症例を，心療内科医の場合心臓神経症あるいは過換気症候群という診断名を用いるかもしれません。このような命名の違いは精神科医の場合はまずは精神過程に注目することから，一方，心療内科医の場合は身体のどの部位にどのような状況が生じているかに注目することから始めて，病態全体の理解に至ろうとする視点の違いによると思わ

れます。筋収縮性頭痛，過敏性腸症候群，神経性咳嗽，痙性斜頚など，今日DSM-IVには用いられていない疾患名(ICD-10には盛り込まれている)を心療内科医は現在も重宝して使用しています。どちらの命名が優れていると一概に言うことはできないでしょう。精神過程の障害に注目して命名する方がより病態の本質に迫っていることは間違いありません。しかし少なくとも心療内科を訪れる患者の多くは初めに身体的変調に病感を抱き，その身体部位や臓器の疾患への不安とともに医療機関を訪れているわけで，そのような患者にとっては身体のどの部位にどのような状況が生じているか(例えば呼吸をし過ぎた状態であるとか，腸が過敏に動いてしまう状態であるなど)を端的に表現した命名は，患者の不安や関心を引き受けつつ病態認識を一歩進め，作業同盟を築いていくという点で有用な側面を持っています。どのような診断名を用いどのような伝え方をするのが，その患者のその局面で最も適切か，そこにおいても力動的見立てが活用されることが望まれます。

(4) 診断過程における医者-患者関係

どのような疾患であれ診断作業は患者側の協力なしには成立しませんが，患者から提供される言語的(ときに前言語的)情報が重要な価値を持つ精神医学および心身医学の臨床においては，とりわけ医者-患者関係の質が診断の精度を大きく左右します。したがって診察に際しては，患者との間にどのような関係性が生じているのかを常にモニタリングしながら，基本的には良好な関係性を育むように配慮することが必要です。ところで医者-患者関係は意識的で合理的な交流によってのみ構成されているわけではありません。むしろしばしば無意識的で不合理な「転移と逆転移」とによって濃厚に色付けされています。転移とは本来，精神分析の概念で，治療中に患者が治療者に対して向ける感情，思考，空想，態度など関係性全体のありようをさす用語です。それらは，患者がかつて(幼少期)の重要な人物との関わりの中で持ち，あるいは無意識的に幻想し体験したものを基盤とするため，しばしば幼児的で不合理な性格を帯びており，知的理解を超えて繰り返される傾向にあります。また逆転移とは，転移と密接に関連しながら，治療者が患者に向ける関係性のありようを指しています。さまざまな不安と期待の交錯する医療場面はこの転移-逆転移関係が生じやすい状況と言えます。力動的診断においてはこの転移-逆転移関係の様相そのものを見立てることが重要ですが，通常の診断に際しては診察者がその質を把握し，診断作業を円滑に行うためにそれを至適な状態に保ち活用するよう配慮することが肝要です。

3-4 診断と見立ての実際

(1) 診　察

　理想的な診察を行うには十分な時間が必要ですが，現実にはそれが叶(かな)わない場合が多いので，必要な作業を効率的にこなさねばなりません。それでも初回の診察は患者にとって期待と不安に満ちた大切な出会いの機会ですし，またその出来不出来がその後の治療の正否を左右すると言っても過言ではないので，ぜひ有効に使いたいものです。

　a. 診察以前の情報　　限られた診察時間を有効に使うためには，診察以前に得られている情報を上手に活用することも必要です。具体的には前医からの紹介状，患者に記入してもらった問診表，あるいは施設によっては看護婦や心理士などによる予診で得られた情報などです。それらのみに偏った予断は禁物ですが，主訴，家族背景，学歴，職歴，既往歴，睡眠や排便といった生理機能などの事実関係についての情報は，患者の負担にならない記入方法や量にして，問診表によって大まかに収集できますし，良心的な紹介状がある場合は，身体的検査を含め何がどこまで見極められているかいないか，良好な体験と信頼関係に基づく「幸せな」紹介か，紹介者・患者ともに「不幸で後味の悪い」紹介か（ある種の心理的傷つきを抱えての受診かどうか）を読み取れる場合があります。

　b. 問　診　　これは心身医学的診断の中で最も重要な作業です。すでに述べたように症候学的視点と精神力動的視点を随時織り交ぜながら見立てる作業を進めます。まず初めに，問診表から主訴がわかっている場合でも，「今日はどういうことで来ましたか」と少し大ざっぱな質問を投げかけてみます。それへの反応の仕方から重要なことがいくつか理解できる場合があるからです。すなわち，一定の不安を伴う状況下で与えられた課題をどれだけ的確にとらえ建設的にこなすことができるか（診療という共同作業への基本的協調性や意志疎通能力），受診が本人の前向きな動機によるのか受け身的で消極的なものか（基調となる転移が陽性か陰性か），何から語り始めるかによって何を最も重要と思っているのかあるいは何を伝えることを躊躇(ためら)うのか（事態への自己認識の様）など，主に力動的視点からの情報です。このように力動的診断に際しては，患者の内的世界ができるだけそのまま自由に表出されるよう，こちらからの示唆をひかえ，話題や応答の選択の幅を限定しない問診スタイルが取られます。しかしその分話題が拡散することも多く，現象的情報収集には適しません。したがって時間に余裕のない一般診療場面では多用できないので，それ以降は症候学的診断を効率的に詰めるべく，専門的知識に裏打ちされた質問を積極的に行うことが中心となります。主訴を明

確にし，それはいつ頃どのような状況で出現し，その後どのような経過をたどっているか，主訴のより詳しい性質，付随しているその他の症状とその性質，それらの消長に影響を与える要因，他の医療機関への受診も含めたこれまでの対処とその有効性などです。また必要に応じて既往歴，生育歴，家族歴，学歴，職歴など患者の背景について補足しますが，初診に際してはあくまでも問題指向的スタンスを保ち，直接関係のない項目まで機械的に埋めるような聞き方は控えるべきでしょう。このほかに患者が発症からこの度の受診までの一連の出来事をどのように体験して来たか，すなわち患者自身はそれらの症状をどうとらえ，関わってきたのか，今回の受診(紹介)にどのような思いを抱いているのか，どのような医学的対処を期待しているのかといったことはぜひ聞きたいものです。それは患者が，確かな専門的知識と技術のみならず，自分の発症や受診にまつわる極めて個人的で内的な体験を大切なものとしてなぞり理解しようとする真摯な姿勢に触れることで，担当医への信頼を深め診療という共同作業により前向きに参加するようになると思うからです。

　c．身体的診察と検査　　身体的愁訴のある場合，あるいは身体的異常が疑われる場合，身体的診察および検査が行われます。受診までの経過途上で，すでに当該の身体的診療科において十分に精査を受け，結論が下されていることは少なくありません。その場合，全身の詳しい診察やそれらと重複する検査を再び行うことは通常しませんが，患者が苦痛と不安を感じている部位については一通りの診察をしておくべきでしょう。それは身体的愁訴と身体的異常への不安を抱いている患者に対して，私たちが身体への配慮を決して疎かにはしないし，必要と判断すればいつでも適切な身体的対応を行うという基本姿勢を具体的な形で，そして同時に象徴的にも伝えることになると思うからです。また受診までに未だ身体的検索が行われていない場合には，私たちはプライマリケアを担当する一般医としての役割を果たさねばなりません。すなわち愁訴から最も考えられる診断を割り出すとともに鑑別診断にも配慮して，必要な身体的診察と検査計画を立てねばなりません。自らの診断能力を越える領域については，適切な専門家への受診を手配する必要もあります。

(2) 心身医学的検査

　身体的異常の有無とその性質や程度を評価するための身体医学的検査のほかに，心理検査や心身医学的な身体的検査が適宜行われます。

　a．心理検査　　検査の目的は精神医学におけるそれと大きな相違はなく，人格の特徴，病態水準(人格の機能水準)，心因性と(脳)器質性の鑑別，知能の評価

などに関して，診断または治療効果を判定する際の補助として利用されます。

　心身医学領域で特に有用なのはロールシャッハ・テストなど投影法による人格検査です。一般に心身症患者は過剰適応と形容されるように，社会的適応は良好に見えながらその背後に，内界の貧困さや病理性が秘められている場合が少なくありません。そのような場合，質問紙法では意識的操作の及ぶ人格の適応的側面しか反映されず，投影法検査によってはじめてその深刻な病理的側面がとらえられることが少なくありません。それらの所見は治療方法，とりわけ心理療法の適応を判断するうえでの貴重な情報を提供します。

　なお質問紙法の中で，心身医学領域でしばしば取り沙汰されるアレキシサイミアに関する心理検査について若干触れておこうと思います。この概念はシフニオス（Sifneos P., 1972）が提唱したものです。彼は狭義の心身症患者には力動的精神療法の場で自らの感情を適切に言語化できない症例が多く，そのような特徴をアレキシサイミックと呼ぶとともに，その特徴を示す患者は力動的心理療法の適応になりにくいことを指摘しました。その後この特徴を患者の自己評価に基づく心理検査によって把握する試みがなされ，Beth Israel Hospital Psychosomatic Questionnaire や MMPI-Alexithymia Scale, Tronto Alexithymia Scale などさまざまな質問紙検査法が考案されました。またわが国では一時アレキシサイミアが心身症に特異的な徴候であるかのような誤解が広まったことと相まって，心身症をこれらの質問紙法によって簡便に同定しようとする傾向が見られました。しかし実はこれらの自己評価質問紙法が，本来心理療法の際に治療者によってとらえられる特徴を的確に評定しているとは未だ十分実証されておらず，さらにアレキシサイミックな特徴は必ずしも心身症患者に特異的ではなく，より広くほかの精神疾患患者にも認められることが明らかになっています。したがって臨床上これらの心理検査を実施する際には，その限界を十分認識し過大な意味付けを行わぬよう注意せねばなりません。

　ところで心身医学の臨床場面で心理検査を行う際には，患者への十分な説明と動機付けに配慮する必要があります。というのは，心療内科を訪れる患者は当初往々にして身体指向的病状認識に留まっており，心を検査することへの違和感と抵抗感は決して小さくないからです。ときには強い屈辱感を覚え，信頼感や治療関係そのものを損ねてしまうことすらあります。そしてさらに厄介なのは，心身症患者の中にはそれら陰性の感情を表面上の迎合性の下にすっかり覆い隠してしまうことです。

　b. 心身医学的な身体的検査　心身症における心と身体のつながりを，精神生理学的な観点から客観的に測定し示すことを目的に，さまざまな身体的検査が

考案されてきました。代表的なものとしては循環動態機能試験(Valsalva試験, 薬物負荷試験など), 立位心電図試験, 指尖容積脈波, 皮膚紋画試験, ストレス発汗試験, マイクロバイブレーション, サーモグラフィなどがあります。しかしこれらの検査は高い感度を有するわけではなく, また心身症(あるいは個々の心身症性疾患)に対する優れた特異性を有するわけでもありません。また何らかの異常所見がとらえられたとしても, それはあくまでも自律神経系(ないしは内分泌系)に異常があることの証拠にはなりえても, それが即その患者の身体症状が心因性に生じていることを立証したり, 症状形成のメカニズムを説明することにはなりません。したがって臨床的には, 病勢を鋭敏に反映して変化する検査があればそれを継時的に行い, 病勢や治療効果をモニターする客観的指標に用いることはできるかもしれませんが, いずれにせよ臨床的有用性は今のところ高いものではありません。

(3) 情報の統合と診断・見立ての実際

　以上の手続きで得られた情報を有機的に結びつけ, 統合しながら診断を詰めることになります。ここで実例を挙げて診断に至る過程を振り返ってみます。

　症例は30代前半の独身男性で, 主訴は腹痛を伴う下痢です。約1年前に母親が隣りに転居してきて以来(両親は彼が幼い頃に離婚し, 以後母親に育てられた彼は就職を機に独立していました)主訴が出現するようになり, 数か月前からは頻繁に欠勤せざるをえないほど増悪したため受診を決意しました。問診からは症状が母親宅で食事をするたびにひどくなり, また職場でもたびたび出現するというように, 状況依存性が明らかでした。彼は医療職に就く母親とは長年折り合いが悪いこと, そのため医療機関への信頼感が乏しく発症から受診までに長期間を要したこと, 薬への不信感もありそれ以外の治療法があれば受けたいと思って受診したことなどをぽつりぽつりと述べていきました。初診時にはこのほかに軽い抑うつ状態, および人中に入ることへの不安とそれらに伴う引きこもり傾向を認めました。腹部を診察すると腹壁の緊張が強く, また聴診上グル音(腸蠕動に伴う音)が亢進していました。そこまでの情報と所見から, 病態としてはおそらく過敏性腸症候群であろうと察せられました。その主たる根拠は, 身体症状の形成と経過が心理社会的状況とよく相関していることでした。鑑別すべき精神疾患としてうつ病と不安障害(広場恐怖など)も念頭に浮かびましたが, いずれも診断基準を満たすほどの所見は認められませんでした。力動的観点からは, 彼が心理社会的出来事と身体症状を結びつけて事態をとらえており, 内省的動機づけをもって受診していること, 一定の言語化能力があること, ただし信頼感に基づく対人

関係に乏しく，事象のとらえ方がやや独断的で歪曲が目立つこと，人格的には強迫性とシゾイド的傾向が見られることなどが読み取れました。そこでそれらをもう少し詳細に評価する目的で，本人に説明の上で人格に関する心理検査をオーダーしました。一方，他の身体疾患の可能性は受診までの経過中十分には検討されていませんでしたので，ルーチンで行われる程度の血液と尿の検査をオーダーするとともに，やはり本人と相談の上で消化器科へのコンサルテーションを手配しました。次の回の診察までに報告された心理検査結果からは，強迫的性格傾向のほか，不安な状況におかれた際，一過性に被害感が強まり現実を検討する機能が低下するものの，防衛は抑圧が中心であり基本的には神経症水準の自我機能を持っていること，また女性に対する両価的態度が目立つことなどの情報が得られました。なお血液・尿検査上では異常がなく，また消化器科医からは注腸バリウム検査で腸管の緊張と蠕動が亢進していること以外，身体的な異常は認められないとの報告が得られました。以上の所見から症候学的な診断は過敏性腸症候群としました。

　このように心身医学的な診断は，発症状況や心理社会的因子と症状の相関性，あるいは特徴的な性格傾向などの，いわば「状況証拠」からおおよそ割り出すことは可能です。しかしそれはあくまでもその身体症状を来しうるほかの身体疾患の除外診断を伴うものでなくてはなりません。それは身体状況と心理社会的因子との間の「密接なつながり」を直接立証して診断を確定することが，事実上困難だからです。ここでつながりとは次の二つの次元のものを含んでいます。一つは精神生理学的なつながりであり，もう一つは患者の意味体験の中でのつながりです。精神生理学的つながりとは，心理社会的因子が個体の中でどのような生理的メカニズムを介して身体的障害を形成しているかということです。ここで示した症例で言えば，情動の高まりが大脳皮質から大脳辺縁系そして視床下部の自律神経中枢に働きかけ，副交感神経系の興奮によって腸の蠕動運動が亢進した結果，腹痛と下痢を生じているといったつながりです。これに関しては前述の自律神経系の機能検査により，副交感神経系の亢進を検出することはできるかもしれませんが，それが一連の精神生理学的つながりを立証することにはならないのです。一方，意味体験の中でのつながりとは，ある心理社会的因子が患者の主観的体験の中でどのような意味を持ち，扱われ，そして最終的にどのような主観的意味を帯びて身体症状が生成されるかということです。ここで提示した患者の場合，心理療法の深まりとともに次のようなことが理解されていきました。彼の母親は料理にはまったく関心のない人で，彼にとってそれは料理というより「エサ」でしかなく，しかもどんなにまずくても残すことは許されなかったのでした。また母

親は彼の言い分を聞き入れる耳を持たず，生活全般にわたって一方的に自分の考えを彼に押し付けてきたと彼は体験していました。一方，職場での彼は，女性の上司らがやっかいで「おもしろみのない（アペタイトのわかない）」仕事を有無を言わせず押し付けてくることに強い憤りを感じていました。そのような状況の中で彼の下痢は発症したのでした。すなわち彼の内的世界では，母親からの一方的に押し付けられる命令や価値観は母親の作るまずいエサのような料理と等価のものであり，怒りとともに自己の世界（お腹）から排泄してしまいたいものでしたし，職場の女性上司が一方的に仕事を振ってくる状況は，彼の中にしまい込まれていたかつての母親との葛藤を刺激し再現したのでした。このような内的な意味関連が明らかになれば，「密接なつながり」を確証できたと言っても差し支えないと思いますが，しかしこのような意味体験の中でのつながりは診断手続きの段階で同定されるものではなく，むしろ治療の成果として明らかになる宿命を持っています。したがって診断の時点で私たちは厳密には暫定的な診断しか手にしえないのです。そしてその後の治療過程を通じてその真偽が検証され，必要な修正が加えられ，より奥行きを持った診断に到達するのです。

3-5 心身医学的診断と臨床心理

　最後に，心身医学的診断過程において，臨床心理士はどのような役割を担い連携しうるのかについて述べたいと思います。

(1) 診断のための補助面接

　施設によっては，診察に先立ち心理士が心理社会的背景に関する情報を聴取し，診察を補助することが行われています。これは限られた診察時間の中で医師が効率的に，心理社会的情報をも包括して診断をつける意図で行われる側面が大きいようです。これが有効に機能するためには，心理士が心身医学的診断のためにどのような情報が有用かを理解しておくことや，得られた情報が医師に的確に伝達されることが前提となります。一方，このシステムには，役割の分割に伴って医師の側の責任意識が希薄になったり，心理社会的側面に限られた情報に基づく心理士の「読み」が，期せずして医師に予断を与え誤診につながる危険性も潜んでいます。また患者側の体験からすると，出会いの時点から医療側の受け皿が分割されているようで，主治医との間に問題のどの部分をどこまで持ち込んでよいのかわからないという戸惑いを生むこともあり，活用に際しては十分な配慮が必要でしょう。

(2) 心理検査の実施と心理アセスメント

　心理検査を実施し，それらに基づいて患者の知能や人格の特徴などについて評価し報告することは，心身医学的診断過程において臨床心理士がその専門性をもっとも発揮する業務の一つです。その際，次の点が期待されます。

　a. 目的に沿った検査バッテリー　　心療内科医は心理検査についての一通りの知識は持ってはいても，数多い検査のすべてについてその特徴を把握しているとは限りません。また検査を依頼したものの，それによって何を測定し評価したいのか，依頼医の中でも十分明確になっていない場合もあります。依頼を受けた心理士は依頼書に従って機械的に検査を組むのではなく，状況によっては依頼医とやり取りする中で検査目的の明確化を図り，そのために最も適した検査バッテリーを提案することも必要です。そのようなやり取りを通して医師の側の心理検査への理解も深まり，より成熟したパートナーシップが育つのです。

　b. 検査への動機づけ　　通常，心理検査は他のすべての検査と同様，主治医から患者に対してその目的と必要性が説明され，同意のもとに行われます。しかし実際には必ずしもすべてのケースにおいて患者が十分に動機づけされているとは限りません。特に，すでに述べたように，患者の多くが身体指向的な病状認識に留まっている心療内科領域では，表向きは検査を受諾しても内心では主治医の説明に十分納得せず，強い抵抗感を抱いたまま検査に臨むケースも少なくありません。その場合，そのような心的態度が検査結果に大きな影響を及ぼすことは想像に難くありません。検査を実施する際，心理士にはこれらのことへの配慮と，仮に不十分な場合はその場で改めて動機づけを行うことによって医者‐患者関係を側面からサポートする力量を期待したいと思います。

　c. 診療に還元される有用な報告　　結果の報告は，簡潔でわかりやすい表現によって，一般論ではなく，その患者の個別性を重んじた，特徴的な客観的検査所見とそこから導き出された検査者の主観を含む解釈とが明瞭に区別しうる，そしてこれまでの検査で何がわかり何がわからないかが読み取りやすいものであってほしいと思いますが，それは心身医学領域に限ったことではないので，詳細は他の章に譲りたいと思います。

(3) 心理療法の適応をめぐるアセスメント面接

　シフニオスも指摘したように，狭義の心身症患者の中には内省的な力動的心理療法に導入したとしても，なかなか進展しないケースが多いと言われています。やみくもに心理療法に導入する前に，心理療法を有効に利用できるか否かを見立てておくことは，医療側にとってのみならず患者にとっても有益なことです。心

理療法の適応は主治医が通常の診療を通して大まかな判断を下し，適応ありとして依頼が出された後，心理士が改めてより詳細にアセスメント面接を行って決定されるのが一般的と思われますが，なかには例えば薬物療法が功を奏さなかったり，通常の診療では持て余してしまうといった消極的な理由で心理療法に「回される」場合もあるようです。依頼を出す私たち医師側としては，その際あくまでも「適応があれば」という前提のもとに紹介するよう心がけねばなりませんが，依頼を受けた心理士の側も専門家としての主体性を発揮し，適応にならないと判断した場合には説得力のある根拠を示しながらそのことを主治医にフィードバックし，十分に話し合い，理解を共有する努力を積み重ねるべきだと思います。わが国の医師と臨床心理士との関係性の現状を考えると，依頼されたものを差し戻すのは相当に「勇気」の要ることだとは思いますが，互いの専門性を尊重し合うより良きパートナーシップを築くためには，柔軟性とともに責任ある主体性が欠かせません。

　アセスメントの実際に関する詳細は別の章に譲りますが，症状を含め生じている問題の起源を自らの内的な問題に求めとらえようとする姿勢，内的世界を言葉ないしはさまざまな象徴を介して表現し伝える能力と意志，衝動に対する一定の制御力と欲求が即座に充足されないことへの一定の耐性などは心理療法を活用しうる基本的資質といえます。狭義の心身症を含め身体化を生じやすい患者の場合，このうちの前二者に関しては合致しない場合が少なくありませんが，そうだからといって一律に適応外とするよりは，本格的な心理療法に向けてこれらの姿勢や力を育んでいくような，いわば下ごしらえ的心理療法の過程を工夫することもこの領域においては大切な課題と言えるでしょう。

■引用文献

Deutsch, F. 1922 Psychoanalyse und Organkrankheiten, *International Z. Psychoanalyse.*, 8, 290.
Freud, S. 1894 *Studien über Hysterie.* (懸田克躬 訳　1974　『ヒステリー研究(フロイト著作集第7巻)』人文書院.)
日本心身医学会教育研修委員会 編　1991　心身医学の新しい診療指針，心身医学, **31**, 537-576.
Sifneos, P.E. 1972/73 Is dynamic psychotherapy contraindicated for a large number of patients with psychosomatic disease? *Psychotherapy and Psychosomatics,* **21**, 133-136.

■参 考 書

菊地孝則 他編　1992　『心身医学オリエンテーション・レクチャーノート』金剛出版.
成田善弘　1986　『心身症と心身医学』岩波書店.
成田善弘　1993　『心身症』講談社.
小此木啓吾 他編　1991　『今日の心身症治療』金剛出版.

4章　診断と見立ての枠組み
——DSMとICDをめぐって

4-1　はじめに

　この章の目的は、臨床心理学の観点から、最近、普及しつつあるDSM（精神障害の診断・統計マニュアル：Diagnostic and Statistical Manual of Mental Disorder）やICD（国際疾病分類：International Classification of Disease）といった精神障害の診断分類の枠組みの意義について検討することです。

　さて、筆者は臨床心理士です。日ごろ来談者と出会い、ときには心理検査も利用して、見立てをし、そして心理療法面接をしています。そのなかでつくづく見立ての重要性を感じています。特に面接の初期には、例えば精神科医と連携が必要か家族との面接は必要かなど、見立てに基づいて判断していくことが重要となります。最近は心理療法の対象が幅広くなり、より重篤な問題を抱えた来談者を対象とすることが増えてきていますので、心理療法を進めていくために診断や見立ての重要性は増してきていると思います。そして今後もそうでありましょう。

　最近、診断の枠組みとして、アメリカ精神医学会から発行されている「精神障害の診断・統計マニュアル」（DSM）がアメリカではもちろんのこと日本でも影響力を強めています。また、これに連動して、世界保健機構WHOも「国際疾病分類」（ICD）のなかの精神障害領域を改定して発表しています。これも国際的に使われています。DSMとICDの診断分類システムは、後で述べるようないくつかの画期的な面を持つもので、そのため、急速に普及しつつあるのです。

　こうしたDSMやICDの診断の枠組みが普及するにつれて、役に立つ道具として利用していこうとする臨床家もいる反面で、一方、これらを利用することに反発を覚える臨床家も少なくありません。こうした両方の立場は、これより見ていくように、それぞれもっともなわけがあるのです。ですが、おそらく多くの場合、ひとりの臨床家の中にその両方の見方が並んで存在するというのが実際のところではないでしょうか。そして、筆者もその一人なのです。

　これより、診断と見立ての枠組みとしてのDSMとICDの意義について具体的に考えていくことにしましょう。

4-2　臨床的診断とはなにか

　まず臨床的診断について確認してみましょう。臨床的と断わったのは，研究や調査のためでなく，実際の来談者(患者)への臨床的援助のための診断という意味があるからです。そして，筆者の考えるところ，後でふれますが，特に臨床心理学における診断的行為とは「見立て」という方がふさわしいと思われます。

　診断とは何でしょうか。文字どおりにとると，「診て断定すること」です。つまり，「来談者(患者)をよく見てよく話しを聞いて，病名を決めること」でしょう。しかし臨床場面で行われる診断は，実際は次に述べるような，さまざまな要素を担っているのです。それは

①　来談者の訴えや身体・精神の変化の徴候をよく見聞きし，また来談者自身は気づいていなくても，関連すると思われる事がらを聞き出してさらに情報を集めていく。

②　集められた情報を総合して，そうした問題を引き起こすと思われる源や原因について特定をする，また，それができない場合(精神医療や臨床心理領域の場合，多くはそうなのですが)，仮説を立てる。

③　今後の経過を予測する。

④　②と③に基づいて治療や対処の方針を立てる。

⑤　上に述べた②から④までを来談者(患者)にわかりやすく伝える。

ということです。この中でも，②の問題を診断分類し特定する(仮説をたてる)ことと，④の診断によって治療の方針を定式化することが重要なことでしょう。

　こうしてみるとわかるように，診断は一時に済むものでなく，過程を持っているものといえます。ですから一回の面接(診察)ですむこともありましょうが，数回に渡ることもあります。そしてまた，大切なことに，いったん診断をしたからといって，それで決定であることもありますが，わからない点は保留しておいて経過の中で決めていったり，変更していくこともまれではないということです。極端に言うと，臨床的診断は経過に即して絶え間なく行なわれるといえましょう。特に，臨床心理学や精神医療領域では，問題に影響を及ぼしていることが多様で原因を確定することが難しいことが多いですし，また小児の場合は状態が変化しやすいことなどからすれば，これはそう極端な見方とはいえないでしょう。

　これまで述べたのは，来談者への臨床的援助の観点からでしたが，診断には，また違う機能もあります。それは専門家どうしのコミュニケーションの際の共通言語という道具であるということです。これも重要な機能で，こうした共通言語を使うことで，研究を積み重ね討論することがしやすくなります。

さて、こうしたことを考えていきますと、特に臨床場面でそうなのですが、「診断」という用語の語感について、少々、違和感が起きてきはしないでしょうか。「診断」という単語は断定的で、名詞的な静的なニュアンスがつきまといます。これまで見てきたように、特に臨床心理、精神医療領域ではそうなのですが、臨床的診断はさまざまな過程をたどり動的なもので、また断定するというよりも、仮説を立てては改変していくという意味合いもあるのです。そうしますと、臨床的診断の場合は、「見立て」という語の方が実状にあっているように筆者には思えます。「見立て」は、「見立てる」という動詞が容易に連想され、動きが強く感じられますし、また仮説を「立てて」いくというニュアンスに近いものに感じられるからです。

そしてまた、「見立て」は医学用語ではないという利点があります。臨床心理学では、たとえ医学的には疾患と考えられなくとも、本人が何らかの問題意識を持っている人ならば対象となりえます。対象が幅広いわけです。とすると、医学用語である「診断」というよりも、問題をとらえ方針を立てるという意味では、「見立て」の方がよいでしょう。

4-3　診断の歴史

さて現在、DSMといったきわめて網羅的な診断分類システムが普及しつつありますが、なにゆえに診断分類が必要とされ、診断概念や診断の体系が生まれ、発展してきたのでしょうか。そして今の形になっていったのでしょうか。それを簡単にたどってみましょう。それは、これから述べますように、実は一筋縄ではいかないいきさつをたどって、現在にいたっているのです。

(1) 精神の問題が科学の対象となるまで

さて時代をさかのぼり、中世を考えてみます。まだ近代のような科学的医学が十分に発達していませんでした。そうした時代、精神の失調をきたした人たちは、医学の対象とはなかなかなりませんでした。それは、正気ではないもの、つまり狂気として認識され、その原因は、例えば何かのたたりや魔女や物のけがとりついたものとされました。つまり、精神の失調は呪術的あるいは宗教的な領域のこととして認識されることが多かったのです。

そして時代はとびますが、近代に近くなると科学的医学が発展してきました。医学は身体医学からはじまり、精神の領域を対象とするようになっていきました。科学的医学としては、疾患を特定して原因をつきとめるために、まず客観的

に分類していくこと，すなわち診断が必要となります。精神的な問題の場合，原因は不明なことがほとんどでしたが，原因が今後みつかるであろうという見込みで，とりあえず診断分類をするということで，精神医学は発展していきました。例えば早発性痴呆ないしは精神分裂病，また躁うつ病など，診断概念ができて，それまでと違って，ある状態はある診断名を持った疾患であって医学の対象であるということがより明確になっていったのです。よく理解できず，名づけることもできなかった状態が分化して認識され，ある概念でとらえることができるようになることが，まず科学の第一段階の出発点だと言えましょう。

しかし一方，分類し名づけて体系立てることに，弊害もありました。それは医学としては仕方ないところもあるのですが，目の前の来談者の健康な面に目を向けるよりも，疾患分類の対象となるような病的な部分の方に焦点を向けることにつながりがちでありました。そしてまた，そうした疾患分類を体系化し理論化することを学問として重視する傾向に拍車がかかり，分類体系が発展していくのはいいのですが，実際の臨床場面での治療と結びつきにくくなるきらいがあったのです。これはゆえのないことではありません。というのも，身体医学と違って精神科領域の問題は（いまだにそうですが）特に当時は，原因が明確に特定できないことが多かったですし，また1950年代に抗精神病薬の一種が発見されるまで，ほとんど治療としてなすすべがありませんでしたので，そのため，精神医学が医学としてあるために臨床的な治療学というよりも，いきおい診断体系学または病理学として発展していくという方向にすすんだのでしょう。こうした結果，診断体系が国や学派ごとに別々に発展していきました。そして，別の用語を用いるようになったり，また同じ用語を使っても，表わす対象範囲が異なることが多くなっていきました。

当然なことに，病的な面を重視し，日常的な臨床実践に結びつきにくい学問的な診断分類学が学派ごとに別々に発展していく流れには批判が起きてくるようになったのです。それを次に見ていきましょう。

(2) 診断への批判の時代

診断が重視されていくことに対して，批判が湧き起こりましたが，それは主に次に述べる二つの立場にまとめられます。

① 診断することは社会的レッテルはりであり，患者（来談者）に対して有害である。

この主張は，反精神医学という流れの中で強く主張されました。つまり，精神疾患と診断することは，社会の側からその個人を正常ではないとレッテルをはる

ことであり、そしていったんそう規定されると、ますますその個人は社会から疎外され、そうした役割から逃れられなくなるという社会的な意味を持っているということです。（また、診断というレッテルの疑わしさを積極的に実証するような研究も発表されました。→コラム参照）

② 診断は心理療法的な接近のさまたげになる。

この主張は特に臨床心理学者ロジャーズ(Rogers, C.R.)の流れを汲む学派で主張されました。ロジャーズは心理療法において、セラピストの共感的役割を重視しましたが、診断することについて次のように位置づけました。それは、診断とは、専門家が来談者を外側から見て専門的な枠にはめて理解することでしかなく、来談者がどのように考え感じているのか内側から追体験するように知ろうと

ローゼンハンの偽患者による研究

ローゼンハン(Rosenhahn, D.L.)は、精神医学的診断には正気(sane：法的な責任能力がある状態)か否かを判定するラベルの面があると考え、診断が信用できるものなのか調べたいと考えました。そして、ローゼンハンは、8人の健康な人が患者と偽って精神病院に行くと、どのように診断されるかという実験をしました。8人の偽患者は自分から予約して、別々の病院を訪れ、「からっぽだ」などといった声が聞こえるという偽の幻聴をうったえました。それ以外は正常にふるまい、本当のことを言いました。すると、ひとりを除いて全員が分裂病と診断されて入院をすすめられました。

偽患者は入院するとすぐに幻聴はなくなったと言い、すべての面で普段どおりにふるまいました。しかし、医師や看護婦(士)ら医療スタッフはだれも偽患者だと見破れませんでした。ただし、他の入院患者の中には、「ジャーナリストか何かで調査にしにきてるんだろう」などと見破る人がいました（118人中35人が疑いを示しました）。8人の偽患者は平均19日後、退院の許可が出、退院していきましたが、診断は分裂病のまま変更されませんでした。

この研究は、ためにするところがありました。というのも、ローゼンハンは、診断が疑わしい点を指摘しようとしましたが、病院は正気か否かを判定する場所ではありません。病院の大切な機能は苦痛を和らげることでしょう。苦痛がやわらいだかどうかが問題であるところで、判定機能だけを取り上げたと言うのはフェアでありません。そして正気か否かというのは医療の問題ではなく、法律や裁判の問題なのです。

しかしながら、ローゼンハンの研究によって、精神医療関係者は当惑を覚えました。そして、ひとつの一時的な症状だけで診断することの危険性を認識し、ある程度の経過を考慮し、複数の目安から診断することにつながりました。後で述べるDSM-Ⅲはこの論文の7年後に発表されています。

(Rosenhan, D.L. 1973 On being sane in insane places. *Science,* **179**, 250-258.)

することからは程遠いことであるというのです。診断をすることは，セラピストが専門家役割に逃避することであり，来談者との隔たりをつくり，来談者の内的世界に共感をしていくことに決して必要ではなく，むしろ時間の浪費であるとまで述べています(1957)。

　上に述べた批判は1960年代から70年代にかけて，日本の臨床心理学の世界でも大きな問題となりました。特に，ロジャーズの考えに共鳴して心理療法を行い，しかも病院で心理検査もして診断の一助にしていた人たちには深刻な問題でした。病院では，対象となる来談者が重篤であることが多いため，やはりある程度の診断的理解をしないわけにはいきませんし，かといって，言うまでもなく共感的理解もまた重要であったからです（このあたりのいきさつを踏まえて，その時代の当事者として苦慮され考察を深められたものとして，I-1章をお読みいただきたいと思います）。

　さて以上見てきたように，学派ごとに診断が独自に発展していくという弊害が生まれ，それに対して診断は社会的なレッテルに過ぎないという批判と，心理療法的人間関係には無用であるという批判が生まれました。では診断することは，有害あるいは時間の浪費に過ぎないのでしょうか。

　たしかに，診断がレッテルはりにつながる恐れがあるのは事実だと思いますが，しかし精神的に苦悩を抱いている人がいることには違いありません。そのレッテルを除くことによって，たしかにレッテルはりされたことによって疎外される苦悩を避けられたとしても，そのもともとの苦悩がなくなるというわけではないでしょう。そして，そうした苦悩を持った人に対して援助をしようとするとき，ただやみくもに手助けするのではなく，その苦悩の起きてくるところを推測し，そのための方針を立て援助をすすめていくことは，むしろ当然のことでしょう。やはり診断そのものが有害で無効であるというのはやや行き過ぎでありましょう。

　しかし，こうした批判は診断することの意味について深く考えるきっかけになりました。そして診断することに伴う危険性を認識しつつ，来談者にとって役に立ち，治療に結びつく診断のあり方を考えていくよう努力しようという動きにつながったのです。例えば臨床心理学では「診断」という医学的な用語を避けて，来談者の病理的な面だけでなく健康な面や強い面も合わせて評価することを意味して，「診断」に代わって，詳しく調べ評価するという意味の「アセスメント」という用語を使うようになりました。

　また話しは変わりますが，こうしたことに加えて，実用的な診断が求められてきたのはもう一つ大きな理由があります。それは研究の問題です。特に生物学的

な精神医学では，診断を明確かつ厳密にして研究対象の質をそろえておく必要がありました。例えば，ある新しい薬物による薬物療法の効果を従来のものと比較研究しようとしたとき，明確な診断基準に基づいて同じ質の臨床群を用いないと結果を比較することが無意味になるからです。そのため明確で公共性のある診断基準が求められるようになりました。そしてまた統計上の問題もありました。診断基準が不明確で信頼できないとなると，疾患の発生率の年代変化や地域差などの基礎的な統計データもあまり意義がないことになります。こうして研究や統計上の要請からも，明確で公共性のある診断分類システムが求められるようになったのです。

以上のように，診断の意義への批判の時代を経て，診断することについて考え直すようになりました。そして臨床的観点からも研究的観点からも，具体的で明確で広く共有されるような診断の枠組みが求められてきたのです。

(3) DSMとICDの登場と広がり

さてこうした流れの中で，1980年アメリカ精神医学会から『精神障害の診断・統計マニュアル第三版』(DSM-Ⅲ)が発表されました。このDSM-Ⅲは次の節で述べるようないくつかの画期的な特色をもっていたので，精神医療の関係者たちに大きな衝撃を与えました。そしてこれ以降，DSMは急速に普及していきました。（ちなみにDSMの第二版までは，DSM第三版からとはまったく異なる構成で，体系が未整備であったことと，ある特定の学派の考えに偏っている傾向があったため，さほど普及していなかったのです。）DSMは第三版の改訂版であるDSM-ⅢR(1987)を経て，現在はさらに改訂され第四版のDSM-Ⅳ(1994)に至っています。日本では，DSM-ⅢRから全訳が出版されました(1988年)。筆者はこれを初めて読んだとき，驚嘆したことを覚えています。

斬新な診断システムであるDSM-Ⅲが出ますと，世界保健機構が発表しているICD(国際疾病分類)の分類構成も，その影響を受けた形で改訂されました。1978年に第九版のICD9が出ていましたが，1992年には第十改訂版ICD10が発表され，国際的な分類として通用しています。そしてこれに付属して，診断の線引きのためのガイドラインを載せた本や用語解説集なども発表されています。

4-4　DSMとICDの特色

DSMとICDの斬新な特色とは何でしょうか。いくつかありますが，次のような4つの点に集約できると思います。

4章　診断と見立ての枠組み

(1) 診断分類体系が,特定の学派に偏っていない

　以前は分類するのに,何を重視するかによって,学派ごとで体系が異なっていったことは前節で述べた通りです。そしてDSMとICDでは,なるべく特定の学派の理論に偏らないという方針で作られました。つまりなるべく幅広く使われるように,状態を記述することを重視した診断にしようとしたのです。そのため確かに,ひとつの理論に一貫して基づいた場合よりも,整合的ではないかもしれませんが,一方,診断概念と理論的推測が切り離されて,記述概念としてすっきりしました。そして学派を超えて,記述概念として,割り切って使いやすくなりました。簡単にいうと価値観のない標準的なものさしであると割り切って使われるようになったのです。

　例えば,外因性(脳の器質的変化が原因であるという意味です)や内因性(分裂病や躁うつ病のように不明確な原因によるという意味です)ではなく,心因性であるという意味をこめて「神経症」という用語が従来使われていましたが,DSM-Ⅳでは,不安神経症という診断名はなく,「不安障害」というように表現されています。外因か内因か心因かという病因の推測を除いて,単に「不安のある障害状態」という意味の記述を優先した名称になっているのです。

(2) 診断の手続きと基準が明確である

　特に,DSMの場合がそうで,DSMには操作的診断が用いられています。「操作的」というのは「手続きを明確に一定にそろえることによる」という意味あいです。DSMの場合,典型的には,ある障害と診断するためには,ある一定期間に,具体的にあげられている症状(特色)のチェックリストのような項目のうち,ある一定数以上あてはまると,そう診断するというようになっています。例えば表4-1を見てください。この項目リストのうち,4つ以上あてはまると,「回避性人格障害」と診断されるというわけです。

　診断基準となるリスト項目が,明確で具体的に記述されていること,そして項目にいくつ以上あてはまると診断するといった,診断基準がとても明確であること,これが最大の特色であり,利点であると思います。こうして,あいまいさが少なくなり,診断者によって主観や恣意が入る余地が減って広く使えるような安定した公共性のある診断システムとなることができたのです。

(3) 多面的に評定する観点をもっている

　来談者への臨床的見立ては,単に臨床症状だけでなく,性格,身体的健康,社会環境的要因など,多面的に理解し統合して行われるのが現実的といえますが,

表4-1 回避性人格障害の診断基準(高橋三郎 他訳, 1996)

社会的制止, 不適切感, および否定的評価に対する過敏症の広範な様式で, 成人早期に始まり, 種々の状況で明らかになる。以下のうち, 4つ(またはそれ以上)で示される。

(1) 批判, 否認, または拒絶に対する恐怖のために, 重要な対人接触のある職業的活動を避ける。
(2) 好かれていると確信できなければ, 人と関係を持ちたいとは思わない。
(3) 恥をかかされること, またはばかにされることを恐れるために, 親密な関係の中でも遠慮を示す。
(4) 社会的な状況では, 批判されること, または拒絶されることに心がとらわれている。
(5) 不適切感のために, 新しい対人関係状況で制止が起こる。
(6) 自分は社会的に不適切である, 人間として長所がない, または他の人より劣っていると思っている。
(7) 恥ずかしいことになるかもしれないという理由で, 個人的な危険をおかすこと, または何か新しい活動に取りかかることに, 異常なほど引っ込み思案である。

(なお, 正確には, このリストに当てはめる前に, 人格障害の全般的診断基準に照らして検討する必要があります。今回は割愛しました。)

このように来談者を多面的に理解していくための観点が提供されています。これは特にDSMにその傾向が強く, これを「多軸評定方式」といいます。DSM-IVでは次にあげる5つの観点(軸)から評定するようになっています。

第一の軸(観点)は, 不安障害, 分裂病などといった精神的または行動上の障害です。第二軸は, 人格障害と精神発達遅滞です。第三の観点は, ぜん息, 胃かいようなどといった身体の疾患です。第四軸は, 離婚や失業など, 社会・環境的問題です。生活上のストレス要因と考えてよいでしょう。第五軸は, 生活機能の程度の全体的な評定です(これをGAF尺度といいます)。目安となる表があり, 生活上, うまく機能して社会的に適応しているほど, 100ポイントに近くなり, 逆に自殺的行為を繰り返すなど生活でうまくいっていないほど, ポイントが低くなるのです。治療前と治療後を比較すると, 改善度の指標となります。

これらの5軸を用いた診断の一例を表4-2に示しました。

従来の診断体系では臨床症状のみが着目されがちでしたが, 単に疾患の分類だけに終わらず, 人格的要因, 身体的要因, 社会的ストレスなどを見る座標が与えられ, 来談者を多面的にとらえやすくなりました。(ちなみにクレッチマー

4 章 診断と見立ての枠組み

表 4-2 DSM-IV 多軸評定診断の結果の例(架空例)

第一軸	(臨床疾患)	不安障害
第二軸	(人格障害等)	回避性人格障害
第三軸	(身体疾患)	消化系の疾患:胃かいよう,慢性
第四軸	(心理社会的環境的問題)	失業の危機
第五軸	(生活機能評定)	GAF = 80(過去一年の最高レベル)
		GAF = 45(入院時)
		GAF = 65(退院時)

(Kretschmer, E.)は 1919 年にすでに多次元診断という語を用いて,性格・体験・環境を考慮した重層的な診断の大切さを指摘していました。しかし重要性は指摘されながらも主流となる考えには至りませんでした)。

(4) 人格障害を独立した軸にしている(DSM の場合)

　以前あった診断体系にも,性格や社会行動上の問題は取り上げられていました。でもそれは,精神病質人格(サイコパスィックパーソナリティ)という名前であり,社会的不適格者とレッテルをはるような,差別的なニュアンスがありました。しかし,DSM では社会的価値観から判断するのではなく,最近さかんになった統計的な手法を活用するパーソナリティ研究に後押しされ,計量的な観点から,類型化しました。

　10 の類型があげられていますが,それは,3 つのタイプにまとめられます。A 群は奇妙で風変わりなタイプ,B 群は感情表現が大げさであったり移り気なタイプ,C 群は不安や恐怖の強いタイプです。

　人格障害を他の精神障害から独立させることには賛否があるのですが(例えば ICD では独立していません),人格的偏りと精神的疾患とを分けたことで,利点もあります。それはともすれば,目立つ症状や状態のかげに,隠れがちであった,もともとの人格的特色を考慮しやすくなったのです。

　日本でも前から,例えば,心気症には森田神経質という強迫的で完全欲の強い性格と関連しているとの指摘や,うつ病には執着気質という人格特徴と関連しているとの研究があり,人格と精神障害というのは,分けてなおかつ複合的に考えることが,治療や再発の予防のために役にたつのです。

　また,研究のためにも大いに役に立ちます。例えば,少し細かいことですが,この人格障害の中には,先ほどあげた回避性人格障害というタイプが含まれています。これは,従来の日本の診断概念である「対人恐怖症」と重なるところの多

い社会行動パターンを示します。日本に特異的に多いと思われていた性格特性に近いものが，このように明示され，国際比較研究の観点からすると，貴重な診断概念なのです。これによって診断がしやすくなり，国際的に比較研究されたり，共通の用語で討論できるようになりました。

4-5　診断システムの問題点

　前節にあげたように，利点も多いのですが，問題点もあります。ここでは特に，臨床的に利用する際の問題を中心に取りあげていきましょう。

(1)　**診断にとらわれる**
　診断にとらわれるという意味は次のような3つの意味があります。
　a．診断概念を実体のように誤解しやすい　　診断概念ができ名前ができると，診断概念というのは利用の便宜のために，約束事として作られているということを忘れやすいということです。つまり割り切りにくいものを，人工的に作った目安で割り切っているのです。例えば実際，これを利用するとすぐわかりますが，診断を特定できない中間型や重複するような状態のものがかなり多いのです。「特定不能の何々障害」という項目が設けられていますが，そこに当てはめることが実際は少なくありません。
　実際は連続的ではっきりとは境界線を引きにくいのを，便宜的に分節しているのが診断概念であるのに，いったんこれができると，あたかも典型例や実体があるように思い込み，その概念に基づいて診断分類にとらわれて，人を見てしまいやすいという欠点があります。診断概念というのは，多くは仮説的な構成物であることを認識している必要があります。（このことは統計的にいうと，信頼性が高いということと，妥当性が高いということは，別の問題であるという点にも重なります）。
　作られたものさしや枠で割り切ったり当てはめることで，抜け落ちたりとらえられない面についても，臨床心理学では配慮すべきでしょう。
　b．診断基準に表わし難いものを見逃す恐れがある　　例えば，操作的診断のときの症状リストの項目は，おもてに表れて，記述しやすいものが取り上げられています。操作的手続きを明瞭にするためにはそれは仕方ありません。長年の経験を経た者だけがわかる微妙な「感覚」や「直観」はこうした操作的手続きに盛り込めないでしょう。しかしそうしますと，従来，見立ての上で大切にされていた来談者(患者)と出会ったときの「雰囲気」やこちらに触発される言葉にし難い

「感覚」といった，客観化しにくいものは基準にあげられないため軽視されるという恐れがあります。操作的診断は明確で公共性があり役に立つのですが，あくまで，診断の一つの方法なのです。こればかりにとらわれることなく，操作化しえないもの，例えば，経験からくる「勘」や「直観」，「雰囲気」などにも，非科学的に過ぎないと言わず，目配りをしていたいものです。

c. 診断分類を優先して，来談者との関係性への配慮を怠る恐れが増える

これがこの3つの中でもっとも重要だと思います。筆者は来談者から次のような話しを聞いたことがあります。

ある来談者が以前，通っていた病院では，毎回，チェックリストのような質問項目を細かく聞かれ，それにあてはまるかどうか答えていたそうです。そうされているうちに，なんだか実験材料のような気がしていやになって，通うのをやめてしまったそうです。

またもう一つの話しです。ある親御さんが，高校生の息子の万引きや無断外泊，飲酒や度重なる嘘などに困って，クリニックに相談に行きました。すると，親御さんが5分くらい話すと，その医師は次のように言ったとのことです。「それは，おそらく反社会性人格障害であると考えられます。発生率はおよそ3パーセントで，原因ははっきりしていません。治療法はまだ確立したものがありません。ただ30歳代ぐらいでその傾向はやわらぐという報告もあります」とのことでした。親御さんは，ほんの5分話しただけで，いきなり治療法が未確立であることまで告げられ，ショックを受け，問題に立ち向かう気力を数か月の間，失ってしまったとのことでした（この二つの話しはいずれも，あくまで来談者の側からの一面的な見方なのは言うまでもありません。ですから実際は，もっと違う文脈で語られている可能性も十分あります）。

本章の最初にふれましたように，臨床的診断，見立てとは，診断分類する以外に大切なことがあります。特に，来談者との関係の中でこそ見立ては行なわれるのだということは，つねに配慮しておく必要があることです。診断的正確さを心がけるあまりに，目の前の来談者の気持ちを傷付けたり，負担をかけすぎることはなるべく避けたいものです。また，たとえ，診断手引きに載っている正しい情報だとしても，それを告げるかどうかは十分考慮する必要がありますし，たとえ仮にそれを告げるとして，それを告げられる者への共感を欠いていては，ただの機械的判定者にすぎないことになるでしょう。

精神科医の神田橋條治(1994)の言っていることですが，来談者の側も，治療者を診断しているのです。

(2) 診断が細かすぎて日常の利用に適さない

　診断体系がきわめて網羅的で診断基準が細かいため，使いこなすのが難しい点を指摘できます。特に，幼小児期・青年期の障害や（アルコール，麻薬などの）物質関連障害の領域は，微に入って診断が列挙されています。また一般的に，基準が何週間の間に項目リスト何個以上といったように，あまりに厳密すぎて，日常の多忙な臨床では利用しにくいのです。そのため，つい従来の慣用的な診断を用いていることがあります（違う理由で使わない場合ももちろんありますが）。そしてまた，たとえ使っていたとしても，煩雑なために，DSM に 5 軸ある中で，せいぜい第一軸ぐらいしか実質的には使われないことが多いということもあります。いくら包括的で多面的であっても，使われなければ意味がありません。

(3) 人格障害の概念はまだ考慮しなければいけない点が多い

　DSM などで取り上げられている人格障害の軸で示されているのは，限られた面に過ぎないきらいがあります。この軸に関しては，今後の版で，かなり改善される可能性があると思います。

　ここでは二点指摘しておきたいと思います。

　a．人格障害の「人格」の概念は適切なのか　　人格障害といっていますが，DSM などで用いられている内容に，「人格」という語がふさわしいものかという疑問があります。人格学，性格学というものは，ドイツなどヨーロッパを中心に，百年以上もの歴史があります。ところが，DSM を作るときに参照されたのは，計量的な研究がなされたここ 30 年ぐらいの英語圏の研究がほとんどです。

　筆者の考えるところですが，DSM の「人格障害」を見ると，「人格」というよりも，「社会的認知行動パターン」というほうがふさわしいと思います。逆に言うと，従来の「人格学」や「性格学」と言った場合，それは，体質，気質，能力，社会行動，場合によっては道徳観，宗教観など文化的側面なども含んで考察の対象に入れている，包括的で含意するところの大きい概念と考えます。

　DSM などでは，「人格」という語で表わされているものが，ごく狭められていて，「人格」という語に込められていた豊かな含意をふるい落としているようです。科学的になり公共性を持つということは，平板さや単純化をまぬがれないのかもしれません。しかし，割り切れない思いが残るというのが正直なところです。

　b．人格障害はどう表わしたらいいのか　　DSM などでは，類型的に人格があげられています。人を類型（タイプ）に分けてとらえることは直感的に理解しやすいという利点があります。一方，類型分類の問題として，中間型がとらえにく

いことや，一つの類型に当てはめられると，その類型に特有の特色だけが着目され，ほかの特色が軽視されやすいことがあります。また類型を固定的に考えてしまいやすく，環境や時間的な変化を認識しにくいという問題があります。

DSMでは実際は，人格障害が重複してしまうことが多いという問題がありますし，現在のDSMであげられている類型以外にも，取り上げた方がよい類型も考えられます。実際，今後の課題とされている人格類型もあるようです。ですから，DSMで取り上げられている人格類型はあくまで暫定的なものに過ぎないと考える必要があります。

また，人格をとらえるときに，類型ではなく，特性ごとにとらえる考えもあります。これを特性的または次元(ディメンショナル)的評価といっています。例えば，攻撃性という性格特性(次元)上で，どれくらい高いか低いか，次に，外向性という特性上でどれくらいかなど，ある特性の尺度上で量的にとらえるという方法です。何々タイプと示される類型分類に比べ，特性的評価は直感的理解に結びつきにくいという短所もありますが，正確さという点ではすぐれています。今後のDSMでは，特性(次元)的評価の尺度が取り入れられる可能性もあります。

以上に述べたように，人格障害に関しては，まだ議論の余地がおおいにあり，発展途上であるということです。

(4) 心理療法を意図する場合，見立ての枠組みとしては不十分である

DSMとICDは，研究と統計のことをまず優先してつくられているので，この点を指摘するのはやや酷であるかもしれません。

この章の最初に説明しましたが，臨床的診断ないし見立ては，聞き取ることから，仮説を立て，予測をし，方針を立てて伝えることまでが実際は含まれます。なかでも「伝えること」についていいますと，わかりやすく伝え，そして，来談者がどう受け止めたかに配慮しながら進める必要があります(思春期や児童の場合は，ここのところがなかなか難しいところでしょう)。

さて，DSMやICDのような客観的で公共性がある診断システムを利用することで危惧されるのは次のような状況です。例えば，この来談者(患者)は，不安障害(パニック障害)なので，抗不安薬と認知行動療法をすすめるといったように，機械的に診断と治療の方法を一対一に対応させて，画一化した治療をすすめるのではないかということです。

同じパニック障害だといっても，そこには個人ごとに微妙なニュアンスの違いがあります。例えば，精神科医の下坂幸三は過敏性大腸症候群を例にとって次ぎのように言っています(神田橋，1992による)。

「過敏性大腸(症候群)だから,職場の緊張だろうとか,性格傾向が偏った人だからその性格的な因子があるだろうとか,そういうような考えでは治療にならない(中略)。いつ頃から,腹がどういう感じになるのか,電車の中で,どういうような気分なのか,便所に行きたくなって(中略),駅の便所にかけ込んだら,どのくらい便がでるのか,便が出るときの気分は,どうなのか,出て終わったら,すっきりするのか,それともちっともすっきりしなくて,あまり便は出なくて,相変わらず,腹がジクジクするのか,何回も行くのか,職場についたときは,もうおなかすっきりしてるのか,それとも,ずっと,職場にいる間じゅう,ジュクジュクしてるのか,そういうことが違えば,その身体症状があらわしている心理学的な意味も,ぜんぜん違う。」(p.173-174)

そして,表面的なとらえ方では心理療法レベルの理解ではないと指摘しています。しごく,もっともな話しでありましょう。これはパニック障害にしても同じことで,単にラベルづけするだけでは不十分です。DSMなどの診断カテゴリーは出発点なのです。同じ診断であっても,下坂の言うように,具体的にどんな症状や問題がどんな時にどんな風にあるのかというニュアンスの違いによって心理的意味もかなり異なってくるでしょう。そしてまた,それが生活上どういう支障があるのか,そのためにこれまでどんな努力をしてきたのか,どのような経路を通って相談を訪れたのか,どの程度の改善を望んでいるのか,どのくらい治療への動機づけがあるのか,治療に入ったときに治療的人間関係がたもてそうかどうかなど,心理療法の際に考える必要のある要因は,その他にもさまざまあります。

ですから特に,心理療法を考えているような臨床心理士の場合,診断の分類を考慮することに加えて,心理療法をするのに重要なさまざまの微妙な要因についても配慮を怠らないことが大切でしょう。

4-6 利用に際して

筆者はDSMとICDは,明確さと公共性という点で,大きな意義があると考えます。DSMとICDという枠組みを頭の片すみに置きながら,来談者と会うと,自ずと見立てが明確で多面的になるでしょう。また,同僚らとのコミュニケーションにも好都合です。しかし,これを利用するときに,先ほどあげたようなさまざまな問題が起きてきやすいことも指摘できます。そのもっとも大きなことは診断名にとらわれてしまい,それに合わない考えは,自ずと,除かれてしまうということです。

これを避けるためには,私たちはどうしたらよいでしょうか。そのひとつは,

4章 診断と見立ての枠組み

診断分類名は現時点での仮のものであると考えたり，また不確定ならば，その部分を保留することや疑問を持ち続けることを，積極的に評価したいと思います。また，ときには診断名を脇においで考えてみることも大切でしょう。

この章の最初に説明したように，見立てを経過に伴って改めていくことや，見立てを一方的にではなく来談者と話し合うことは，心理療法的な意味があると思います。わからない点は保留しておき，仮の指針を立てながら，治療や対処をすすめていくことは，早まった診断と対応を取り変更をしないことよりも，ずっと危険が少ないでしょう。

4-7 おわりに

臨床心理学はこれまで，客観性を重視する見方と，主観性を重視する見方のはざまでさまざまな議論がありました。この両極の見方は，来談者とセラピストとの関係でいうと，セラピストと来談者との関係を切り離して，来談者を客体として認識し評価，介入する立場（これが客観的な見方）と，セラピストが来談者とセラピストとの相互関係を持ち，それを認め，そうした相互関係の中にいる者として，感情移入や感情の影響などの主観を排除せずに評価，介入する立場（主観的な見方）という二つです。

DSMやICDは，客観的な見方の枠組みのひとつであります。そして，これは，かなりよくできていて，意義の大きいものです。そして，付け加えておきたいのは，臨床心理士の仕事は客観的な見方と関係の中にいる見方，この両方の見方を保ちつつする仕事が多いということです。両方の見方を自覚し，あえてその両方を持ち続けることで，見えてくることが多いのではないでしょうか。客観的に正確に対象を認識しようとすることは，まず出発点として大切であることは言うまでもありません。そして，これに加えて，割り切れないものや客観化できないもの，こうしたものへの配慮をおこたらないことでこそ，できる仕事が多いと筆者は考えます。そして，この点こそが，臨床心理学の独自性の一つであると筆者は考えます。

DSMやICDによって客観的に正確に来談者を知ることは非常に大切なことであります。一方，この枠組みを使うことで臨床場面の見立ての仕事の多くが解決するわけでもありません。臨床場面での見立てはきわめて複雑なものです。客観化することにおさまらない，複雑で個人差の大きく，相互作用によるものであることは間違いありません。

■ 引用文献

神田橋條治　1984　追補『精神科診断面接のコツ』　岩崎学術出版社.
神田橋條治　1992　『治療のこころ　第2巻』　花クリニック神田橋研究会.
ロジャース　1957　治療における人格変容の必要にして十分な条件．伊東　博 訳編　1962　『カウンセリングの理論』　誠信書房.
高橋三郎　1988　『DSM-Ⅲ-R 精神障害の診断・統計マニュアル』　医学書院.
高橋三郎・大野　裕・染矢俊幸 訳　1996　『DSM-Ⅳ精神疾患の診断・統計マニュアル』　医学書院.
融　道男・中根充文・小見山実 訳　1993　『ICD-10 精神および行動の障害，臨床記述と診断ガイドライン』　医学書院.

■ 参 考 書

河合隼雄ら　1996　〈特集　精神療法における見立て〉．精神療法 **22**(2)，117-166，金剛出版.
神田橋條治　1984　追補『精神科診断面接のコツ』　岩崎学術出版社.
土居健郎　1977　『方法としての面接』　医学書院.
中安信夫ら　1991　〈特集　操作的診断基準と臨床——その限界と効用〉．精神科治療学 **6**(5)，511-563.
成田善弘　1989　『精神療法の実際』　新興医学出版社.

第II部　面接による診断と見立て

1章　精神分析的立場

1-1　はじめに

　クライエントの「診断と見立て」を考えてゆくには，心理臨床家としては三つの心理アセスメントの方法をもっていると思います。第一は心理学的な諸検査によるものであり，第二は本章で検討する面接による方法です。第三は観察によるものです。

　第一，第二の方法については周知のことでしょうが，第三の観察による方法というのは，読者にとっては見聞きしていないかもしれません。観察による方法というのは，かなり熟達した臨床家(心理臨床家だけでなく，医師や看護専門家など)が，入院場面やデイ・ケアなどでの日常生活やクライエントの動作ふるまいの観察を通して，問題点を把握し，課題(見立て)を構成して，見通しを方向づけてゆくものです。

　なぜ，最初に精神分析的立場でテーマを論じる前に，このような点に触れたかといえば，以下の二つの理由からです。

　①昨今，心理臨床家が相談室や病院などの諸施設内(特に面接室内)での実践ばかりか，スクール・カウンセラー事業，産業場面，あるいは被害者支援などの地域メンタルヘルス活動などに，心理臨床の実践の場を広げてゆくにつれて，これまでの構造化された面接室内での「面接による診断と見立て」だけでなく，日常的に生活しているクライエントの言語的・非言語的な言動の観察を通して，診断と見立てを行うことが周囲(例えば，教師あるいは警察官，職場関係者など)から要請されていますし，必要となってきているからです。現に多くのスクール・カウンセラーの報告でも，そして種々の研修会でも，その点が強調され，第三の観察による方法が，今日の心理臨床家の社会的な役割としても，また院生の就職上にもたいへん火急の課題で，重要になっていると考えられるからです(倉光，1998；被害者支援研修会，1999)。

　②また，第三の観察による方法は，広くとらえると第二の面接による方法に枠づけられるでしょう。本来この観点についても，本章で検討すべきなのではないかと思うからです。とはいえ，それらを論ずるには紙数が限られているので，

以下の点を指摘だけにとどめざるをえません。観察によるアセスメントの能力を獲得するには、以下に検討する構造化された面接室内での「面接による見立てと見通し」についての方法に習熟するとともに、各種の病態水準の面接対象に対する心理療法の面接過程の研究（面接者とクライエントの相互関係を把握すること）を、詳細に繰り返し習得することがその近道です。そして、そのような臨床体験は言わずもがなのことではありますが、認知的な学習だけでは無理で、適切なスーパーヴィジョン経験を通して獲得されるものであること、そのような長い臨床経験と教育研修のもとで、初めて第三の観察法に熟達してゆくことになるのです。したがって、第三の観察による心理アセスメントの課題は、初学者の訓練・教育書には掲載されていないのだと考えます。

1-2 精神分析的診断面接の登場

　精神分析的なアセスメント面接は、一般には精神分析的診断面接と呼ばれています。今日用いられているような精神分析的な診断面接が、精神分析の臨床に現れてきたのは、フロイト以後の1950年以後からであるといわれています。以下に、小此木の精神分析的面接(1978)を参照しながら、精神分析における診断面接の流れを概観してみましょう。

　1950年代以前の精神分析医は、診断に無関心だったわけではありませんが、以下の理由から、診断面接には消極的でした。診断への関心は、もっぱら自由連想法が、そのクライエントにとって治療適応かどうかを判断するためで、適応となる神経症か適応外である精神分裂病かを鑑別するための"審査分析"という予備面接あるいは診断面接が行われていました。そして、診断面接に消極的であった理由として、① クライエントの無意識的な葛藤や幻想などは、数回の面接では把握が困難で、むしろ長い治療過程を通してはじめて理解されるものとされていたこと。② 自由連想法(free association)の治療構造（受身的、中立的で余計な質問はしないなど）の利用にとって、よけいな刺激となると考えられていたこと。③ フロイトの指摘した、後述する分析前に予備面談を長々と行うことの弊害についての見解を多くの精神分析医が支持していたこと。④ 対面法(face to face)での面接法は、一般対人関係様式と共有しており、社会性を尊重しながら現実状況や環境的・意識的情報を聞くには適していますが、対面法に比べ面接者の要因が大きく標準化がしにくいこと、つまり、非意図的な関与(involuntaly participation)が大きく、分析の隠れ身が維持しにくいと考えられたこと、などの理由がいくつかありました。中でも③のフロイトの見解が大きいようです。

つまり，フロイトは1913年の「分析治療の開始について」の論文で述べた，「分析治療に先立って，長いこと予備的な面談Vorbesprechungを行うことは，ちょうど分析治療を始める前に，あらかじめ分析とは種類の異なった療法を行うことと同じことになるから，……(略)……好ましくない結果を生むおそれがあると前もって覚悟し，わきまえておく必要がある。すなわち，そのような出会い方をすると，患者は分析医に対して，分析治療の最初からしっかりでき上がってしまった一種の転移性の態度をもって向かうことになり，分析医は転移の生成とその変遷を最初から観察する機会をもつのでなく，でき上がってしまったものを後から徐々に明らかにしてゆかねばならない立場におかれる。こうした状況が起こると，分析治療開始後しばらくの間は望ましいことではないが，患者の方が先に進みすぎているという事態が生じてしまう」という見解です。これを支持する分析医が多く，予備面接(診断面接)に消極的であった。もちろん，分析医にも，審査分析によって神経症と分裂病を鑑別しようとした試みはありました(潜伏性精神病研究(Federn, P., 1952)。

　フロイト以後の1950年代以後から，今日用いられているような診断面接が，精神分析の臨床に現れてきますが，それには二つの理由が考えられます。第一は，それまで精神分析が主に治療対象としていた神経症から，心身症，精神分裂病へと治療対象の拡大応用を試みていった精神分析の実践と，軌を一にしています。第二は，ブリーフ・サイコセラピーの研究と平行していることです。これら二つの実践家として代表的な精神分析医が，サリバン(Sullivan, H.S.)，バリント(Balint, M.)，ベラック(Bellack, L.)らでした。

　なかでもサリバンは，対人関係論的な観点に立脚して，精神分裂病の精神療法と精神病理を研究し診断面接から治療面接に至る，対面法による精神分析的な「精神医学的面接」(1954)をまとめ組織づけました。そして，今日の診断面接でも課題になる，対面法での面接者とクライエントとの対人関係およびその力動性について整理しました。つまり，サリバンは対面的面接が，二人の人物によって営まれる一つのグループ過程であること。そして二人の人物の心的交流の中には，無数の想像上の人々が現在の面接状況に立ち現れること。そしてまた，クライエントの面接への動機づけをはじめ，面接に現れる転移－逆転移の関係パターン，さらに面接者の関与のあり方(関与しながらの観察)や能動的な役割などについて整理していきました(小此木，1978；チャプマン，1980)。

　一方，バリント，ベラックらは，精神医学や心身医学の臨床に精神分析的な精神療法を定着させるとともに，ブリーフ・サイコセラピーに積極的な寄与を果たしました。そして二者とも，それぞれ独自の対面法による診断面接の方法と理論

1章　精神分析的立場

を提出しています。例えば，バリントの焦点づけ精神療法(focal psychotherapy：1972)では，焦点領域を把握することが診断面接の課題だとし，診断を「伝統的な診断」，「総合的な診断」，「相互的関係的診断」の三つに分類しています。ベラックは救急精神療法(emergency psychotherapy：1965)の経験から，この種の精神療法に役立つ能率的で的確な診断面接を組織づけました。

　これらの精神療法は，当面の症状ないし不適応の解決にその目標を限定するので，したがって診断面接も現在の精神状態と，現在および過去の心的な出来事との関連を把握し，クライエントの状況的－発生的－力動的な理解を整理すること，さらに，クライエントの状況的－発生的－力動的な理解を相互に関連づける自我機能の評価の必要性から，適切な診断そして見通しを見いだすことができるとしています。以上の精神分析的診断面接の流れを経て，今日の診断面接が方向づけられているのです。

1-3　精神分析的な診断面接過程では何が行われるのか

　診断面接は，上に述べた流れにも見られるように，そのクライエントの悩みや問題点が，なぜどのように生成したのかを状況的・発生的・力動的な観点から知ることです。それによって，何を今後，治療面接や相談の課題としてそのクライエントにアプローチするのか，の関わりの仕方(治療機序や治療手段，治療技法など)を決定することです。つまり，ここで大切なことは，調査・診断のためのアセスメントだけでなく，治療や相談の計画を作成するための作業であり，ときには診断面接自体が一つの治療面接の機能も併せもっているといえるような面接です。そのためには，1セッション，1セッションの濃やかな積み重ねの工程が必要になってゆきますし，それらの作業を可能にさせる面接者側の準備がぜひ必要です。これらの準備について述べる前に，まず診断面接が，どのように行われるのかについて，その診断面接過程について述べておきましょう。

(1) **診断面接過程**

　精神分析的診断面接の過程には，①面接の導入段階，②面接調査段階，③面接の終結の3段階があります。

　①　面接の導入段階では，まず面接者の自己紹介後に，どのような診断面接過程がこれから行われるかについて，まずクライエントに明確化することから始めます。つまり，クライエントに対して，治療の準備のために数回(2～5回程度)の診断面接を行い，数回後に診断面接者からこの面接を通して理解された，クライエントの内的外的な種々の心理力動的な課題について伝えることです。その

際，併せて今後の治療方針についてもお互いに話し合うことを，まず伝えて開始します。これを場面構成と呼んでいますが，後述するように，この導入段階でpre-formed transfrence(あらかじめ形づけられた転移)などの問題が，診断面接の場に意識的・無意識的に持ち込まれますので，面接者とクライエントとが十分に確認し合える場面構成は，診断面接を現実的に支え運ぶための基盤となります。場面構成では，これらに加えて，精神分析的心理療法の治療契約に相当する面接時間，料金，休みの場合どうするか，などの取り決めも行われます。

つまり，場面構成をするのは，今後精神分析的心理療法を行ってゆく上で，常に心理療法の当事者はクライエント自身であり，自分の責任と自覚をもって治療面接に取り組む必要性があることを指し示す(pre-education)とともに，これから開始する無意識の探求に，診断面接者とクライエント双方がお互いに協力して当たること(探求的な相互協力)を暗黙のうちに表しているといえましょう。また，それらの場面構成に対するクライエントの反応や関わりのあり方も当然，慎重に検討されることになります。さらにこの段階での具体的な課題については，後述の1-4節を参照してください。

② 面接調査段階に入ると，以下の二つの過程(a. 初期一般調査段階，b. 詳細な質問調査段階)があります。

a. 初期一般調査段階 「いま，この時，どのようなことで来談したか」から始め，その中で面接者はできるだけ自然に相手の悩みや問題点，その程度および経過を整理していきます。その際，個人的生育史や家族の概略，精神医学上の病歴，社会文化的な特徴，役割，地位，生活環境などの個人を理解するのに必要な一般資料を，「yes & no」式ではなく，いわゆる発展的なコミュニケーションのもとで聴取し，そのクライエントの悩みや問題点が生成した概略を推測し，見立てと見通しの素材を得ます。筆者の場合には，この段階で四つの枠組み(現在の適応状況，ライフサイクルでの発達課題や家族との関係，性格特性，精神病理の有無)を念頭においてクライエントの概略を理解することが多いのです。

b. 詳細な質問調査段階 以上の初期調査のもとで，さらに詳細な質問調査(detailed inquiry)を深めてゆきます。その際，面接者は漠然と質問するのではなく，はなはだ了解しにくいかもしれませんが，後述する1-4節の「状態や問題点を理解する見立てや見通しの枠組み」および「自我評価と力動論 - 発生論的定式化をするための準備」を頭に描きながら，しかもそれにとらわれることなく，クライエントの話の流れに沿いながら，自然に聞いてゆくことになります。

この段階での調査項目の一例としては，幼児期の最初の記憶，幼児や学童期に繰り返し考えたり，思い描いた空想，繰り返し見た夢，遊びの種類や好み，得

意・不得意な教科科目，友人関係のあり方や親友について語ってもらいます。思春期のからだの発達についての反応，最初の異性との出会いと関係，性的体験，婚約期間の間どんな付き合い方をしたか，計画的な出産かどうか，子どもをもったときの夫婦相互の気持ち，その後の夫婦の変化，育児への協力はどうか，さらに家族の歴史などです。これらの項目は，それぞれクライエント自身のものの見方，考え方，とらえ方など，病前性格，習慣的態度，対人関係様式などの内的外的な心の状態の反映であり，クライエント自身を描くとともに，その人の無意識化された葛藤の表現や防衛機制が抽出提示されたものとして理解を進めてゆくことになります。

　また面接調査に際して，診断面接者とそのクライエントが，どのような関係のもち方をしているか(診断面接関係)に注目することも肝要です。例えば，喋り方，表情やことばの表現の仕方，態度，ふるまい，椅子の取り方，何について，どんなときに感情表現が変化するか，質問の仕方，受け答えなどの対人関係のあり方，情動の調律の仕方，などに注意しておきます。これらは，その後の治療関係での転移や抵抗の様態を見立てる上で示唆を与えるからです。

　この面接調査段階で注意したいことは，同上の一例として挙げた詳細な質問調査項目を，幼児期から順序よく面接者が聞いてゆくとか，家族歴を父，母，兄弟の順序に調査項目を埋めるやり方をするのではなく，あくまでクライエントが自分および家族について思い出や思いつきを自発的に語るとか，あることにこだわり，強調することなどに面接者は沿い応じながら，わずかに同上の項目を膨らませ，再びクライエントの連想を活性化させるのを手助けすることが大切なのです。決して，こちらの調査枠組みどおりに答えさせる方法はとってはいけません。むしろ，診断面接内での二者関係(面接者とクライエント)で，バラバラに語られてくる連想や記憶を，診断面接者の方で面接後に時間をかけて整理し直すのです。そして整理する際には，第三者にわかりやすく伝えることは当然のことですが，問題歴はこれこれ，生育歴，家族歴はこれこれ式の対象化した報告書だけではなく，できる限り面接者の主体的体験を加えた記述(問題歴では○○について興奮して話し，こちらが引き込まれ気の毒な気持でいっぱいで，その場にいたたまれなくなった，など)を含ませるようにすると，診断面接者とクライエントとの客観性と主観性が織り成された，その場の心的力動が明確化されることになります。院生へのプロセスノート作成に際しては同上の点を指導しています。

　③　診断面接の終結段階では，一応クライエントについての情報が得られた場合に，以下のaからdの過程に進みます。もちろん，同上の面接調査段階で，自由にクライエントに語っていただく結果，情報が集まらなくてまとまらないも

のになったり，クライエント像が結べないとか，今後の見通しが見いだせないなどの場合は，情報を補足聴取するためのセッションを，改めてクライエントの了解をとって設定することもあります。

 a. 面接の終結では，まず得られた知見をクライエントに要約して伝えます。
 b. 次にクライエントの行動の指針について，面接者の考えを伝えます。つまり，このａの知見からクライエントが今後どのような方針を立てていったらよいかの意見を述べます。具体的には，現在クライエントが悩んでいる課題について理解した概略を伝え，そのうえで心理療法の必要性の可否，内部で実施するか外部紹介か，などの意見を伝えます。その方針が心理療法の実施であれば，この伝達は同時に治療への導入へと発展することになります。
 c. そして，以上の面接者の説明や方針から，クライエントがどのような方針を選択するかを委ねることになります。
 d. 以上の手続きを経て，両者の直接目的は達成され，形式上の診断面接関係は終了します。多くの場合，診断面接者と治療者が同一であるので，診断面接の終了と治療面接の導入は同時に行われることになります。

 以上の診断面接過程を適切に機能させて，そのクライエントの問題点に関して，状況的－発生的－力動的な各水準から評価し，関わりの仕方(治療機序や治療手段，治療技法，など)を決定するには，おおむね以下に述べる四つの準備が必要となります。

1-4 四つの準備

 診断面接過程を有効に機能させるための準備として以下の課題がある。
(1) 準備１．出会いの心理過程について知っていること
 診断面接導入に当たっては，二つの課題があります。第一はクライエントとの協力関係の形成を，どのようにするかです。心理面接よりも積極的にラポール形成に心がける面が診断面接にはありますが，とはいっても，クライエントの自発性を引き出すための積極的な面接者の働きかけなので，可能な限り面接者は控えておくことができる訓練を必要とします。第二は自発的に来談したのか，紹介されて来談したのかの来室動機などを含めて，クライエントが私たちの面接場面および面接者に対して，どんな期待と思惑をもって来談するのかという出会いの心理過程について心得ておく必要があります。ラングスは，来室時に示すクライエントの期待と思惑について，pre-formed trasference(あらかじめ形づけられた転移)の観点から考察しています。診断面接者としては，いかにして pre-

1章 精神分析的立場　　　　　　　　　　　　　　　　　　　　　　　　　75

formed trasference を同定して，適切に見立てをしてゆくかですが，例えば，紹介の場合に，誰から紹介され，またどのように紹介されたかを明らかにすることで，同定することもできます。その際，たとえ同一の機関の外来医師からの紹介でも，明確化することが必要です。ましてや教師，上司，そして親からの紹介の際には，ことさら依頼動機をしっかりクライエントから聴取することです。また自発的に来談されたとしても，すぐに期待どおりの治療を開始しないことが，pre-formed trasference を同定する上で原則です。必ず数回の診断面接を提案して，真に心理療法を希望している動機が高いかどうか，またなぜこの時期に希望するかを十分に吟味することが大切です。

(2) 準備2．状態や問題点を理解する見立ての枠組みをもっていること

面接調査段階では，状態や問題点を理解する以下の準備を必要としています。

① 見立てに当たっては，そのクライエントの normal part（健康な部分）と pathological part（病理的な部分）の両面を踏まえて見立てを行います。特に医療で働く場合，pathological part をしっかり把握するために，逆に normal part が疎かになりますし，教育領域では医療領域とは逆になるので，留意しておくことが大切です。

② 状態や問題点を理解する枠組みとして，以下の項目を準備することが大切となります。というのは，現在の自分の技量で対処できるかどうかや，所属する相談場面の特質を考慮して引き受けるべきかどうか，あるいはむしろ心理療法より発達を見守るべきかどうか，などをしっかり吟味するためです。

a. 精神医学的判断 ── 病態判断を準備していること

この目的は下記の準備のためですが，特に診断面接者として留意してほしい項目です。

・引き受けられる病態水準かどうか。その見通しを図るためです。
・症状の意味するものや，深刻さの有無を理解するため。
・薬物の必要性の有無を判断し，医師との連携の必要性を判断します。

b. 人格構造の判断を準備していること。

・自我の防衛のあり方や人格構造の判断ができること。
（準備4の自我機能判断のところを参照）
・不安や葛藤の質を調べることができます。

c. 発達やライフサイクルの達成度を見ることができます。

・直ちに治療的に対処しなくてはならないかどうか，それとも発達を見守れるかを判断すること。

この点はクライエントに二重の心的外傷（治療に導入しても，しなくても）を与えないためにも，十分に判断する必要があります。
　d．クライエントの対象希求性がどの程度かを評価できること
　　・治療同盟を形成できるかどうかを評価することです。
　　　必ずしも病態水準とは異なる場合もあることに注意することが肝要です。たとえ一見重篤な精神病水準にみえても，治療者の援助を受け容れ，自分を変化させる場合も認められるので，病態水準だけで決めないことです。

(3) 準備3．治療の見通しでは，以下の準備をもっていること
　①　どのような治療や援助を行うかの治癒の見通しに当たっては，見立てで得られたものから何を読み取り，目標としてゆくかが課題になります。それぞれの臨床家の依って立つ理論や技法そして臨床場面の状況や枠組み，さらには治療者の好みや治療観などによって，治療の目標やねらいも自ずから変わってきます。以下にどの治療者にもほぼ共通する点を示してみます。
　②　具体的には，以下の項目を考慮して治療の見通しを考えます。
　　a．急性問題かどうかを判断します。
　　b．治療への見通しに対して，抵抗となることはどうかを検討します。
　　　これらを判断し適切に対処することによって，治療関係もそしてクライエントも保護することになるからです。
　　　・他人に責任をかぶせる場合があるかどうか
　　　・まわりを信用せず被害感情をもっているかどうか
　　　・行動化が伴う場合
　　　・治療に反対している配偶者や親を利用できる場合
　　　・情緒や内面を否認している場合
　　　・金銭的や時間的な問題をもっている場合
　　　・治療や治療者を恐れている場合
　　c．治療作業を維持できる患者の能力について評価します
　　　・自己観察力と現実検討がどのくらい期待できるものかどうか
　　　・相性や対象希求性の有無
　　　・協力しようとする患者の意識的，無意識的願望。治療者の援助を受け容れようとする患者の準備状態はどうか

(4) 準備4．自我心理学的準拠標をもっているか
　これまで挙げた準備(1)〜(3)に加えて，以下の自我心理学的準拠標が準備できれ

ば，精神分析的診断面接は万全となります。自我心理学的準拠標とは，ⓐ自我評価，ⓑ力動論－発生論的定式化，ⓒⓐ，ⓑの定式化をするための診断面接者と，クライエントの「関係の変化」を認識する治療関係論的な把握(例えばBPO(borderline personality organization；カニバーグ)の特有な対象関係は，転移－逆転移が観察されて初めて診断されるものなので，治療関係論的把握が大切)などの理解を準備することです。しかし，枚数の関係で，自我機能判断－自我評価のみをここでは紹介します。

1. 自我機能判断－自我評価が準備されていること。
① **現実との関係に対する自我機能**
　a. 現実検討　　自分の内側にあるものと外側にあるものとの区別がつくこと。例えば同じ確認強迫でも，バカバカしいが精液がついたのではないかと，何度も強迫洗手せざるをえないものと，自分の精液でプールに入っている女生徒を妊娠させたのではないかと，何度も確認強迫する場合。後者は現実検討が悪く，境界例水準を疑わせます。
　b. 自己行動についての判断(judgement)　　予測の妥当性，予測しないまま行動してしまうこと。例えば，不死身と考えて2階から飛び降りた。食べないでも平気。普通の勉強をせずに，自己流の偏った読書で試験に合格すると確信している。葬式の高笑い。自分では親しいつもりで，人に嫌われる言動をしてしまう人など。つまり，主観的には妥当性があるが，状況に一致しない場合，判断障害が考えられます。
　c. 外界と自己に関する現実感(sense of reality)　　外界が親しみ深いものに感じられない。自己の身体が大きくなったり小さくなったりする。自己矮小感，誇大感など。自己と外界の境界が不鮮明になるかどうか。病態化すると，離人，疎隔，自己評価，同一性の感覚が障害されます。
② **思考過程**(thoght process)
　二次過程思考は，目的に向かって論理を組み立てる思考方法ですが，一次過程思考の有無があるかどうか。診断面接では，話の筋道が通った話になっているかどうかと，どこでその話の筋道が区切れて，わからなくなるかを評価します。
③ **欲動の調整・支配**
　衝動のコントロールはどうかを判断することです。リビドーと攻撃欲動について評価しますが，攻撃欲動については欲求不満耐性はどうかを見ます。他方，リビドーでは，自己愛の障害から評価します。一次的自己愛の障害は，乳幼児期の母性剝奪の有無などから推測しますが，評価がむずかしいのです。二次的自己愛

の障害は，生後6か月以後の対人関係を通して肯定的な自己評価をもっているかどうかが判断の基準です。つまり，人から絶えず認められたり，賛辞を浴びせられなくても，自分のあり方に自信をもって判断を下せるかどうかです。通常，神経症はこれが障害されて，自己評価が低くなったり，抑うつ気分になります。

④ **対象関係**(object relation)

面接者とクライエント関係から判断する必要があります。話し合っていて，ごく普通に付き合いが保てて，共感がもてるような関係かどうか。つまり，対象恒常性が保たれ，一人でいられる能力をもち，不安を自分の中で対処できる機能をもっているかどうかです。これらの機能がなく，いたずらに内容のない話をし続けたり，もののような関係性を示す場合は，精神病や境界例水準が考えられます。

⑤ **自我の自律的機能**(autonomus function)

自我はどのくらいの衝動や葛藤で混乱したりするのか。逆に乱れないのか。家族の葛藤や問題があっても，登校や出勤は自律的に保たれているか。過剰に防衛されているかかどうか，などから自律的機能を評価します。自我の一次的な自律機能は，人間関係の葛藤いかんに関わらず，発達する自我の部分です。知覚，認知，思考，言語，判断，記憶，運動，知能，などを含みますが，これに対して，本来欲動との葛藤の解決を目的に発達した，やがて二次的に葛藤から自由になった領域で働く機能を，二次的に自律的機能と呼びます。面接で葛藤的になり，何も浮かばないだけでなく，面接内でのかん黙あるいは途絶が激しい場合は，一次的な自律機能の障害が判断され，かなり重い病態水準が考えられます。

⑥ **自我の弾力性**(ARISE/adaptive regression in the service of ego)

パーソナリティが豊かで柔軟に働いているかどうかを評価します。社会的活動や遊びなどを適度に楽しむことができるか，堅苦しさや迫害的に体験しているか，などを判断します。ロールシャッハの継起分析(退行・進展)は，この面に有力な情報を提供します。

⑦ **防衛機能**

どんな防衛方法が使われているか。それは，発生論や精神力動と関連していますが，高いレベルの防衛(抑圧主体の防衛)か，低いレベルの防衛(原始的防衛機制)が働いているかが吟味されます。

1-5 おわりに

かなり駆け足で精神分析的診断面接の概略を述べてきましたが，まだ発生・発

達論や精神力動論などの説明が不足しており，自我評価で見られた自我機能の問題が，いったいどのようにして生まれて症状形成に至っているのか（力動論－発生論的定式化）を説明することができていません。これらについてはぜひ成書を参照するようお願いします。

　すでに鋭敏な読者の方々は，診断面接過程を読み進めながら精神分析的心理療法過程とおおむね同じ展開が認められると感じられたことでしょう。そのとおりなのです。つまり，前述したように，精神分析的診断面接は「調査－診断のためのアセスメントだけでなく，治療や相談の計画を作成するための作業であり，時には診断面接自体が一つの治療面接の機能も併せもっている面接」なのです。多くの院生が，まず治療面接を早く経験したいと要望されますが，私は治療面接を経験するより，まず診断面接の経験を多くもつことを初学者には勧めています。短時間で治療面接に匹敵する多数の経験をもつことができますし，自ずから心理療法を体験化することにつながるからです。

　最後に，本文中にも述べましたが，精神分析的診断面接はいくつかの準備を前提としていますが，スーパーヴィジョンのもとで診断面接過程の研修を積むと，クライエントを十分に支援することができ，確信が生まれてきます。どうぞ多くの方々が，十分なスーパーヴィジョンのもとで診断面接過程の研修を積むことを期待したいと思います。

■引用および参考文献

Ballint, M. *et al.*　1972　*Focal Psychotherapy.* Tavistock, London.
Bellak, L. & Small, L.　1965　*Emergency Psychotheapy and Brief Psychotrapy.* Grund & Strotton.
Chapman, A. & Chapman, M.　1980　*Harry Stack Sullivan's Concepts of Personality Development and Psychiatric illness.* Brunner/Mazel. INC.（山中康裕 監訳　1994　『サリヴァン入門』　岩崎学術出版社.）
第1回被害者支援研修会　1999.7.　テーマ「被害者の心理とその援助」神戸市で開催.　日本臨床心理士会.
Federn, P.　1952　*Ego Psychology and Psychoses.* Basic Books. New York.（小此木啓吾　1956　Paul Federn 博士紹介──その自我心理学と精神病の精神療法その1〜5.　精神分析研究3，No.2.3.4.6.7-8.　日本精神分析学会.）
Freud, S.　1913　Zur Einleitung der Behandlung.（小此木啓吾 訳　分析治療の開始について．『フロイト著作集 9.』人文書院.）
岩崎徹也 他編著　1990　『治療構造論』岩崎学術出版社.
倉光　修　1998　『臨床心理士のスクールカウンセリング2.』　誠信書房.
小此木啓吾・岩崎徹也　1963　いわゆる潜伏性精神病の研究. 精神医学 **5**，p.989〜，医学書院.
小此木啓吾　1978　精神分析的面接.『現代精神医学大系，4』A1. p.83〜. 中山書店.
小此木啓吾・深津千賀子・大野　裕　1998　『精神医学ハンドブック』　創元社.

2章　分析心理学的立場

2-1　はじめに

　1945年に，70歳にならんとするユング(Jung, C.G.)は，「医療と心理療法」(Jung, 1945)というタイトルで講演をしています。その内容は，患者さんからいろいろな事実を聞き取って病歴をつくり(anamnesis)，診断を下し(diagnosis)，必要な治療をしていく(treatment or therapy)，そういう医療では当たり前のこととして行われる三つの段階について，心理療法の観点から論じたものです。つまり医療における病歴の聴取・診断・治療と，心理療法におけるそれとの違いを述べているのです。この講演をもとに，医療と心理療法において診断し，見立てていくという行為がどのように違うのかを明らかにし，分析心理学(analytical psychology)が目指す診断と見立てが，どのようにして発展してきたのか，そしてまたどのようなものであるのかを論じてみようと思います。

2-2　言語連想検査を用いての診断と見立て

(1)　検　査

　周知のように，20代後半から30代前半にかけて，つまり治療者としてまだ初期の段階にあるユングは，ブルクヘルツリ病院でブロイラー(Bleuler, E.)と共に言語連想検査(word association test)に取り組みました。検査のためにいろいろな患者に出会い，その検査結果から患者のコンプレックス(complex)を探り当て，それを診断にいかすというのがその目的です。病歴の聴取・診断・治療という三つの流れの中に検査が入ってくるのです。

　医療の場合，例えば患者から胃が痛いと聞けば，胃カメラなどを用いて検査をするように，検査はなくてはならないものです。この検査は客観的なデータを提供するという性質を備えていて，データ結果からある程度機械的に診断が下されます。心理療法の世界でも検査をこういう方向で用いることも多いのですが，ユングは言語連想検査を少し別の方向でも用いました。

　この検査の検査方法は，100個の刺激語*を患者に聞かせて，その刺激語から

2章 分析心理学的立場

連想する単語(反応語)を答えてもらうというものですが,反応語の奇妙さや,反応の仕方などからスムーズな連想の障害をチェックしていきます。そしてコンプレックス指標**というものを出して,コンプレックス指標が高ければ高いほど連想の障害が高いと判定します。連想の障害度の高さは,意識でコントロールできない無意識的コンプレックスの活動の高さを表します。つまり意識が支配する水準が低下して,そのかわりにどれだけ意識がコンプレックスに支配されてしまっているかということを,コンプレックス指標を用いて客観的に,数量的に明らかにするのです。これは医療における検査と同じ方向性を備えていますが,それ以外にユングはコンプレックスそのものを知るために,つまりコンプレックスの内容に深く入っていく糸口として,この検査を用いるようになりました。

(2) 検査と原因と診断

言語連想検査の症例を一つあげてみましょう。ユングがあげている症例(Jung, 1907)ですが,「学生」という刺激語に対して「今あなたはソクラテスとかける」と反応した患者がいます。この反応では数量化されたコンプレックス指標がとても高くなっています。こういったコンプレックス指標の高い反応語が多くなればなるほど,意識がコンプレックスに支配されている度合いが高くなって,その分だけ意識的な主体が後退していると診断されます。意識的な主体の後退の度合いがコンプレックス指標という数値で示されるのです。この患者は病棟でも,あるいは診察時にも,「私はソクラテスだ」としきりに訴えており,精神分裂病妄想型——ユングが論文を書いた当時は早発性痴呆(dementia praecox)——と診断されておりました。コンプレックス指標の高さからも当然精神病レベルという診断が下されています。

「胃が痛い」と訴える患者が,胃カメラの検査を受けて胃潰瘍と診断された場合,胃潰瘍を治すための薬が投与されて,治療が始まります。精神分裂病という診断が出された場合もまた抗精神病薬が投与されることになります。前者では「胃が痛い」という訴えに対して,痛いことの原因として潰瘍があげられて診断がつき,その原因に対する働きかけが治療となっています。ところが後者は「私はソクラテスだ」という訴えに対して,どうしてソクラテスなのかという原因は明らかにされないままに,精神分裂病との診断がつけられています。つまりこう

---

* 100の刺激語で検査するには時間がかかり過ぎるということで,現在では50の刺激語による検査も開発されている。
** コンプレックス指標としてユングがあげているものには次のようなものがある。(1)反応時間の遅れ,(2)反応の失敗(反応語を出せない),(3)刺激言書の繰り返し,(4)刺激語の誤解,(5)再検査の際の反応語の忘却,(6)同一反応語の繰り返し,(7)明らかに奇妙な反応,(8)ある観念の固執(Perseveration)などである。

いう筋の通らない言動をするのは，コンプレックス指標の高さからみても，精神分裂病に相違ないということから，精神分裂病という「ラベルをつけただけ」(Jung, 1945)になっているのです。「胃が痛い」という訴えの内容に入れたほどには，「私はソクラテスだ」という訴えの内容には入れていないのです。この二つの診断にみられる質の違いは重大でしょう。

　しかもさらによく考えてみれば，胃の問題の場合も胃の痛みの原因は潰瘍であるとしていますが，では潰瘍の原因は何でしょうか。仮にストレスだとすればストレスの原因は何でしょうか。あるいはある菌だとすれば，そのような菌がある人の胃に多量に住みつく原因は何でしょうか。胃という臓器だけに視点を限定しないならば，実に多くのことを見ていかなければならないのです。おわかりと思いますが，ある原因を特定することができるということは事態を局限化して考えた場合のことなのです。身体なら身体だけにみられる現象ということに，事態を局限すれば原因はわかるでしょう。そしてその場合には身体と心の相互作用の問題は排除されています。純粋に身体だけを仮想的に切り離してみているのです。

　科学の発達は，こんなふうに問題を局限化できる力に頼るところが大きかった，と思われます。さまざまな要素が絡み合っている現象を解いて，ある要素とある要素の関係だけをみる力です。物事を整理し明らかにするためには，ずいぶん大切な力だと思います。ただ忘れてならないのは，解けない現象もあるということです。それに関連してユングは「局限できない，原因を定められない病があるとすれば，それは心の病である。なぜ局限できないのかといえば，それは人間全体(The whole of a man)がかかわっているからである」(Jung, 1945)と述べています。全体を考慮に入れる限り，原因は単純な明確さを装いはしないのです。そしてこのわかりにくさにこそ全体性という大事な問題が潜んでいるのです。

(3)　コンプレックスの内容

　「私はソクラテスだ」と訴え，「学生」という刺激語に対して「今あなたはソクラテスとかける」という反応をする患者は，完全にコンプレックスに支配されているという客観的なコンプレックス指標から，精神分裂病と診断されましたが，「胃が痛い」という訴えが了解されたようには，「私はソクラテスだ」という訴えは了解されていませんでした。訴えを了解することなく真の治療が可能だとは思われません。そこでユングはコンプレックスの内容へと入ってきます。了解不能と決めつけられている言動，すなわち精神病の症状をわかろうとするのです。「私はソクラテスだ」という訴えを本気で受け止めていくという方向へ向かうのです。なぜこの人はソクラテスなのだろうかと。最初ユングは直接患者に「どう

してあなたはソクラテスなのですか」と聞いていきますが，患者の説明でますますわからなくなり頓挫してしまいます。それで連続的連想法(continuous association)を用いたのです。これはフロイト(Freud, S.)の用いた自由連想法(free association)のように自由に思い浮かぶままに連想の鎖を連ねていく方法と違い「ソクラテス」という言葉を中心におき，その言葉から連想されるものを，その語のまわりを取り巻くように置いて，「ソクラテス」という語そのものを豊かにしていく方法です。その言葉にさまざまな血肉がついていく様を思い浮かべていただいたらいいと思います。多くの連想語があげらていますが，いくつかを取り出してみますと，大まかに次の3つに分類できます。

(a) 価値があるという主張につながるもの
　　「立派な学者の世界」　「もっとも卓越した卓越性」
　　「立派な芸術の世界」　「私は最高の洋裁師」　「立派な教授」
　　「25 フラン(スイスのお金の単位，貨幣価値)」
(b) 価値を認めてもらえない怒りにつながるもの「不当」
　　「間違って告訴された」　「刑務所」
(c) 自分の仕事につながるもの
　　「私は最高の洋裁師」　「決して糸を切らない」

聴取された病歴によれば，患者は42歳で発病するまで洋裁師をしていました。(c)の「自分の仕事につながるもの」というのは，1つの連想語「私は最高の洋裁師」——が重なりあっていることからもわかるように，(a)の「価値があるという主張につながるもの」と同じライン上にあると考えられます。そうすると(a)と(b)に集約されると考えてもいいでしょう。(a)に関わるものとして，自分および自分の仕事は価値のあるものだという思い，それはソクラテスという偉い学者に匹敵するほどの価値であり，芸術にも値するものであり，お金に換算してもすごいものだという思いがあります。その思いが認められず，(b)に関わるものとなっていきます。つまり自分が不当に評価されているのは，ソクラテスと同じだということになっていきます。ここに自分とソクラテスを同じものとして結びつける感情の流れがあるのです。このようにして「私はソクラテスだ」という訴えを了解していくのです。まさに患者は「私はソクラテスのようであるし，ソクラテスのように苦しんでいる」(Jung, 1945)と言おうとしているのです。訴えが了解不能なバカげたものではなくて，コンプレックスの内容を知ることで，了解可能なものとなっていくのです。

したがって抗精神病薬と同時に，「ソクラテスの苦しみ」への手当てが必要となるのです。上述の講演では，「心理学的な診断はコンプレックスについて診断

することを目的とするものである」（Jung, 1945）と述べていますが，コンプレックスについて診断するためには，患者のすべてを知ろうとする試みが前提となってくるです。そして患者の「ソクラテスの苦しみ」を了解し，患者との関係を打ち立てていくのです。そうした上でこそ診断が可能になる，そういうところへユングは導かれていったのです。

2-3 コンプレックスの診断と見立て

(1) 言語連想，検査から夢分析へ

　初期のユングはコンプレックスを知るために言語連想検査を用いたのですが，後にはそれを使うことはなくなります。コンプレックスにどれだけ意識が支配されているかという数量的なことよりも，コンプレックスの内容そのものの重要性に気づいていったからでした。そして検査ではなく面接を通じてコンプレックスを知るということに，専心するようになります。面接においては，患者が語ってくれる事実だけではなくて，語られない事実にも目を向けることが必要になります。というのもコンプレックスというのは語れるほどに意識的なものではないことが多いからです。語られない事実に目を向けるためには，「専門知識だけではなくて，直観やひらめきも必要である」（Jung, 1945）とユングは言っていますが，治療者の側の直観やひらめきと並んで，患者の夢，絵画，アクティヴ・イマジネーション（active imagination，能動的想像），それにヴィジョンなどが用いられるようになります。これらが言語連想検査の代わりを担って，コンプレックスへの通路となるのです。

　これらのものと言語連想検査との違いの一つは，夢，絵画，アクティヴ・イマジネーョン，ヴィジョンが患者の側から自発的に生じてくるものであるのに対して，言語連想検査が治療者の側からの働きかけで明らかになってくるものであるということです。コンプレックスを診断し，見立てながら，それを知って，最終的にコンプレックスとの新たな関係を打ち立てて行くのは患者自身ですから，患者の側からの自発性，能動性というのは大事なことになります。

　もう一つの違いは，検査ではある限られた時の，ある限られた方向から触れられるコンプレックスだけしか見えてこないということです。夢などはその都度，その都度変容しますし，さまざまな方向からコンプレックスへアプローチすることができます。コンプレックスの全体は，「治療を行ううちに明らかになってくるものである」（Jung, 1945）ので，限られた時間に検査という形で全貌をつかめるものではないのです。「逆説的ですが」と前置きしてユングは次のように述べ

ています。「真の心理学的診断は、治療が終わった時に、はじめて明らかになるものである」(Jung, 1945)と。つまりコンプレックス全貌は治療の終結時になってはじめて見えてくるものなのです。

(2) 診断と見立ての違い

　医療の三段階では、病歴を聴取し、診断して、そして治療が始まるというのが通常でした。それが医学的な診断の位置であり、治療が始まる前に確固たる診断がなされていることが必要なのです。ところがユングは心理学的診断とはコンプレックスを見抜いていくことであり、そのコンプレックスを見抜くという作業は治療とともに深まっていくものであり、治療が終了した時点ではじめてその全体を見抜き終わるというようなものである、というのです。つまり治療と診断とは同時進行するものであり、治療と診断は不可分に結びついていることになります。

　ところで「診断と見立て」というように二つの概念を並列して用いてきましたが、日本で最初に「見立て」という概念を導入したのは土井健郎です。ユングは「診断(diagnosis)」という用語で通していますが、「医療における診断」と「心理学的な診断」という使い分けをすることで、この概念に膨らみを持たせ、心理療法における後者の重要性を説いていたわけです。ユングのいう「心理学的な診断」は、土井のいう「見立て」という概念に、きわめて似かよったものです。しかし日本的なこの「見立て」の概念も翻訳するとなると、「診断」と同じように「ディアグノシス」となってしまい、二つの概念は混同されていることが多いようです。この本の題名となっている『診断と見立て——心理アセスメント』も、この二つの概念を同義語として並べているのか、それとも根本的に異なる概念として並べているのか、定かではありません。

　筆者の場合、今までのところ、「診断と見立て」をどちらも「ディアグノシス」と理解して用い、ユングにならって、「医療におけるディアグノシス」と「心理学的なディアグノシス」というように中身で区別してきましたが、ここで「見立て」固有の概念とはどんなものなのかを振り返っておきましょう。そのために、『方法としての面接』(土井, 1992)の中で述べられている「見立て」の概念の特徴を抜き出してみます。

(a) 精神科の臨床においては他の科のように病歴の聴取・診察・治療が判然と区別されることなく、したがってその順序で進行するのではなく、すべてがいわば渾然一体となって同時に進行する。
(b) 患者についてどこまでがわかっていてどこがわからないかの区別をつけることが重要である。

(c)「見立て」がそこで起きる場，すなわち専門家と患者の間に成立する関係の重視であり，すべてはこの関係の関数(function)とみなすことができる。

　(d)「見立て」の行為の中ですでに治療は始まっており，治療がかなり進行した後も「見立て」はひっきりなしに行われていることになる*。

　上記の4つにまとめられますが，土井のいう「見立て」がユングのいう「心理学的なディアグノシス」にきわめて似かよっていることが，おわかり頂けると思います。まず第一に病歴の聴取と診察と治療とがはっきりと分けられず，それらは同時に進んでいくものであるという観点も，さらには治療が進んでもまだなお継続的に「見立て」は行われるという観点も，ユングと共通したものです。

　さらに(b)の「患者についてどこまでがわかっていてどこがわからないのかの区別をつける」というのは，例えば「私はソクラテスだ」と訴えていたユングの患者について言えば，筋の通らない妙なことをいう患者というのはわかっていますが，なぜソクラテスだというのかはわかっていないことでした。わかっていないことをわからないと意識的に認識するのは，きちんと「見立てる」ためには大切なことだという考えもまた，土井とユングに共通したものです。ユングの場合，わかっていないことを大切にすることで，コンプレックスの内容に入っていくという道が開けたのでした。そしてコンプレックスの内容から「ソクラテスの苦しみ」が浮かび上がってきたのですが，その「ソクラテスの苦しみ」が「患者自身の苦しみ」になるために，つまりコンプレックスが患者という主体とコンタクトを持てるようになるために，患者と治療者の共同作業が始まるのです。その共同作業が治療ですが，そのためには患者と治療者の間にいい関係が成り立っていることが大前提となります。これが(c)の「専門家と患者の間に成立する関係の重視」ということであり，関係がないと「見立て」は成立しないということを，土井は言っているのです。

　さて土井のいう「見立て」という概念は，「医療における診断」とは異なる概念ですから，筆者のように双方を「ディアグノシス」と受け取ることには無理があるようです。つまり同義語ではなくて，異なる，あるいは対立している語として受け取るべきなのです。となると「診断と見立て」は，翻訳するならば，「Medical diagnosis and Psychological diagnosis」となるでしょう。これはユングが主張するのと同じ区別です。

　「Medical diagnosis」は事態を局限化して，原因をさぐり，診断名をつけることですが，さてこういった診断名を与えられつつ，「見立て」ていく作業，「心

　＊　この4点については「精神療法 Vol.22.No.2」における「「見立て」の問題性」という論文にも述べられている。

理学的な診断」を目ざす作業には、どのようなことが必要とされるでしょうか。それについてユングは、診断名を無視する力が必要だと述べています。

2-4 診断名を無視する力

(1) 無視するための前提条件

　70歳のユングは，講演の中で，「長年に渡って診断などは無視することに慣れきってしまったので，時に診断名を教えてほしいという人がいると困惑する」（Jung, 1945）と語っています。ユング派は診断すらまともにできないという風評が流れるのも，ユングのこのような発言によるところもあると思います。ただ忘れていけないのは，例えば「精神分裂病」「潜在性精神病」「うつ躁病」「抑うつ神経症」といった診断名を無視する力とは，それらについて無知であることではない，ということです。

　つまり本書のⅠ-4章で述べられているDSM，ICDなどについては，できる限り知っておかなければならないということです。しかも単に知識としてではなくて，そういう診断名をもつ患者に実際に出会うというかたちで，知っておくことが必要です。ユングは精神科医でしたし，若い頃にはすでに述べましたようにブルクヘルツリ病院に勤務しておりましたから，あらゆるタイプの患者に出会っています。その点，精神医学ではなくて臨床心理学出身の心理療法家は，心しておかなければならないことだと思います。あらゆる診断名に，知識的にも，実質的にも通じていることが必要なのですが，臨床心理学出身の者にはどうしてもその機会が少なくなりがちなのです。ちなみにユング研究所では，精神科医療を経験していない研究生のために，ブルクヘルツリ病院での実習も織り込まれているほどです。仮にそういった知識も体験も不足しているならば，そこはわかっていないこととして，明確に意識化しておかなければならないでしょう。知らないことを無視するというのは，所詮できないことですから。

(2) 知ることの落とし穴

　知識はずいぶん役に立つこともありますが，マイナスになることもあります。「私はソクラテスだ」と訴え続けて，訂正不可能な患者は，精神病についての知識がある人ならば誰でも，「精神病分裂病」という診断名をつけることはできるでしょう。それで患者のすべてがわかってしまったと思い込んでしまうことに落とし穴があるのです。「精神病分裂病」という了解枠を持つと，その枠の中に患者を入れることができれば，患者を理解したと思って安心してしまうのです。既成の知識がさらなる知識への道を閉ざしてしまっているのです。その場合は知識

がマイナスに働いてしまいます。既成の知識にとらわれることなく,なぜソクラテスなのかと,問うことで新たな地平が開けたことはすでに述べました。

　ユングはさらに突っ込んで次のように述べています。「心理療法家が,遺伝的な素因や精神病の可能性に心を奪われれば奪われるほど,治療的に動くことができなくなってしまう。したがって,好むと好まざるとにかかわらず,心理療法家は,遺伝とか精神病の症状といった誰もが認めざるを得ないような事実を,見過ごすようにするべきである(is obliged to overlook)。そういった事実が,危険極まりないものとして前面に押し出されている場合はとりわけ,そうするべきである。したがって病歴データに基づく心理療法家のアセスメントは,医学的なアセスメントとは異なったものにならざるを得ないことが,わかっていただけるであろう」(Jung, 1945)と。

　遺伝的な素因があると,予後を思いやって,治療者はくじけてしまうことが多いのも事実です。遺伝的素因という表現は,もう決定されていて動かすことができない,そういう意味合いを担っているからです。精神病というのも未だにそういう意味合いを持たされています。了解不能であり,治癒することは難しいと考えられているからです。両者ともどうしようもないものという位置づけが,医療の上ではなされているのです。ですから医学的なアセスメントがこういった色彩を帯びてしまうのは当然のことです。

　しかしここでもう一度思い起こしておきましょう。原因がこれとはっきり定められるのは,事態を局限化した場合に言えることでした。遺伝的素因が原因でこうなっているというのも,局限化した場合にのみ言えることなのです。遺伝的素因とか精神病の症状があらわであればあるほど,それこそが原因だと局限化してしまって,人間全体の問題へと開かれた態度を持ちにくくなり,その結果,治療の働きがそこなわれてしまうのです。つまり「誰もが認めざるを得ないような事実」であればあるほど,それにとらわれて人間全体をみることを忘れてしまいがちになるのです。

(3) 診断名から物語へ

　ユングは自伝(Jung, 1965)の中で,劇的に治癒に至った一つの症例をあげています。既婚のまだうら若い女性で,精神分裂病という診断のもとに精神病院に入院しており,予後の見通しもよくないものでした。そういった「事実」をあえて無視して,ユングは言語連想検査結果と夢の分析から,カルテに記載されている病歴とは異なる物語を明らかにしていきます。その物語とは次のようなものです。

この女性は結婚前にある男性に憧れていましたが，あきらめて他の男性と結婚します。そしてその男性との間に二人の子どもをもうけた頃に，結婚前に憧れていた男性が実は彼女を好きだったという話を，旧友から聞きます。それを契機に彼女は抑うつ状態になります。その後も抑うつ状態は続き，幼い子どもたちが汚い水を飲むのを止めようともせず放置しています。その結果，子どもの一人は腸チフスにかかって死んでしまいます。その頃から状態はさらに悪くなり，精神病院入院となっていたのです。病院に入院した時には，子どもが死に至るまでの物語は，彼女の意識から排除されていましたから，病歴の聴取という作業からは，その物語は浮かび上がってこなかったのです。したがって精神分裂病という診断が下されてしまいました。言語連想検査と夢分析からユングが知ったこの物語を，悪戦苦闘の末に彼女と共有することができた時点で，彼女は退院し二度と発病していないというものです。

「精神分裂病で予後は悪し」という単純な物語ではなくて，その人，その人がもつ個人的な物語にどれだけ触れることができるか，それが心理療法家のアセスメント，つまり心理学的なアセスメントとなるのです。そしてこの個人的な物語を積み重ねていくうちに，そこに普遍的なものを見い出し，元型という概念への出発点にもなっていったのですが，それについてはここではふれていません。

2-5 おわりに

ユングの70歳の時の講演をもとに，ユング派において診断とはどのようにとらえられているのかを明らかにしてきました。ユングによって診断は医学的な診断と心理学的な診断に分けられていました。後者の心理学的な診断は，土居のいう見立てに近いものであり，患者と面接を続行するうちにも変容し続けるものでした。そして心理学的な診断は，治療が終結した時点ではじめて，全体がはっきりと見えてくるような類のものだということでした。ユングにしろ，土居にしろ，さまざまな困難なケースに会い，長年の治療歴を経て，ようやくに医学的診断を少し蚊帳の外に置くということを成しえたことを，忘れないようしたいものです。歩き始めたばかりの人間は，将来無視できるようになるために，多くの知識が必要だということです。

■ 引用文献

土居健郎　1992　『方法としての面接』　医学書院.
土居健郎　1996　「見立て」の問題性，精神療法 Vol.22, No.2, 金剛出版.
Jung, C.G.　1953-1979　*Psychogenesis of Mental Dlsease* Vol.3. Collected Works, Translated by R.F.C. Hull, Princeton University Press.（安田一郎 訳　1983　『分裂病の心理』青土社.）
Jung, C.G.　1953-1979　*The Practice of Psychotherapy,* Vol.16. Collected Works, Translated by R.F.C. Hull, Princeton University Press.
Jung, C.G.　1965　*Memories, Dreams, Reflections.* Recorded and edited by A. Jaffe, Random House, Inc.（河合隼雄 他訳　1973　『ユング自伝』みすず書房.）

3章　心理臨床的立場

3-1　はじめに

　心理臨床家の仕事の専門性は，その認識能力にあります。クライエントの心の不安の性質をつぶさに理解し，安定した対話の関係をつくり出せれば，仕事の過半は終わったといえるかもしれません。クライエントの不安のあり方は，一人一人千差万別であり，一つの診断名がついたからといって，それでその人の不安の具体的なあり方がわかったことにはなりません。例えば，「自分がいるという実感がない」という訴えをもち，「本を読んで，言葉が頭に入ってきても，何の感動もない」と語るクライエントに，セラピストが「ああ，それは離人症というんですよ」と伝えても，不毛でしょう。不毛どころか，危険でもあります。言葉と実感が乖離(かいり)している「離人症」のクライエントに，その診断名をあたかも本の活字のように手渡すことは，この症状特有の名状しがたい不全感を深刻化させる危険性があるからです。

　実感が「ない」，感動も「ない」と訴えるクライエントが，何か「ある」，何か（意味あることが）「ある」と実感できるためには，「離人症」に関わろうとするセラピストの方で，自らの言葉の響き，声の響きがクライエントの耳・頭・全身にどのように響いて伝わるかに注意し，そこに細心の注意を払うことが必要となるでしょう。このようなことを考えれば，診断とか見立てとかいうことが，専門家が物陰からクライエントを見て，そこで判断を下して，それを後に相手に伝えるというようなものではないことがわかるでしょう。医学的診断は，確かにそういう性質もあるでしょう。心理検査の手続きにも，そういう面が少なくありません。しかし，心理検査の手続きといえども，両者の対人関係の中で行われるのであり，検査者はそのことに十分に気がついていなければなりません。このことは，いうまでもないことでありながら，忘れられやすいことでもあります。

　面接による診断・見立てにおいて，このことはさらに重要です。つまり心理臨床家がクライエントに会う場面は徹頭徹尾，相互作用の場なのです。そこでは，クライエントの観察眼がセラピストのそれを凌駕(りょうが)するというようなことは日常

茶飯事です。セラピストは，クライエントの変わった反応が，実はそのときのセラピストのあり方に対するクライエントなりの反応であった，というようなことに，いずれ気がつく必要があります。セラピストは，いわばクライエントの不安の性質を理解すべく，専門家の厳しい目を相手に向けるのですが，その自分自身の目にある種の不安が隠されていないとは限りません。セラピストに十分な力量があれば，そんなことはないかもしれません。しかし，相手の病理が深刻で，コミュニケーションのパターンが複雑な場合，ことはそう簡単ではないでしょう。

そもそも診断・見立てということが改めて問題にされるのは，困難な事例が多く報告される場合です。困難な事例においては，セラピストの側に起こる不安がらみの複雑微妙な体験過程が手がかりとなります。精神分析的にいえば，逆転移の側面です。また専門家としてのセラピストが，面接の困難な局面でクライエントに学び，支えられるというようなこともあり得ます。このような側面，局面に関わる際に，来談者中心療法の発想はきわめて示唆に富んでいます。以下に，筆者の実践するこの療法を基礎にして，面接による診断・見立ての技術を，いかにクライエントの援助に役立てるかについて論じていきたいと思います。

3-2 「診断」と「判断」

「診断」という言葉は医学用語です。したがって，心理臨床家にはなじまないところがあります。心理の立場でいえば，「判断」および「判断力」ということになるでしょう。つまり「見て，判断する」という作業の能力です。この作業は，面接の中で重要です。すでに述べたように，セラピストはクライエントの不安の世界の性質をよく理解する必要があります。これはきわめて奥の深い世界であり，一人のクライエントの不安の世界を完全に理解するということは，おそらく不可能でしょう。現実問題として，それにどの程度までアプローチできるかということが問題になります。セラピストは日々の実践の中で努力を重ねながら，バランスを保って面接を続けていく必要があります。

クライエントの不安に関していえば，これはセラピストがクライエントといっしょにいれば自然に感じられてくるものでもあります。つまり，頭で考えるより先に身体で感じてしまうものなのです。例えば「対人恐怖」のクライエントに会っていると，多かれ少なかれ少し苦しいような，不自由な感じが伝わってきます。あるいは，こちらの身体感覚の中に，そのような感じが生じてくるというような場合もあるでしょう。クライエントによっては，自らの不自由を克服すべく明るく振る舞ったり，「雄弁」になったりする場合もあります。それは一つの努

力であり，能力でもありましょう。しかしそれにもかかわらず，クライエントはその瞬間も自らを解放できていないことが多いのです。そして相手の頑張りに付き合うには，セラピストにかなりのエネルギーが求められます。

　セラピストの意識は，相手の雄弁に耳を傾けつつ，同時に自身の身体感覚にも開かれていなければなりません。相手の雄弁は，自分がいかにこの症状で不利をこうむっているかということに関する念入りな物語であるかもしれません。一般に「神経症」レベルの人の自分に関する念入りな話は，セラピストの側に相当な「思い入れ」がないと，聴ききれないものです。神経症圏の物語の構造をある程度理解していると，対応しやすいかもしれません。セラピストがこれを，相手から伝わってくる不自由な身体感覚と合わせて受け取ることができれば，一人のクライエントの「対人恐怖」の世界に触れたうえで，その性質について総合的な判断をするという「ゆとり」ができたことになります。

　クライエントの不安の世界を認識するということは，このように相手の不安に生で触れながらも，それに対して単なる感情的な反応をするのではなく，相手が自分の世界を保つために編み出している日常的な努力の意味をも，重層的に理解していく必要があるのです。これは知的な作業でもあります。しかも，いわゆる「頭だけ」の作業ではありません。いわば，思考と感情・感覚のバランスのとれた精神活動に基づいた技能なのです。心理臨床家が専門性を主張していくためには，このような作業にふさわしい「繊細」で，しかも「強壮」な心身の機能を開発する必要があります。

　このように考えれば，緊張して不自由そうにしているクライエントと面接して，こちらも苦しくなりながら，「対人恐怖」という「専門用語」を心の中でつぶやくセラピストの判断力は，まだ「専門家」といえるような域に達していないといわなければなりません。一般に，相手の心の世界のいくつかの断片が見えてきて，それに当てはまりそうな用語が頭の中に飛び回っているという段階では，まだセラピストはクライエントの世界に関する判断力をもっていないのです。これはいわば「部分反応」であり，関係を支えるには十分でないのです。

　同じことが，すでに述べた「離人症」についてもいえます。クライエントとの相互作用によってある程度揺さぶられながらも，自分の心身の中に起こるさまざまな過程を対話に生かすことができるような余裕を残して面接を続けられるセラピストは，相手の世界が「見え」ており，専門家としての目をもっているといえるでしょう。

3-3 「見立て」と相手の「立場」

「診断」という医学用語に代わって,「見立て」という言葉が使われることが多くあります。しかし,単なる言葉の置き換えは,それこそ神経症的傾向になりかねません。一人一人の心理臨床家が,「見立て」という言葉の味わいを生かして使えるようになったら,専門性の確立のために喜ばしいことです。

私なりに「見立て」という言葉を考えてみたいと思います。「見立て」とは,文字どおり「見る」という言葉と「立てる」という言葉から成り立っています。そこで端的にいって「見立てる」とは「立てる」ことであるとしたらどうでしょうか。日本語には「人を立てる」という古めかしい言い方があります。これはなかなかおもしろい言い方だと私は思います。別な言い方に「人を見下す」というのがあります。これは,ほぼ反対の意味でしょう。これを参考にすると「見立て」とは,基本的に相手を尊重して,その人間像をつくり上げる作業だということになります。相手の不安を理解しつつ相手を尊重するという作業は,容易なものではありません。相手を「見下す」のは感心しませんが,だからといって「見上げる」のが本当によいかどうかはわかりません。相手の「立場」を基本的に尊重することが,相手を「立てる」ということだと考えたらよいのではないでしょうか。

例えば,「ひきこもり」の息子のことで相談にきた父親の例で考えてみましょう。父親は母親にいわれて,忙しい仕事の合間に相談にきたとします。このような父親からすると,家で「毎日ゴロゴロしている」息子のことはまったく理解しかねるということになります。やはり「病気じゃないか」ということにもなりやすいのです。この場合,その息子のひきこもりの雰囲気が,どのようなものであり,わずかでも精神病の危険性があるかどうかは,コンサルテーションを引き受ける心理士が当然検討しなければならないことです。ここで専門家としての高度の判断力が問われるのです。「とにかく患者(息子)を連れてきなさい」という平均的な医師の立場とは若干異なり,心理士は目の前にいる父親の人がらと対人関係のパターン,間接的に語られている息子の行動パターンとその奥にうかがわれる内面の世界(発達課題を含む),そばにいて息子を支えつつ,時に(あるいはしばしば)混乱させる母親の不安と希望,さらには母親と父親のコミュニケーションの困難さと可能性,等々の全体を一瞬のうちに情報処理しなければならないのです。

父親の話の中に,息子は先日とうとう「気違いのようになって暴れた」という箇所が出てきたからといって,それで直ちに息子が精神病になったと「診断」し

てよいかどうかはわかりません。辛抱強く聴いてみたら，その日，父親は母親に強くいわれて急に不安になり，事情もわからず息子の部屋に入って「なぜふつうの生活ができないのだ！」と叱咤したのかもしれません。仮にそのときの父親の頭の中に「父性の復権」というような言葉があったとしても，そのイメージは肝心の息子には伝わりきれないかもしれません。悪くすれば，父親が「混乱した（もう一人の）息子」として登場し，息子の潜在的な不安を引き出した危険性もあります。心理士が父親から，そういえば息子は「オレを気違い扱いするな。話を聴け！」と叫んでいたということを聞けたとしたら，「正しい判断」に支えられた「有効な見立て」の可能性はまだ残っているということができましょう。

心理士の頭脳のCPUは，文字どおりフル回転しなければなりません。自分の心身が過熱して機能を損なうことがないように注意しつつ，目の前の父親の不安に冷静に対処することが必要です。「お父さんこそ，子どもです！」というような「見下した」態度は，たとえそれが「図星」であっても，良い結果はもたらさないでしょう。また「お母さんに問題がありますね」という指摘も，もっともらしいのですが，やはり同じように有害な結果に終わる危険性が高いといえます。これらの言い方の問題点は，深刻な状況に直面して，あまりにも多くのことが目に入ってきた結果，そこに登場する一人一人の人間の立場や苦闘を，真に「共感的」に理解する余裕をなくしているところにあります。その余裕があれば，心理の専門家として関係者の現実に厳しい目を向けながらも，同時に人を「立てる」ということは，きわめて有効な「戦略」になりうるのです。そして，これを可能にするのは，一人一人の努力に対する「ねぎらい」の気持ちなのです。これには，「ひきこもり」の息子の内面の苦闘に関わる想像力が含まれるでしょう。

このような対応を可能にするためには，心理士の側に相当な精神医学の知識（それも実践に裏打ちされたもの）が必須となります。さらにユングやサリヴァンのテキストを精読することにより，イメージ世界や対人パターンについての微妙な感覚を身につけている必要があるでしょう。そして人間が，どんなに絶望的な状況の中にいても，あるいはそれだからこそ，何かしらの希望を頼りにして暗闇の中を手さぐりして進むという，恐ろしくも厳粛な事実を認識していなければならないのです。そしてこの認識があれば，あわてふためく父親に落ち着かせ，息子との対話の努力はむだでないということを思い出してもらえるかもしれませんし，その結果，息子も自らの意志で医療を利用する気になるかもしれません。このような認識を基盤にして，心理士が父親，母親，息子に対して，どのような「見立て」をしたらよいかについて，もう少し考えてみましょう。

まず留意すべきことは，ここに登場する人たちに関して，過度に「類型的」な

イメージを当てはめないことです。例えば，家庭をかえりみない父親であるとか，息子を自由にしない母親であるとか，現実が怖くて逃げている若者であるとかの，既成のイメージです。確かにこれらは，一部はそのとおりかもしれません。「否定的」な面を見てはいけないというのではありません。否定的な面は，それだけで全体をわかったような気にさせるところがあり，マスコミがつくり出す戯画的なイメージに近いものになりかねません。これらは，一瞬そのようなイメージがセラピストの側に浮かんだという意味では，一つの価値ある情報ですが，マスコミ報道がそうであるように，多くの場合一面的です。自分の精神構造の中に，マスコミ人間のような部分があるということは否認しない方がよいのですが，それに規定される形で関係者の人間像をつくることは，なんら創造的ではないのです。

　類型化の反対は，一人一人の立場を認める見方です。その人の立場に近いところに立つと，それまで見えないものが見えてくるものです。父親に関していえば，とにかく面接にきた事実から出発するとよいのです。そこに感受性を向けると，父親の意外な人間性が語られたりするのです。父親の神経症的な性格に辟易(へきえき)していたのでは，これは不可能です。セラピスト自身の逆転移は，それ自体感受性でもありましょうが，それを全体の認識の中にほどよく納めることが賢明です。そのような努力によって，対話がたえず新しい局面に開かれることが可能になります。

　仮に母親が，父親に頼り，息子に頼り，しかもそれにあまり気がついていない，というような傾向をもっていたとしても，それを母親の人間像の決定要因にすることは「見立て」としては問題がありましょう。すでに述べたように「見立て」とは，「専門家」が物陰で問題の人物に関して「断定」し，「断罪」することではないからです。母親の神経症的性格が仮定される場合でも，心理士としてはあくまでも相互のコミュニケーションの場において，どのようなことが起こるのかという観点から，問題をとらえ返す必要があります。そうすれば，意外な発見があるかもしれないのです。つまり母親にもできることがあるということと，それが全体の状況に肯定的な作用を及ぼす可能性があることの発見です。このような可能性の具体的な側面については，心理士は時にはっきりと「断言」する責任があるはずです。

　息子は「現実が怖くて逃げている」のでしょうか。それとも「かけがえのない自分に目覚めた」のでしょうか。いずれにしても，このような表現が「紋切り型」のものになってしまわないことが重要です。このような状態にある若者に対してセラピストが抱く逆転移の意味は特に大きいのです。両親に比べてより自由

な立場にいるために，かえってある種の思い入れをもちやすい。若者の将来に関して理想的になりやすいのです。これは意味のある思い入れですが，現実とは若干のズレが生ずることもあります。それを冷静に是正できるなら，このようなセラピストの存在は息子にとって，大きな支えになりうるでしょう。

　問題は，若者の「ひきこもり」と「混乱」が理解困難に見えたときです。このときこそ，専門家の情報収集と処理の能力が試されるのです。思い入れと理想主義をあっさりと引っ込めてしまい，事実上関わりを絶ってしまうようであれば，始めから関わらない方がよいのです。実はこのときこそ，「相手の立場」に立つということのむずかしさが，現実的な課題となっているのです。つまりこのとき，息子とセラピストは，困難な状況の中で「自分の立場」を守ることのむずかしさという点において，初めて触れ合ったのです。このあと，真の「発見」がセラピストにもたらされるかどうかは，本人次第であるといわざるをえません。

3-4 「見立て」とお互いの「立場」

　このように，「相手の立場」に立つということは，自分を安全地帯に置いてできることではありません。それは，ややもすると「自分の立場」を危うくする危険性のある「冒険」なのです。最初に述べたように，相手を「見立て」ようとするセラピストも，常に相手との相互作用の中にいます。相手の不安の生(なま)の姿に触れ，多かれ少なかれその影響を受けているのです。セラピストとしての課題は，それを意識化することです。それによって，相手に関わろうとする「自分の立場」というものに気づくのです。この「気づき」に疎いセラピストは，しばしば大きな困難に逢着しますし，またその相手をも大いに混乱させるのです。

　そのような事態は，上述の「冒険」の性質をよく理解していないセラピストが，「境界例」のクライエントと関わる際に多く生じるようです。境界例と「診断」されそうな人たちは，自身の中に何ともいいようのない「不安定」なものをもっています。面接を通してこの「感じ」に「じかに」触れることのできることが，セラピストにとってまず何よりも大事です。この体験によって，残されたある種の「感じ」は，「スプリッティング」とか「コンタミネーション」とかいう構成概念以上に，困惑するセラピストにとっての「導きの糸」であり，「転ばぬ先の杖」なのです。

　境界例の世界の特徴である特有の「不安定」さは，見る側が先入観をもたなければ容易に感じとれる独特な性質をもっています。ただその性質は，ことばによって定着しにくいものであるために，概念的にはつかみ難いものとされること

が多くなるようです。例えば「不自然な明るさ」という表現は，境界例のクライエントから受ける印象を言語化したものとして多く採用されます。これは，側面から見れば「救いようのない暗さ」に対する「躁的防衛」ということになるのですが，このような解釈自体(クライエントに伝えられないことが多いし，伝えることがむずかしい)が，そもそもセラピストの側の「知的防衛」であることが多いのです。なぜならば，「救いようのない暗さ」という体験は，一応社会適応しているセラピストにとっては，実感としては存在しないことが多いからです。仮にセラピストの私生活にそのような実感があったとしても，職業的な場においては，その実感は適度に抑圧されているとしても不思議はないのです。

　このような事情のため，セラピストがクライエントと「救いようのない暗さ」において触れ合うということは，タテマエはともかく，実際にはきわめて困難なのです。実は境界例の人は，このような現実の厳しさ(不条理)をよく知っており，諦めるしかないと思いながらも諦めきれない人のようです。このような相手の「見立て」に際して，セラピストが「躁的防衛」というような用語を自分の防衛のために使っていたとしたら，これこそ「救いようのない」知的怠慢ということになるおそれがあります。このようなとき，クライエントは「先生は私のことがわかっていない」という主張を間歇(けつ)的に繰り返すかもしれません。だが，この行動をセラピストはまた，「境界例に特徴的」な「価値下げ」とかいって，そのメッセージを受け取りそこなうのです。

　このようにして「救いようのない」関係はますます膠着状態になり，やがて最悪の事態が生ずることもあります。そのような予感だけでも，セラピストの立場を根底から突き崩すような不安，「自分の立場がなくなる」ような不安を引き起こすことがあります。その頃になってようやく，クライエントの中の「救いようのない暗さ」ということが，どんな事態であるかをセラピストは実感するのです。これは見方によれば，クライエントが防衛的なセラピストとの関係の「現状を打破」して，「新しい状況をつくり出した」ともいえましょう。このような過程は，お互いにとって大変に疲れることです。境界例の人にしても，好んでこのようなことをやっているのではないのでしょう。

　もし，セラピストが最初に感じた「不自然な明るさ」という感じの奥に，相手の「生(せい)」のいいようのない「不安定」を感じ取って，それに「生(なま)に触れ合う」ことに意味を見い出していたら，このような大変な事態は避けられたかもしれません。この「不安定」とは，いわば「明日をも知れぬ」という感じでしょうか。これが単なることばとしてではなく，面接の場で実感をもって共有されることが重要なのです。そのときに初めて，セラピストはクライエントの世界の「深刻さ」

を認識したことになります。

　以上，境界例の世界に，生に触れることの意味と困難さについて論じました。このことについては，なかなか論じきれるものではありませんが，多くの心理臨床家がさまざまな立場から，きめ細かい実際的な論議を展開すべき課題です。そしてその根本には，「診断」であれ「見立て」であれ，そのような知的作業は何よりもクライエントの援助に役立つものでなければ無用の長物であるという確信があるべきです。そのような意味での「見立て」を，面接によって可能にするためには，精神医学や精神分析などを適度に学び，クライエントに会うときには，その場が一種玄妙な相互作用の場であるということを，実地に体験する必要があります。その相互作用においては，お互いの「立場」が微妙にからみ合います。一見ささいな「時間調整」に際しても，この微妙なことが問題になりうるということを熟知したセラピストが，「深刻さに開かれた明朗」（これが実は「不自然な明るさ」の中身であった）の態度で望む必要があります。

　そもそも境界例の人は，常に「深淵」ないし「崖っぷち」の側にいるといってもよいでしょう。つまり，きわめて苦しい立場にいるのです。平均的な心理士は，なかなかこのことが実感できません。クライエントのいわゆる「アクティング・アウト」は，この「凡庸」な心理士に対する「教育的配慮」でありえますが，それが身にしみるのは「自分の立場」が少なからず脅かされた後です。関係の中で何が起こっても，それはクライエントの「不安定」の世界の「寓意」であるというような冷静な認識に達したとき，「境界例」という「見立て」は実のあるものになったといえましょう。

3-5　おわりに

　心理臨床家は，投薬や入院に関する権限をもっていません。クライエントの不安に対する援助のためにできることは，ただ相手の世界を理解し，それを伝達することです。それゆえに，相手に向ける傾聴の姿勢，まなざし，呼びかけや問いかけの言葉の性質が，いかなるものであるかが重要になります。「見立て」とは，すでに述べたように，相手を一人の人間として尊重するところに始まります。

　それは科学実験の資料を観察するのとは違うのです。もちろん，そのような冷静で客観的な観察能力は，心理士にとっても有用です。それは自分と相手の立場に起こりうる微妙な，あるいは激甚な変化を認識するときに役立つかもしれません。いわゆるハードボイルドの心は，時に悪くないのです。クライエントの世界

の不幸・不運に人間的に付き合うには，それも必要でしょう。困難な状況の中で「人を立てる」のは，センチメンタルな心には無理です。

例えば分裂病の人が，言われて面接の場にきたものの，何も話さず，何を話しても仕方がないというような様子でそこにいる，というような状況に対して，心理士の仕事はどのようなものになるのでしょうか。この場合こそ，科学実験の資料を観察するような冷静な能力が生かされます。ただしそれは，そのクライエントを実験の資料のようなものとして見るというのではなく，その面接の場の一種無機的な雰囲気を，意味あるものとして受け取るということです。そしてその無機的な感じから，クライエントが自らの人生に対してとったであろう「戦略」の一環を，その雰囲気だけでも感じとることができるかもしれません。その作業は，その人の生きる姿勢を感じとることに役立つかもしれません。

このような場面では，クライエントとセラピストという二人の人間がそこに共にいて，何とか相手の存在を「認め合える」という基本的な事がらに，実は非常に重要な意味があります。お互いが「相手の立場」を理解することは理想ですが，そこまでいかなくとも，せめて相手の存在が自分にとって必ずしも否定的でない意味をもつかもしれないということが，まず確かめられる必要のあることなのです。このような，相互の努力の意味と困難さを十分に理解せずに，相手の「幻覚」や「妄想」に関する情報に関心を示すことは，まったく不毛であり，危険でしかありません。

相手の存在が，まったくの否定的なものではない，という感じが確かめられれば，そこからお互いの「立場」を認め合うという試みが始まるかもしれません。「見立て」という作業は，このような前提のもとで行われることが望ましいのです。多くの場合，セラピストは分裂病のクライエントから全面的な信頼を得ることはむずかしい。これは，クライエントの内面の複雑さを考えれば当然のことですが，セラピストは，つい自分の都合（職業的および個人的事情による）に合わせて相手が動いてくれることを期待してしまいます。そのため関係に「無理」が生じます。しかし，そのことについて，クライエントは自分を表現できないことが多いのです。それがますます関係を苦しいものにしていくのです。

クライエントのこのような「苦しさ」を「見てとる」ことが，セラピストの「見立て」の作業の第一歩です。これを手がかりにして，しばしば つかみ難いクライエントの心の世界を少しずつ理解していくことができます。その世界は「何も起こらない」かのような無感動の世界にも見えますし，また「信じられないことが起こる」不思議な世界にも思えます。そのような世界の住人に対して敬意を抱き，相手の立場を尊重するということは，どういうことでしょうか。自分

は一体，どのような立場に立ったらよいのであろうかと，セラピストは改めて足元を確かめたくなります。

おそらくクライエントが体験しているであろう「不可知」感のごときものをセラピストも体験しつつ，相手の日々の生活のなにげない話に耳を傾けることを通して，そこに一人の人間が，かけがえのない自分の人生を生きている，ということが実感されてきます。このときこそ，セラピストに相手の姿が見えたのであり，援助的対話のための一つの視点が獲得されたといえます。真に有効な「見立て」の作業は，ここから始まるのです。

■ 参考文献

林　昭仁・駒米勝利 編　1995　『臨床心理学と人間』　三五館.
神田橋條治　1984　『精神科診断面接のコツ』　岩崎学術出版社.
松木邦裕　1998　『分析空間での出会い』　人文書院.
成田善弘　1989　『青年期境界例』　金剛出版.
小此木啓吾・深津千賀子・大野　裕 編　1998　『精神医学ハンドブック』　創元社.
全国学生相談研究会議編　1992　『キャンパスでの心理臨床』　至文堂.

ized cards displayed.
第III部　心理アセスメントの効用と限界

1章　投影法の効用と限界

1-1　はじめに

　心理アセスメントに用いられる方法は，行動観察，面接，心理検査などを主としておりますから，広義にはこれら全体を含めて，心理アセスメントの方法ということになります。したがって，本書の書名が『診断と見立て——心理アセスメント——』となっているのは，このような意味で心理アセスメントという言葉を用いているわけです。もう一方，狭義には心理検査だけをもって心理アセスメントの方法とする習慣があります。本章以降の章では，このような狭義の意味で用いる習慣に従って，心理検査の多くが取り上げられています。

　次に，本書のねらいである各学派ないし技法の「効用と限界」についてですが，これには誤解を生じることがよくありますので，若干説明しておいた方がよいと思います。

　私たちが，「効用と限界」についてもっとも身近なのは，薬局から購入する売薬です。そこには効能が記してあり，使用上の注意という形で常に限界が示されています。この表示は，マニュアル社会にも適したものなので，「効用と限界」といえば，心理アセスメントの場合も，ある心理検査なら，その心理検査の効能と適用範囲がすぐにマニュアル的にわかるものと暗黙のうちに期待するのも当然ですが，この点が，実は臨床心理学，特に心理検査と薬局の薬との大きな差異となってくるのです。

　ここで，極端な例を挙げましょう。

　　ある人が歩いている途中で，急にお腹の具合が悪くなったそうです。あたりには，あいにく公衆トイレがありません。しかたなく我慢して歩いているうちに，ハンバーガーの専門店が見つかりました。トイレを借りようと急いで入っていったところ，アルバイトの大学生らしい売り子がニッコリと明るい声を掛けてきました。「大でしょうか，小でしょうか」思わず口ごもると，それにかまわず，マニュアルどおりに「お持ち帰りでしょうか」と聞いたのだそうです。

1 章　投影法の効用と限界

あまりによくできた，マニュアル社会を皮肉った笑い話ですが，案外こんなことは，日常よく生じているのかもしれません。まして臨床心理学的援助を必要とする人たちはマニュアルどおりの生活が苦手な場合が多いでしょうし，その人柄も個々別々で，マニュアル的に心理検査で人格を理解するだけで役に立つとは思えません。

もうおわかりかと思いますが，本書では効用と限界の内容が書かれているのではなく——むしろ書くことができないともいえますが——，それぞれの心理検査の効用と限界の見つけ方と利用についてのヒントのつかまえ方などが書かれることになると思います。そしてその方が，マニュアル的には具体的な答は出なくとも，心理検査を用いるときに常に役に立つ方法，つまり効用と限界を見つける方法への道が開けるのだと思われます。

さて，効用と限界を考えるためには，本体である心理アセスメント，特に心理検査，さらには投影法がどのようなものか，あるいはどう位置づけられているものか，を頭に入れておく必要があります。そのうえ，得られた情報源(例えば，どのような心理検査から得られたか，など)，情報量も効用や限界を決める重要な要素であり，その心理検査に検査者が精通しているかどうかも関係しています。

このようなわけで，この章では，上記の点について，ある程度整理して，以降の各章を読む上で役に立つものを引き出す手がかりにしたいと思います。

1-2　心理検査の特性別分類とその意味

特性別分類といっても，いろいろな特性がありますから，必要に応じて特性を考えることになります。もっとも一般的な特性は目的です。ごく当たり前なのが，知能などの能力検査と人格あるいはパーソナリティ検査の二つに分けることです。本書で扱っている知能検査は，ウェクスラー法とビネー法，それに集団知能検査です。ビネー法は精神年齢が算出できるように，発達段階別になっているので，特性の視点を変えると，K式発達検査と同じグループに入ることになります。

ここで取り上げた検査は，集団知能検査を除いて，すべて言語性検査と動作性検査を含んでいますし，動作性検査には視覚‐運動の協応(visual-mortor co-ordination)を含んでいるものもあります。多くは視覚刺激を材料としていますが，数唱問題などは聴覚刺激を用いて注意の集中力を主に見ています。だから数唱は，人格検査の言語連想と共通した特性をもっているわけです。

集団知能検査は，被検者の検査施行中の行動観察を十分できないので，観察を情報として人格理解に役立てる率は減少します。その一方で，被検者は集団の中にいるからこそリラックスして，平常どおりかあるいはそれ以上の能力を発揮する場合や，逆に集団的競争場面であることを意識しすぎて，能力が発揮できない事例を発見することがあります。

　さて，次に人格検査ですが，これはふつう，質問紙法と投影法に二分します。これは検査自体の特性に基づくもので，質問紙法は被検者がどう答えるとどう判定されるかわかる，整理が簡単，妥当性・信頼性を容易に高めやすい，解釈がしやすい，誰でも施行できる，などが特徴として挙げられています。この特徴は，同時に質問紙法の限界でもあることは，容易に理解できると思います。整理が簡単で，解釈がしやすいことは，反応の選択の幅が限定されていて，ある面だけしか出せないという限界を意味しているからです。

　本書でYG法(矢田部－ギルフォード性格検査)とMMPI(ミネソタ多面的人格目録)を取り上げていることは興味ある事実です。というのは，YG法は日本製の質問紙で，もっともよく使用されている質問紙法であり，一方，MMPIは世界でもっとも優れた妥当性尺度などを含んでいる質問紙法で，世界的には広く用いられており，心理療法の予測にも役立つからです。

　投影法の方は，被検者がどんな答え方をしたら，どう判断されるのか，被検者自身がつかめないことが一般的特徴といわれています。それだけに，多くの視覚刺激は構造化の度合いがどちらかといえば低く，その未構造化の度合いに応じて被検者が自分の個性などを表現する自由度が幅広くなるわけです。幅広いほど投影量や質は広がりますが，解釈はやっかいなものとなり，検査の施行にも，整理にも，解釈にも，より多くの熟練が必要となり，検査者の質という問題が加わってきます。例えば，ヴァイオリンの名器があったとして，それを投影法になぞらえ，検査者を弾き手，出た音を被検者の反応とすると，被検者が出す人格は，弾き手の検査者の腕によるところが大きく，未熟者が弾けば音楽になる以前に限界が来て，熟練者になるほど効用が高まることになります。ここが薬局の薬の効能と限界との差異の一つでもあり，検査者の精進次第で効用と限界が変動するのは，投影法の独特な特徴といってよいでしょう。

　ロールシャッハ・テストとTAT(主題統覚検査)の性質を比較した研究は山ほどあるので詳述はしませんが，一般にはロールシャッハ・テストの方がより深い心の層，構造化の度合いの高いTATの方がどちらかといえば，より現実に近い層をとらえることになっています。

　ただ，視覚刺激を用いる投影法では，その刺激が心的なものの表出を促進する

1章　投影法の効用と限界

効用と同時に，一定の視覚刺激を媒介とする限界もあるわけです。もっとも，限界が悪いかといえば必ずしもそうとはいえません。例えば，枠づけ法でいえば，枠をつけることで，治療者が枠づけによって安全を保証するとでもいうのでしょうか，とにかく病者は描きやすくなるのです。ロールシャッハ・テストについても，あの左右対称性――ロールシャッハ（Rorschach, H.）自身が空間のリズム（Raumrhythmik，英訳では artistic composition）と名づけた――という限定が，かえって空想と反応を誘起しているといえるのです。

TATより構造化された投影法としては，特定の理論に基づいて絵に言葉を入れて会話をつくり，欲求不満の反応のタイプの抽出を目的に作成されたP-Fスタディ（絵画欲求不満テスト），絵を用いず未完成な文章を完成させるSCT（文章完成法）などが挙げられます。

理論に基づいて作成された投影法は，もともと理論の検証も作成の意図に含まれていますから，自ずと限界があります。ロールシャッハ・テストのように，「理論が未完成のまま」であった投影法は，いろいろな理論を当てはめることができて，その意味での限界はありません。一方，TATの方は，作成者が意図したものとは多分に異なる方向に結果が進み，初めの理論とは関係なく，有効性を高めた使用法に進んだものの代表です。ロールシャッハ・テストの方は，整理の方法についてはロールシャッハ自身のやり方を基本的に踏襲していますが，インクのシミと反応の形の一致度をみる形態水準では，考えが二つに分かれてきました。ロールシャッハは統計的に母集団を基にして，形態水準をつくるべきだといい，それを忠実に守ったのはベック（Beck, S.）らですが，ロールシャッハ・テストは，ロールシャッハ自身が生前考えていたよりははるかに広く全世界で使われるほどになったため，異文化間の母集団の差異が問題になり，そのため平凡反応（P）だけを形態水準の基準として採点法を考案したクロッパー（Klopfer, B.）法が人気を博し，その修正法である片口法が日本では一般的になりました。ところがコンピュータの劇的な進歩によって多量のロールシャッハ・データの処理が可能になる時代がきて，ベックの流れにかなり忠実な包括システムがエクスナー（Exner, J.E.）によって開発され，今や世界的に浸透しつつあります。もっともエクスナーは，コンピュータに入力困難な反応の継列分析を捨てることなく，むしろそれを重視して解釈を進めており，その一方でコンピュータ処理の結果による解釈法の改善をも進めているのが現状です。

このような視覚刺激や言語連想のように聴覚刺激を素材としない投影法に描画法があります。刺激を媒介としないので，表出法と呼ぶのが普通ですが，ここでも自由度が分かれます。バウムテスト，人物画テスト，この両者に家屋画を加え

たHTPテスト（家・樹木・人物画検査）などは，いずれも課題画であり，これらの課題描画のねらいと仮説は，一口にいって被検者の自己像です。つまり，これらの課題を与えることで，自己像が示されることが多いという経験に基づいています。このような経過で作成されてきた投影法は，当然，信頼性・妥当性の検討のないものが多く，それも信頼性・妥当性の検討が質問紙法に比べて非常に困難だからですけれども，とにかくそれらの検討があまりなされていないことが批判・非難の的になっています。この問題については，批判する側も批判される側も，建設的な意見を出していません。批判する側は，信頼性・妥当性をあらかじめ検討し，それに適合としたもので質問紙人格検査法を作成しているのですから，その人たちの心理検査はすべてこの問題をクリアしているのは，初めからそのように仕組んでいるのだから当たり前です。だから，批判をするよりは投影法の信頼性・妥当性を検討する方法を提案する方がはるかに建設的なわけですが，それをしません。いや，できないからこそ外部から批判をしているのかと疑いたくなるくらいです。

　一方，批判される側は，経験的・臨床的に検討されてきているから，仕事の上では困らないわけで，そのような方面の検討に関心が乏しく，またその方向に苦手な人が多いということもあるようです。いずれは，この問題に双方から足を踏み入れることになるでしょうが，とにかく長い間，この問題を抱えていることは投影法の悩みの一つであります。これが解決すると，効用と限界に有効なものが出てくるかどうかは，今のところ不明です。

　本書で取り上げられている描画法以外にも課題画は，家族画などいろいろありますが，課題は家族関係とか，それぞれのねらいを示しています。もっとも，風景構成法はその名のように，統合力の測定というねらいを含んでいます。このほかに，課題を与えない自由画があります。表出法の場合も，視覚・聴覚刺激を媒介に用いた場合と同様に，表出する自由の度合いによって効用と限界が変わってきますし，自由な度合いが増えるほど，解釈はむずかしくなります。

　内田－クレペリン検査は，クレペリン（Kraepelin, E.）が創始した1桁の数字の加算法を内田勇三郎が改良して作った，わが国独特な検査ですが，各桁の加算作業を課し，前半・後半の間に休憩時間をはさんだ，この単純な作業検査は，質問紙法・投影法に対する効用と限界の考えは当てはまりません。なぜ独特な効用があるのかは，あまりはっきりしていませんが，とにかく，効用があることには疑いを許しません。

1章 投影法の効用と限界

1-3 投影法の受け取り方と結果の伝え方

　効用と限界を考えるとき，心理検査の場合には，検査を依頼した人のねらいと無関係ではなく，結果の伝達の仕方もまた，効用を増加させたり，逆に限界を感じさせたりするものです。問題を具体的にするために例を挙げましょう。以下は，ロールシャッハ・テストをよく知っている精神科医の文章の引用です（町沢，1995）。

> 「私はロールシャッハ・テストの結果が，延々と長い論文形式に書かれることを望まない。むしろ問題点をピックアップして，1枚でもいや数行でも，もしその人の特性を如実に示す材料や診断の手がかりがあるならば，それで十分意味があるものと思っている。長ければ長いほど，その人の判断は迷った結果に過ぎないものである。……（中略）……アメリカではロールシャッハ・テストを使っての家族病理の研究といったような，患者の言語表現，コミュニケーションの道具的資料としての研究がなされており，しかも優れた結果を残している。また，シンガー（Singer, M.）らはボーダーライン研究において，ロールシャッハ図版という曖昧で非構造的刺激においてこそ，ボーダーラインの患者の思考の病理が如実に見られることを明らかにした。この二つの異なる研究にシンガーという心理学者が関与していることは，シンガーがいかに優れているかを示すものである……（中略）……ロールシャッハ・テストの効用は診断的見立てに迷っているとき，次いで治療の方向づけに迷っているときに役立つように思う。例えば，自分がある患者さんを診ていて，言語表現が少なく，しかし幻覚妄想がない患者がいた。彼には生気がなかった。しかしこれは，うつ的なものなのか，人格障害的（例えば，回避性人格障害）なものなのか，それとも分裂病の初期なのか迷っていた。このとき，ロールシャッハ・テストを施行すべきだと思った。そして施行した結果を見ると，意外に反応が貧困であり，年齢に比べて実に幼稚な反応を見たとき，ああこれは単純型分裂病ではないのかと思った。確かに，その後の経過でも，この診断は間違いないものであった。……（中略）……ロールシャッハ・テストは，その曖昧な図版によって，その人の思考プロセスが如実に現れるものであり，その思考能力や感情のあり方の質を描くことに大きな意味があると思われる。

　上記は，ロールシャッハ・テストに限ったものではありますが，投影法の効用と限界を考える上では，なかなか示唆に富むものです。まず，この精神科医は，依頼した心理検査のレポートについて触れています。そして，依頼した目的についても述べています。依頼されて心理検査を行う場合は，依頼人の目的に沿える検査がどれかを選択しなければなりませんし，目的に沿える結果は，依頼人に十分にわかるように伝えることが効用を上げることにつながります。わかるように

伝えるということは，この精神科医にとって，まず冗長な文章でないことが必要らしいのです。また，たとえ依頼の目的に沿える結果が出ない代わりに，その目的を否定する結果や，それよりももっと重大な情報が投影法の結果に出た場合，それを報告することは，依頼人にとって有意義なことが多く，そのこと自体が広い意味での投影法の効用を増すことになるのです。

　わざわざテスト・バッテリーを組まなくても，複数の心理検査を行ったとき，それらの結果における情報間に齟齬(そご)があれば，むしろ一致した結果よりは，その被検者の特性がもっと明確になる手がかりが得られたことになります。同時に，その齟齬は，心理検査それぞれの特性を表していることもあり，検査者は腕をあげるという，思わぬ効用の恩恵を受けることにもなります。

　なお，先に挙げた例は，診断に迷った精神科医に役立ったテストの例でありましたが，精神医学的診断の補助的手段としての効用よりも，総じて投影法は，これから心理療法が行われるなら，その方に役立つ方が，もしその方向に視点をもつ検査者ならば，より多いといえるでしょう。だから検査者のもつ視点によっても投影法の効用と限界は変わってしまうのです。別の角度からこの現象を見ると，自由度の高い投影法，すなわちより自分を表現する機会の多い投影法ほど，心理療法導入に役立ったり，心理療法の中で停滞した状態の突破口または自己との対決を促すきっかけの役をしてくれることが多いでしょう。

　もちろん，これらの前提として，適切な検査を選択して効用をあげるためには，被検者について何をアセスメントすべきかを把握していることが必要なことはいうまでもありませんが，それに加えて，個々の心理検査で，何がつかめるかが検査者に理解されていなければなりません。また，適切と思われる心理検査を自分がどのくらい使いこなせるかという熟練度の問題もあります。

　そのうえ，検査者にも個人差があって，ある投影法にはなじめるが，他のあるものには苦痛を感じたり苦手だということもあるでしょう。むしろ投影法全般を一様にこなせる人は少ないといえます。また，なじめる投影法が見つかったら，それに熟練することで，他の検査の分まである程度カバーできることもありえます。

　そこには，拠って立つ，自分のなじめる人格理論が，意識すると否とを問わず関わってきます。ある人格理論に拠っている検査では，その理論を自分が相容れなければ論外ですが，それとは別に，前にも述べたように理論が弱いために，逆にどの理論に拠っていても使える投影法もあるわけです。ですから，まず，自分のなじめる人格理論──結局は自分が拠って立つ人格理論──を意識して知っておくことが大切です。

その代わり落し穴もあります。ロールシャッハ・テストでは，何に見えるかを問うのですが，TATは絵を見て物語を作るわけですから，その物語を被検者の現実とうっかり受け取ってしまうことがあります。TATの反応は，図版によって誘発された空想の所産であり，心的現実であることを忘れないように心掛けておくと，落し穴に落ちないですみます。

　心理臨床家が心理アセスメント——ここでは心理検査——を行うときは，効用をいかに増やし，いかに負担の少ないもので限界を減らすかを常に考えていることが必要です。しかし，動かせない限界を素直に認めることもさらに必要なことです。

■ 引用文献

町沢静夫　1995　ロールシャッハの安易な使い方の危険性．空井健三編　精神医学レヴュー No.17, p.66-67, ライフ・サイエンス社．

■ 参考文献

空井健三　1998　心理テストと芸術療法　徳田良仁他監修　『芸術療法1』　13章，138-148　岩崎学術出版社．

2章　質問紙法の効用と限界

2-1　はじめに

　人の特徴やその人の抱く信念を調べるためのもっとも直接的で自明の方法は，そのことについて本人に尋ねることでしょう。しかし，人は直接自分のことを明かしたくないのだ，という仮定のもとでは，より間接的な心理アセスメント(psychological assessment)がよしとされています。フロイト以来の伝統をもつ精神分析学的立場では，臨床的実践においてもまた研究においても，人は自身のことに関して直接的に質問された場合，その回答は表面的になりがちであるだけでなく，むしろ防衛的に歪曲され誤解を招くものであると考えています。それゆえ，クライエントが自身の信念や動機，性格について問われて答えたことよりも，なにげない発言や言い間違いのなかにこそ，深層にある傾性を知る手がかりがあるとされます。

　この章で取り上げる質問紙法(questionnaire method)には，上に述べた精神分析学的な立場から見ると，たしかに限界といわれる部分もあります。しかし，質問紙法による心理アセスメントは最も頻繁に利用されています。心理アセスメント法に関する研究として公刊された論文について，1974年から1994年までの21年間を調べたブッチャーとラウズ(Butcher, J.N. & Rouse, S.V., 1996)によれば，質問紙法によるMMPI(ミネソタ多面的人格目録，Minnesota Multiphasic Personality Inventory)が圧倒的に多く(48.7％)，次いで投影法のロールシャッハ(22.1％)，TAT(11.2％)となっています。また，1000名の心理臨床家を対象に，実践場面で使用しているアセスメント用具を調査したワトキンズら(Watkins, C.E., *et al.*, 1995)の結果でも，同様の順位となっています。その理由は一言でいって，質問紙法が便利だからということに尽きるのですが，その便宜性のなかには，自ずと効用と限界が含まれています。この章では，質問紙法の使用に際して心得ておくべき基本的事項について説明しますが，効用と限界の問題は相対的な比較の問題でもありますので，当然質問紙法以外の技法にも触れることになります。

2-2 心理アセスメントとパーソナリティ理論

　質問紙法の効用と限界を詳述するに先立ち，まず心理アセスメントの意義と目的について述べておきましょう。心理アセスメントは，病院，心理相談室，児童相談所，家庭裁判所，入所施設など，さまざまの臨床現場において，心理臨床家が行なう重要な活動です。これまでの章からもわかるように，心理アセスメントには，単なる心理テストの実施以上の意味が含まれています。アセスメントは日本語では「査定」と訳されていますが，その原義は課税のための財産・収入・損害などの評価にあります。ですから，心理アセスメントとは文字どおりにいえば，個々人の「こころ」の違いの記述にあたって，何らかの分類・採点システムを適用することです。しかし，臨床場面でのアセスメントの目的はもっと深くかつ広範囲に及んでいます。この目的について，ビュートラーとロスナー(Beutler, L.E. & Rosner, R., 1995)は，① 診断，② 病因または行動の原因，③ 予後または予期される徴候過程，④ その過程を改善または変えるであろう治療，⑤ 日常の仕事ならびに専門の仕事における機能的障害の程度，の5つの臨床的に関連した行動領域に関する問題に答えることだといっています。したがって，心理アセスメントにあたっては，単に診断だけでなく，面接，行動観察，生育史などに基づいた総合的な評価が必要とされます。本書のタイトル『診断と見立て』の「見立て」とは，まさにそういう総合的な作業を含意しているのです。

　この総合的作業としての心理アセスメントに不可欠なのが臨床家独自の仮説，いいかえれば理論です。つまり，臨床家は何らかのパーソナリティ理論をよりどころとしなければ，「見立て」として実を結ばないということです。これは非常に重要な点です。いま，「自殺」を引き合いに出してこのことを考えてみましょう。自殺学の方法論は，集団を対象とした統計学的方法と，個人の心理に即した精神病理学的方法とに大別されますが，予測力の点からいえば統計学的な予測のほうが勝っています(ミール，Meehl, P.E., 1954)。しかし，いみじくもサービン(Sarbin, T.R., 1986)は，「臨床家が一人の個人と対面しているとき，回帰式や予測表に含まれている知識を適用しても決して満足のゆく結果は得られない」(p. 364)と述べています。あるクライエントが自殺する見込みが，統計学的に70％の集団に属していることを示す特徴をもっていることがわかったとしても，このクライエントが自殺する下位集団のメンバーなのか，あるいはそうでない下位集団のメンバーなのか，どのような治療方針が望ましいのか，そういった見立ての問題は臨床家にゆだねられています。その際，臨床家のとるべき方向は，統計学的知見を見据えながら，特定の理論的枠組み，すなわちパーソナリ

ティ理論に依拠しつつ全体的・総合的に見立てを行なうことです。

　そうだとすると，ここで重要なのは心理アセスメントと理論との関係です。つまり，いかなる理論的枠組みのもとにアセスメントをなすかということです。この問題が大切な理由は，理論的枠組みが採用すべき心理アセスメントの種類を規定するからです。理論が異なれば，パーソナリティの定義も異なります。このことはアドラーやユングをはじめ，フロイトから離反した弟子たちが，それぞれ独自のパーソナリティ観・人間観を打ち立てたことからもわかります。このようにすべての人に受け容れられるようなパーソナリティ観・人間観はありません。しかし個人の諸特性は，他者と環境との相互作用に規定され，その個人の独自性を成り立たせている，この点については誰しも認めるところでありましょう。つまり，どのような理論的立場をとろうとも，パーソナリティの形成に遺伝と環境と成熟が寄与していることは疑いようがありません。結局のところ，それぞれの要因の相対的寄与についての考え方が，理論的立場の違いをもたらしているといえます。一方の極には，内的な動機づけがほとんどすべてのパーソナリティ特性に関連していると考えている精神分析家がおり，また他方の極には，環境要因によって決定されるような観察可能な行動だけに関心をもつ厳格な行動主義者がいます。前者では主としてロールシャッハやTATが採用され，後者では行動観察法が採られます。質問紙法によるアセスメントは，いかなる立場によって採用されるのでしょうか。もともと質問紙法は，精神測定を専門とする計量心理学者たちによって開発されてきました。彼らは必ずしも包括的な理論を背景にもたず，また，治療を第一義的な目的としていません。したがって，もっぱら質問紙法に頼ろうとする場合には，とりわけ心理臨床家独自の理論が望まれるところです。

2-3　心理アセスメントとしての質問紙法

(1)　間接的アセスメントと直接的アセスメント

　心理アセスメントは，間接的アセスメント(indirect assessment)と直接的アセスメント(direct assessment)とに大別することができます。間接的方法には，ロールシャッハ，TAT，文章完成テスト，描画法などがあります。これらは構造化されていない(unstructured)多義的な刺激を使用し，被検者に自由な反応を促し，全体としてあいまいな刺激状況を構成しているのが特徴です。検査者が得ようとしている情報が被検者に気づかれないようにもくろまれていますので，被検者がふつうは控えたいと思う情報や意識にのぼらない情報も容易に引き出すことができます。このことは間接的アセスメントの大きな利点です。しか

し，間接法にも問題点はあります。共通する問題点として，①決定的な採点法が存在しない，②大量の資料に基づいた標準化がなされていない，③それゆえ，標準化された診断基準によって輪郭が描かれるような精神医学的徴候を予測できない，④相対的に刺激が少なく，取り上げられるパーソナリティ領域の数が限られている，などがあげられます。質問紙法に代表される直接的アセスメントは，これらの批判に応えることができます。

(2) 質問紙法とその意義

直接的アセスメントとして，質問紙法，面接法，行動観察法などをあげることができます。なかでも質問紙法は，臨床心理学におけるパーソナリティ測定や社会心理学における態度調査で広く用いられている有力な技法です。それだけにこの方法の長所と短所を十分に理解しておく必要があります。

問題としている事がらに関する一連の質問を，回答者に指示どおりに答えさせるようにして印刷した用紙を「質問紙(questionnaire)」といい，これを使用して特定個人を診断したり，特定集団あるいは人間の行動を理解する方法を質問紙法といいます。後者のような研究目的は，主として社会心理学や社会学に多く見られますが，この目的のもとに使用するときは，特に質問紙調査法とよんで区別しています。

人が自身の行動や意見を記述することができる場合，質問紙法や面接法(interview method)は自然場面において資料を収集するのに有用な技法です。質問紙法も面接法も，回答者の言語報告に信頼をおくという点で類似しています。両者の決定的な違いは，質問紙法では回答者自身が質問を読み回答する(自記式)のに対して，面接法では面接者が被面接者に直接質問を行ない，回答を面接者が記入する(他記式)ことです。それゆえ質問紙法で得られる情報は，回答者の記述した回答に限定されます。

質問紙法で対象となる主題は，診断や研究の目的に応じて非常に多岐にわたります。臨床診断のためには，事実，知識，個人史，意見，感情，自己の行動やその理由が必要となりますし，また，願望や欲求，興味，態度，信念，性格特性など，観察だけでは知ることのできない人間の内面的行動が問題となる場合もあります。したがって，臨床診断や人間行動の理解のために必要な資料が，この方法によらなければ得られないことが多くあります。質問紙法を基礎とした測定用具として発展したものに，パーソナリティ検査(personality test)，態度尺度(attitude scale)，ソシオメトリック・テスト(sociometric test)をはじめ，多くの標準化されたテストがあります。しかし，質問紙法の本来の主旨からいっても，

またそれを実施する場合はなおさら，テスト（検査）という言葉を用いるべきではありません。なぜなら，テストという語は何かについて検査されるという圧迫感や緊張感を被検者に与え，正確な情報が得られにくくなるからです。さらに，面接法にもいえることですが，たいていの質問紙による研究は相関的であるので，因果関係を帰着させることはほとんど不可能です。このことにも十分留意しておきたいものです。

　質問紙法の長所は，①質問の順序・用語法，回答の形式を統一することができるので，実施者の影響が少ないこと，②多数の回答者から比較可能な資料の収集ができること，③それゆえ，データを収集する手段として相対的に時間的にも経費のうえからも低コストですむこと，④多くの測定用具は標準化されているので，採点が客観的かつ容易であり，したがって必要に応じて大量のデータを統計的に処理して解析することができること，などです。短所は，①質問項目や回答形式があらかじめ決められているために，個々の被検者の条件に柔軟に対応できないこと，②被検者の自己報告法に依存しているため，被検者が意識的あるいは無意識的に回答を歪める可能性があること，③問われている内容に沿った回答をしない場合があること，④被検者の言語能力に依存するため，読み書きの能力が十分でない幼児，あるいは読み書きのための身体的機能や集中力の衰えている高齢者には不向きであること，などです。以上の質問紙法の長所と短所は，裏を返せば実は面接法の短所と長所でもあります。この意味で，両者の併用が望ましいといえましょう。

(3) 質問紙法の種類

　前述のように，質問紙法では，一定の心理特性を知るために用意された多数の質問項目に対して，被検者自身が自己評定をしますが，ときには両親，教師，友人など意味のある他者に評定を求めることもあります。一般には，質問紙法の有する標準化(standardization)という利点をいかすために，自己評定を求めることが多く，このため自己報告式あるいは自記式の検査ともいわれます。その回答形式のほとんどは，あらかじめ準備されたいくつかの選択肢のなかから適当なものを選択させる，構造化された(structured)形式をとっています。また，その構成内容から，①パーソナリティや行動の特徴を複数記述した項目リストに対して，被検者が「はい（自分に当てはまる）」か「いいえ（当てはまらない）」を示す○や×で回答する「チェック・リスト(check list)」，②あらかじめ精選されたいくつかの項目を一定の尺度（通常は 3 〜 7 段階）の上に位置づけることを求める「評定尺度(rating scale)」，③たくさんの評定尺度から構成される大部の質問

紙で単一の尺度得点あるいは複数の下位尺度得点より成る「目録(inventory)」に分類できます。本書のIV-6, IV-7章で紹介されているMMPIやYG法(矢田部-ギルフォード性格検査)は、パーソナリティ目録に相当します。

　質問紙法では、上に述べた構造化された質問に対して、構造化されていない(unstructured)質問形式を用いる場合もあります。要するに、回答を自由に記述させる自由回答(open-ended)形式のものです。構造化された質問形式と構造化されていない質問形式のいずれを採用するかは、研究目的によって決まることですが、クライエントの抱える問題の全体を総合的に把握することに重点があるときには、自由回答を求めたほうがよいこともありましょう。また、臨床家自身が質問紙を作成しようとする場合、予備テストの段階で自由回答法を用いると選択肢の作成に非常に役立ちます。自由回答法は、質問がうまく構成されているならば被検者の意見や考えをそのまま引き出すことができるので、詳しい情報を得ることができます。しかし、この形式の質問に対する回答の分析においては、まず最初に反応のカテゴリーを作り、それをコード化して、必要ならば得点化しなければなりません。この作業には専門家の知識と意見を要することが多いので、ここにおいて時間と経費が必要となります。また、被検者は課せられた問題が回答を入念に記述することを要請されているのを知ると、かえって記述しなかったり、あるいはほとんど不十分な短い回答しか書かなかったりします。特に質問内容が広範囲にわたるものであったり、回答に時間がかかるものであると、無回答が増えるという問題があります。

　一方、構造化された質問を用いることの主たる利点は、被検者にとって回答しやすく記入洩れが起こりにくいこと、検査者にとってはコンピュータに回答を入力してデータファイルを作るのが簡単で、それゆえ統計処理がしやすいことです。しかし他方、被検者の自発的な表現の余地がなく、ときには該当する選択肢がないのに強制的に選択を迫られている、という印象を与えることになりかねません。こうした問題に対処するためには構造化されていない一般的な質問から始め、順次構造化された特殊な質問へ移行してゆくというふうに、両形式の質問を併用することが考えられます。面接によって＜質問紙にしたがった＞質問をし、面接者が回答を記入する「面接調査法」では、なおさらこのような配慮が必要です。

2-4　質問紙法にまつわる諸問題

　MMPIやYG法それぞれ固有の問題については、後の章で説明されていますので、ここでは一般論として質問紙法が内包する問題点を述べることにします。

(1) 回答の正確さ

　心理アセスメントとして質問紙法を利用することに対して，間接的アセスメントを好む心理学者は，人は正確な自己報告を行なえるほど自身のことを知っているわけではない，質問項目が誤解されることが多い，現実生活の多くの場面は質問項目の形で構成されていない，と批判してきました。しかし，この種の批判は質問紙法によるアセスメントの精神を誤解したものであるといえましょう。ワイルド(Wilde, G.J.S., 1977)は，多くの反証研究を挙げてこうした批判に答えています。被検者が質問に正確に回答しているかどうか，項目を誤解していないかどうか，そういうことはたいした問題ではない，質問紙の開発者の関心は，必ずしも質問紙に現われた違いの原因にあるのではなく，被検者の回答に基づいて偶然によって説明されうる以上の正確さで診断することができるという事実にある，と彼は述べています。つまり，質問紙法によるパーソナリティの測定においては，自己に関する知識の程度に個人差があるのは当然だから，もともと正確な事実を引き出すようにもくろまれていない，ということです。大阪のアメリカ村に行ったことのない人に，あるいはアメリカ村なんて初耳だという人に，「あなたはアメリカ村を歩くのが好きですか」と質問しても，正確な回答が得られようはずがありません。しかしこの質問項目が，あるパーソナリティ特性(例えば，好奇心)において顕著な傾向のある人とそうでない人とを弁別する限り，被検者が「アメリカ村」を知っていようがいまいが問題ではないのです。被検者が自身について真実を回答しているかどうかということよりも，自身に関してどのように回答する傾向にあるかを決定するように項目が選定され，採点法が開発されてきたのです。YG法の項目に，「スパイのような人がたくさんいる」というのがあります。被検者のなかには，これを読んでゲラゲラ笑い出す人がいます。スパイという語は現代ではほとんど使用されない死語に近いことばで，現実にスパイが周囲にいることもほとんどないので，笑いが起きるのでしょう。しかし，この項目に反応する人としない人とがいて，それが協調性－非協調性の弁別に寄与しているという事実が，この項目を採択させているのです。けれども，個人のパーソナリティを正確に記述したいと考えている臨床家にとっては，物足りなさを感じるかもしれません。そういう目的の場合には，他の用具に頼らねばなりません。

(2) 社会的望ましさ——偽善と偽悪

　自己報告式の質問紙法に対する重大な批判は，人は自分を社会的に望ましく見せたいがために，意識的・無意識的に反応を偽るよう動機づけられることがしばしばあり，回答が社会的に望ましい方向へと歪められる傾向があるということで

す。この傾向は「社会的望ましさ(social desirability)」とよばれており、質問紙法の致命的欠陥であるといわれています。そのため、いろいろな改善策が講じられています。例えば、MMPIには「虚構尺度（lie scale）」が設けられていて、偽善者を見破るための工夫がなされています。あるいは、クラウンとマーロウ(Crown, O.P. & Marlowe, D.A., 1960)の「社会的望ましさ尺度」を併用して、これに対処するのも一つの方策です。

偽善者と対極にあるのが偽悪者で、意図的にワルを装い、社会的に望ましくない方向へと回答を歪めます。偽善者よりも偽悪者のほうが扱いに困り、質問紙法の範疇ではこれを見破るのはなかなか困難です。したがって、極端な偽善ないし偽悪の得点が得られたなら、その結果を疑ってみることも必要です。このような場合は、質問紙法のみに頼ることはアセスメントを誤らせますので、面接法や間接的アセスメントを併用することが望ましいでしょう。

他方において、偽善や偽悪を誘発しやすい項目を検出するための努力も重ねられています。偽善や偽悪を装いやすい状況を実験的に設定し、その状況で質問紙に回答した結果を統制群の結果と比較する研究は質問紙の改善に役立っています。

(3) 反応の構え

自己報告式の質問紙法において結果を歪めるもう一つの現象として、「反応の構え(response set)」があります。これには、被検者が質問内容に関係なく肯定的に反応したり、「はい」と答える「黙従(acquiescence)」と、質問のほとんどすべてに否定的に反応したり、「いいえ」と答える「抵抗(opposition)」とがあります。また、推測で答えたり、でたらめに答える傾向も反応の構えによって生じるものです。

こうした反応はアセスメントの信頼性を損ないますので、反応の構えに対する対処法も考案されています。例えば、事実に基づく項目や理解力・知識を試す項目を挿入して被検者がそれをちゃんと読んでいるかどうかをチェックする方法、あるいは、同じ質問を繰り返して信頼性をテストする方法、などがあります。

(4) 単一特性から診断することの危険性

質問紙法に対する別の批判として、単一特性の問題があります。例えば、あるパーソナリティ尺度を実施して、被検者に「控えめ」という判定を下したとします。ところが、この対人的スタイルが、他者を信用しないことの結果なのか、拒絶を恐れてのことか、あるいは慎み深い家庭で育てられたためなのか、わからないということです。根底にある被検者の動機は、「控えめ」というだけの単純な

行動記述からは推測できません。特性論的心理学者を自認しているコスタとマックレイ(Costa, P.T. & McCrae, R.R., 1986)は、この問題に対して次のように述べています。「単一の特性はあいまいなことが多いけれども、もしいろいろな特性が検討されたなら、その人のことがよくわかってくる。もしその人が抑うつ的で不安になりがちであるけれども、通常は人を信頼し協調的であるとわかれば、＜控えめ＞が＜社会的不安＞を意味すると理解できるだろう。もしその人がうまく順応しているが、概してものごとをまじめに考えやすいたちであるなら、＜控えめ＞な性格は、おそらく葛藤をもたない内向性とみなせるだろう」(p.408)。

要は、臨床場面においては、単一の尺度だけを用いてパーソナリティ特性を判断してはならないということです。この点、MMPIやYG法は、それぞれのパーソナリティ尺度が独立したものではなく、全体的なプロフィールから解釈するように構成されており、パーソナリティを多面的にとらえようとしています。

(5) 特性か状態か

特性(trait)と状態(state)を区別することの重要性が、アイゼンクら(Eysenck, H.J. & Eysenck, M.W., 1985)によって指摘されています。彼らの定義によると、「特性」とは、多くの異なる状況を通じてわれわれの行為を規則的・永続的に決定する傾性要因であり、「状態」とは、ある特定のときに起こるものだと考えられています。つまり、一般に社交的な人でもある特定の折には非社交的にふるまうかもしれないし、大胆な人でも時折不安を示すかもしれません。特性と状態の問題は、次項で述べる問題にも関連しています。

よく知られているテイラー(Taylor, J.A., 1953)のMAS(顕在性不安尺度, Manifest Anxiety Scale)は、永続的な不安特性を測定するために考案されたものです。しかし、不安は何らかの嫌悪刺激からくる一時的状態ともみなすことができます。この混乱を明確にするため、スピルバーガー(Spielberger, C.D., 1966)は、不安状態と特性不安とを区別しようとしました。スピルバーガーら(Spielberger, C.D., Gorsuch, R., & Lushene, R., 1970)の開発したSTAI(状態‐特性不安目録, State-Trait Anxiety Inventory)は、この情動が現われる二通りのあり方を考慮に入れて考案されたものです。

(6) パーソナリティ特性と行動との関係

かつて、社会心理学の態度研究において、測定された態度が行動を予測しえていないと批判され、態度概念そのものの存立基盤が問われたことがありました。態度概念の出発が行動の予測にあったことから、この問題は大きな反響を巻き起

こしました。ちょうど同じころ，パーソナリティの心理学でも，ミッシェル(Mischel, W., 1968)が，質問紙法によって測定されたパーソナリティ特性が行動と結びつかない，と主張しはじめたのです。ミッシェルの論点は，状況が違えば行動も違うはずで，状況要因を考慮して測定されたパーソナリティ特性でない限り信用できない，ということでした。私たちは，パーソナリティ目録の評点に基づいて，ある人を攻撃的だと判定したとき，実際にその人は日常生活で攻撃的な行動をとっていると思い込みがちです。しかし，ミッシェルの指摘するように，特性と行動との関係は複雑です。MMPIやYG法をはじめ，質問紙法による心理アセスメントを利用する場合，心にとめておきたいことです。

ところで，上記の問題に答えるために，特性論者は多くの研究を積み重ねてきました。そして，パーソナリティ特性は時と場所を越えて一貫している，特性のいくつかは遺伝的に決定されている，などと反論しました。なかでも，パーソナリティ特性に及ぼす遺伝と環境の影響を検討しうるたくさんの研究を取りあげ，それらを論評したロウ(Rowe, D.C., 1987)の考察は興味を惹きます。ロウは，双生児研究，養子縁組の事例，2年から28年にわたる縦断研究などを検討して，パーソナリティ目録における尺度得点の分散のうち，50％が遺伝的要因によって説明されること，すなわち遺伝的資質がパーソナリティに影響していることを立証したのです。

しかし，ここで注意しておきたいことは，状況が行動に関係しないと考えてはならないことです。ミッシェルたちの主張にも大いにうなずける部分があります。パーソナリティ特性と行動との関係については，研究が始まったばかりで，どのような特性が行動と結びついた一貫性をもっているのかについては，今後の研究成果をまたねばなりません。ちなみに，先述の社会心理学における態度論争の結果，態度測定の方法について改良が加えられました。例えば，ジョーンズとシーガル(Jones, E.E. & Sigall, H., 1971)は，被験者に生理学的反応装置を装着し，うそをついても見破られると思い込ませて，真の態度を引き出す方法を開発しました。彼らはこれをボーガス・パイプライン(bogus pipeline)，いわば心の奥底へ通じているにせのパイプラインと名づけていますが，これによって態度から行動を予測することに成功しています。パーソナリティ特性についても，同じことがいえるでしょう。その測定方法に工夫を凝らし，被検者から真のパーソナリティ特性を引き出すために改善する余地がまだまだあるように思えます。さらに，これは質問紙法に限りませんが，この何十年，相も変わらず同じアセスメント用具が使われてきました。臨床心理学における理論の進展と実践領域の拡大，さらには価値観やライフスタイルの多様化にそぐわない現状があるようです。近

年，ベック(Beck, A.T.)の認知療法の枠組みに沿って，イングラム(Ingram, R.E.)やケンドール(Kendall, P.C.)たちが質問紙法を開発し，その信頼性や妥当性についても検討が進んでいます(Glass, C.R., & Arnkoff, D.B, 1997)。わが国においても，臨床心理学と計量心理学との連携が切望されるところです。

■ 引 用 文 献

Beutler, L.E. & Rosner, R. 1995 Introduction to psychological assessment. In L.E. Bertler & R. Rosner(Eds.), *Integrative Assessment of Adult Personality*, 1-24.
Butcher, J.N. & Rouse, S.V. 1996 Personality: Individual differences and clinical assessment. *Annual Review of Psychology*, **47**, 87-111.
Costa, P.T. & McCrae, R.R. 1986 Personality stability and its implications for clinical psychology. *Clinical Psychology Review*, **6**, 407-424.
Crown, O.P. & Marlowe, D.A. 1960 A new scale of social desirability independent of psychopathology. *Journal of Consulting Psychology*, **24**, 349-354.
Eysenck, H.J. & Eysenck, M.W. 1985 *Personality and Individual differences*. New York: Plenum.
Glass, C.R. & Arnkoff, D.B. 1997 Questionnaire methods of cognitive self-statement assessment. *Journal of Consulting and Clinical Psychology*, **65**, 911-927.
Jones, E.E. & Sigall, H. 1971 The bogus pipeline : A new paradigm for measuring affect and attitude. *Psychological Bulletin*, **76**, 349-364.
Meehl, P.E. 1954 *Clinical Versus Statistical Prediction*. Minneapolis: University of Minnesota Press.
Mischel, W. 1968 *Personality and Assessment*. New York: John Wiley.
Rowe, D.C. 1987 Resolving the person-situation debate. *American Psychologist*, **42**, 218-227.
Sarbin, T.R. 1986 Prediction and clinical inference: Forty years later. *Journal of Personality Assessment*, **50**, 362-369.
Spielberger, C.D. 1966 *Anxiety and Behavior*. New York: Academic Press.
Vane, J.R. & Guarnaccia, V.J. 1989 Personality theory and personality assessment measures: How helpful to the clinician? *Journal of Clinical Psychology*, **45**, 5-19.
Watkins, C.E., Campbell, V.L., Nieberding, R., & Hallmark,R. 1995 Contemporary practice of psychological assessment by clinical psychologists. *Professional Psychology: Research and Practice*, **26**, 54-60.
Wilde, G.J.S. 1977 Trait description and measurement by personality questionnaires. In R.B.Cattell & R.M.Dreger(Eds.), *Handbook of Modern Personality Theory*. New York: John Wiley.

■ 参 考 書

Corsini,R.J. & Marsella, A.J. 1983 *Personality Theories, Research, and Assessment*. Illinois: F. E. Peacock.
金児曉嗣　1992　質問紙法．氏原　寛・小川捷之・東山紘久・村瀬孝雄・山中康裕 編　『心理臨床大事典』　培風館．
野島一彦 編　1995　『臨床心理学への招待』　ミネルヴァ書房．

3章 テスト・バッテリーについて

3-1 はじめに

　本章では，臨床の実際に則したテスト・バッテリー(test battery)について述べます。まず，定義，利点と問題点，バッテリーを構成するテストの選択と組み合わせ方，まとめ方，有効な利用法とその前提条件や環境要因を具体的に説明します。心理アセスメントを現在学びつつある人には，テストの臨床的使用の理解のために，またすでにテスト・バッテリーを用いている人には，今後さらに効果的に活用していくためのヒントとなるよう意図しています。

3-2 テスト・バッテリーとは

　心理アセスメントの方法の一つである心理検査において，クライエントのパーソナリティや問題点を多面的にとらえるため，単独ではなく，複数の異なるテストを併せて用いる場合に，それらテストの組み合わせを"テスト・バッテリー"と総称し，「テスト・バッテリーを組む」，「テスト・バッテリーを使う」という表現をしています。

　組み合わせるテストの種類や総数，パターンについて，特に規定はありません。日常の臨床では，それぞれの検査目的やクライエントの状況に適したテストをいくつか，検査者がその時々に応じて選んで使っているのがふつうです。ただ，比較や研究のために，一定のテスト・バッテリーを決めているグループもあります。

　複数テストの使用については，パーソナリティ概念や心理テストの考え方の違い，あるいは時間・費用など，実施上の制約の点で，これまで賛否両論がありました。しかし最近では，少なくとも臨床の現場においては，ほとんどの検査者がテスト・バッテリーを用いているといってよいでしょう。

3-3 テスト・バッテリーの利点

　テスト・バッテリーを使う利点としては，まず，どのテストも構造や水準が異なり，長所と短所があって，一つのテストが明らかにできる範囲は限られているので(Ⅲ-1，Ⅲ-2章参照)，複数のテストを適切に組み合わせることによって，これらを補うことが可能になります。特に，クライエントを，さまざまの面から把握し関係づけて，総合的に理解しようとするには，テスト・バッテリーが必要となるでしょう。

　第二に，心理テストでは，反応やサインとその意味が必ずしも1対1で結びついているのではなく，いくつかの可能な解釈を含んでいる(多義的な)場合や，結果がテスト間やテスト内で矛盾することもあるため，バッテリー中の他のテストと照らし合わせると，より確実な解釈を選択できます。

　第三に，検査目的が最初は単純であっても，その背後に予想外の複雑で重大な要因が潜んでいることがあり，バッテリーの使用によって発見される確率が高いのです。例えば，学業不振児の知能テストを依頼された検査者が，生活歴を読んで不審に思い，描画テストと文章完成法をバッテリーに加えてみたところ，成績低下の原因が，深刻な心的外傷体験にあったことが判明しました。もし依頼どおりに知能テストだけを行っていたならば，真相はわからず，的確な助言はできなかったかもしれません。

　このようにテスト・バッテリーは，クライエントの一人一人の心理の複雑さに対応するための臨床的に有用な手段といってよいでしょう。

　以上は，経験的に認められている利点ですが，アメリカでの調査研究では，テスト・バッテリーによってデータが追加されると，結果の妥当性も高まり，有効であるとする結論が示されています(Vernon, 1950；Mackinnon, 1951；Luborsky & Holt, 1957; Holt, 1958; Graham, 1993)。また，ラパポート，ジル，シェファーなど高名な専門家や臨床家たちの中にも，テスト・バッテリーの使用を支持している人が多いようです (Rapaport, Gill & Schafer, 1945；Bohm, 1951; Exner, 1993)。

3-4 テスト・バッテリーの問題点

　一方，テスト・バッテリーへの反対意見もあります。例えば，実施したテストのデータを検査者が選択的にしか利用しない，テストによって重みづけに偏りがある，検査者に都合のよい選択や重みづけのせいで，早々と決定的な予言に達し

てしまう傾向が見られる(Sarbin, 1943; Kelly & Fiske, 1950; Gage, 1953; Kostlan, 1954; Giedt, 1955)などです。これらの指摘は，テスト・バッテリーそのものが含む欠点というよりも，主として検査者が陥りやすい態度への批判といってよいでしょう。もう一つは，心理テストの客観性を最重要視する立場からです。つまり知能検査や質問紙法のように，評価の基準があって，信頼性や妥当性が保証されている構造化されたテストと，そうではない投映法のようなテストを任意に組み合わせて使うことに反対する意見です。これについては，テストすることの意義が，クライエントの「測定」にあるのか，「理解」にあるのか，という志向の違いが根本にあり，本章の中で論じるには複雑すぎる問題です。いずれにしろ，テスト・バッテリーの有効性を検討し活用するには，各種テストの相関関係の多元的検証や，すでにMMPIとロールシャッハ・テストの間で研究されているような臨床的統合の試み(Parker, K.C.H. *et al.*, 1988; Acklin, M. W., 1993)，そして多様な解釈理論の体系化が今後必要であり，立場の違う専門家たちの相互理解と協力が求められる課題でもあります。これら利点と問題点があることを念頭において，テスト・バッテリーを使用しましょう。

3-5 テスト・バッテリーの構成

単にテストを数多く漫然とやりさえすれば，何かの手がかりや結果が浮かんでくるであろうという安易な期待をテスト・バッテリーに抱いているとすれば，それは間違いです。事前の周到な準備と臨機応変の対応が必要です。

テスト・バッテリーの構成は，検査目的の設定，適切なテストの選択，クライエントの状況に即応しながらの実施，そして得られた諸資料の関連づけと統合的解釈までの段階を含みます。

(1) 検査目的の設定

臨床心理検査の過程でテスト・バッテリーが登場するのは，他部門(例えば，主治医，カウンセラー，教師，人事係，あるいは各種公的関係機関など)からテストを依頼されたときと，検査者が担当している相談・指導ケースに自分でテストをするときです。その際の主な依頼理由や検査目的は，以下のとおりです。

- 知能など各種能力・性格の査定
- 病態水準や症状鑑別など，精神病理の診断あるいはその補助資料
- 問題行動や不適応の原因解明
- 治療・処遇・対応方法へのオリエンテーションと助言

- 治療・処遇・対応方法の効果測定
- 経過・予後の予測
- 精神鑑定の資料

しかし、この程度のおおまかな目的設定では、理想的な、つまり"適切"で"過不足のない"テスト・バッテリーを組む準備としては十分ではありません。各ケースの個別の条件に沿って、検査目的をさらに具体化する必要があります。そのためには、他から依頼されたときは、まずケース記録を熟読します。そうすると、依頼理由(検査目的)について、検査者なりのさまざまな疑問と仮説が生まれてくるはずですから、これをメモしておきます。

例えば、

> 検査目的は「うつの病態水準の鑑別」であるけれども、うつ症状を強く訴えながら、一方で自己中心的な理想実現のために、周囲を巻き込んで活発に動きまわっている点は矛盾している。仮説として考えておきたいのは、①うつは偽装で、人格障害の可能性もある、あるいは、②理想の実現が無理なことを感じていてうつ状態になっているのか、③実際の能力は要求水準よりかなり低いのだろうか、④欲求不満に陥ったとき、このクライエントは外罰的になるのか内罰的になるのかが一つの決め手であろうか。

この段階で、すでにいくつかのテスト名が、バッテリーの候補として検査者の頭の中に浮かんできます。次いで、できるかぎり依頼者と直接話し合うことです。この話し合いは、形式的で一方的な依頼書よりも、クライエントに対する見方や疑問、さらに依頼者自身の理論的立場やテストに対する評価もわかり、テスト種目の選択と、理解されやすい報告書作成に役立ちます。さらに筆者の経験では、依頼者との間にクライエントについての連帯感が強まり、検査終了後のフィードバックも確実に増えてくるようです。

特にテスト実施が日常業務化している職場や、カウンセラーが検査者となって自分の担当ケースをテストする場合は、検査の必要性や目的を改めて検討し確認することが、おろそかになりがちです。また、カウンセリングや指導に行き詰まった末のテスト施行では、とかく検査目的が検査者側の問題解決に偏ってしまい、クライエントへの動機づけも曖昧になりやすい点に気をつけましょう。

両方の場合とも、テストに入る前に必ずクライエントと面談して、検査の説明をし、了承を得て(インフォームド・コンセント)、十分な動機づけをします。その結果によっては、検査目的やバッテリーの再調整をすることもあります。

(2) テストの選択

『心理アセスメントハンドブック』(上里, 1993)によると, 国内で市販されている心理テストは, 日本版だけでも 86 種にものぼります。そのうち, 比較的よく使われているテストは約 30 種とみてよいでしょう(佐藤, 1993；菊池, 1999)。

その中の主要なテスト 17 種の内容については, IV部に詳しく述べられているので, ここでは触れません。ただ, バッテリーの中核となるテストの望ましい特徴としては, 使用頻度が高く, 良質の研究報告が多く, 把握できるパーソナリティの層や特性が検査の主目的に合致し, 適用範囲が広いことです。そのほか, 実施に要するエネルギーと得られる情報量が相応していること, 日本人母集団による標準化の基準があることも重要です。

以下, 選択のための参考資料として, まずテストの使用頻度に関し, 小川とピオトロフスキー(Piotrowski, C., 1985)による日米の調査研究から, 日本の結果を表 3-1 に引用しました。表 3-2 は, やや古い資料ですが, 分裂病・脳器質障害・躁うつ病・神経症の鑑別診断に常用している投映法テストについて, 心理のエキスパート 6 人を対象にしたアメリカの調査結果です(Wolman, B.B., 1965)。

テストに反映されるパーソナリティの層については, 図 3-1(Hammer, 1967)のほか, シュナイドンの各種心理検査関係図(Shneidmann, E. S., 1956)や馬場の投影水準図(1969)があります。

表 3-1 日本における各種心理検査の使用頻度(小川 & Piotrowski, 1985)

心理検査名	常に	頻繁に	適度に	稀に	不使用	順位
ロールシャッハ法	27%	18%	26%	15%	14%	1
SCT	11	18	37	21	12	2
バウム・テスト	18	21	22	20	18	3
WAIS	8	13	37	18	20	4
ビネー式検査	8	13	36	21	19	5
YG	9	11	30	28	20	6
WISC-R	4	9	33	20	32	7
HTP	9	11	25	22	30	8
P-F スタディ	3	12	28	28	27	9
ベンダー検査	3	9	26	38	22	10
クレペリン検査	3	9	27	27	32	11
人物画(DAP)	5	8	22	22	40	12
家族画	4	5	21	26	42	13
MMPI	4	6	17	21	47	14
CMI	2	10	15	16	52	14

表 3-2 6人の専門家が鑑別診断のために選択した投映法(Wolman, 1965)

	ロールシャッハ	ゾンディ	描画	WAIS	ベンダー	TAT
分裂病	6人(100)%	2人(33)%	5人(83)%	4人(67)%	2人(33)%	3人(50)%
脳器質障害	5 (83)	1 (17)	3 (50)	6 (100)	4 (67)	1 (17)
躁うつ病	6 (100)	2 (33)	3 (50)	2 (33)	2 (33)	5 (83)
神経症	6 (100)	2 (33)	4 (67)	2 (33)	1 (17)	4 (67)
計	23	7	15	14	9	13

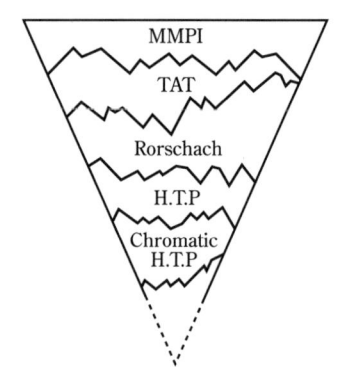

図 3-1 心理テストとパーソナリティの層(Hammer, 1967)

　表 3-3 は，実施時の諸条件も含めて，選択の手がかりを一覧表にした私案です（菊池，1992，1993）。表中の段階づけや評価は，心理検査の実務経験が5年から10年の各職域の人々を標準にしており，筆者が，研修会やケース検討会の折々に行ったアンケートや聞き取りに基づいています。本格的な調査結果とは違う個人的見解であり，検査者・被検査者・検査環境によってもかなりの差異がありますので，あくまでも一つの目安と考えてください。

　なお，佐藤の一覧表(1993)は，論点や基準がより明確で，非常に参考になります。

(3) 限定条件
　a. 時間と数　　バッテリーを組む際に限定条件となるのは，検査時間とテスト数です。
　人が集中力を持続できるのは1時間半から2時間といわれており，検査時間は

3章 テスト・バッテリーについて

表 3-3 テスト選択のための参考条件(星野，1964；深津他，1967参照)

テストの分類	テスト名	図版・器具の使用有	適用年令	テスト施行所要時間#	実施のための技術必要	整理解釈の所要時間	分析・解釈の難易度	実施中の疲労度（被験者）	実施中の疲労度（検査者）	テスト拒否の可能性	結果からの情報量	把握可能な特性 知的側面 表層	把握可能な特性 知的側面 深層	人格水準	病態像	自己適応	社会適応力	家族関係
知能	ウェクスラー知能診断検査	○	3;11～74;12	↑	*	↑	○	↑	*	↑	→	*	↑	↑	→	→	→	↑
	脳研式知能検査		成人	↓		↓		↓		↓	↓		限	↑				
	ビネー知能検査	○	2;0～成人	→	*	→	○	→		→	→		限	→				
作業	内田クレペリン検査		幼児～成人	→		→		→		↓	↓	*		↓				
	ベンダー・ゲシュタルト		5;0～成人	→	*	→		↓		↓	↓		限					
質問紙法	Y-G法		小学生～成人	↓	*	↓		↓		↓	↑				↑	↑	↑	↑
	MMPI		成人	↑	*	↑		↓		↓	↑	*			↑	↑	→	→
	MPI		16;0～成人	↓	*	↓		↓		↓	↑		限		→	→	→	→
	CMI		高校生～成人	↓	*	↓		↓		↓	↑		限		↑	↓	↓	↓
投映法	ロールシャッハ法	○	幼児～成人	↑	**	⇑		↑	*	↑	⇑		↑	⇑	⇑	↑	↑	↑
	TAT	○	小学4～成人	↑	**	↑		↑	*	↑	↑		→	↑	↑	↑	↑	↑
	SCT		小学生～成人	↑	*	↑		↓		↓	↑		→	↑	↓	↑	↑	↑
	P-Fスタディ		児童～成人	→	*	→		↓		↓	↑		限	↓	↓	↓	↑	↓
	描画法	○	幼児～成人	→	**	→		↓		↓	↑		→	↑	↑	↑	↑	↑

(注) ⇑；非常に大, ↑；大, →；中程度, ↓；小, 限；限定的
 ＊クライエントや検査者，検査状況によって変わる度合いが大きい。
 ＃テスト別の施行所要時間（↑；約90分，→；約60分，↓；約20～30分）
 なお公称の数字はあるが，あえて大まかに算定した。

1日2時間を超えないように，もし長時間を要する場合は2～3回に分けて行うのが一般的原則です。ただ，臨床場面では，応答がのろかったり，執着的な性格や病気，躁状態，寡黙あるいは多弁などの原因で検査時間が延長し，しかも中断すると悪影響を残すクライエントもいるので，ケース・バイ・ケースと考えてください。

　基本的には，被検者も検査者も落ち着いてゆったりとテストできるよう，食事や終業近くの時間帯を避け，十分に余裕をみて，検査時間を予定しておくことです。テストの数は，検査が有料の場合，クライエントの経済的負担にも関わってきます。この点でも，"過不足なく"適切なテストを選ぶようにしましょう。

　b. 検査者のテスト・レパートリー　目的に合ったバッテリーを組むには，その中のテストすべてが検査者のレパートリーに入っていなければなりません。参考書では，数は少なくとも慣れたテストを使うことを勧めており，それは確か

に実際的で無難な方法ではあります。しかし，限られた得意なテストだけに頼っていると，どのケースに対しても同じパターンのバッテリーを繰り返すこととなり，検査目的の設定もテストの選択も，意味がなくなります。臨床のプロとしては，自分にとって主力となるテストを究めるとともに，どのようなケースにも応じられるよう，レパートリーを広げていく積極性も必要ではないでしょうか。

c. 検査システム テスト実施が厳密に規格化されていたり，反対にルーズであったり，あまりにも多忙であったり，依頼者の決定権が強すぎたり，あるいは検査者の役割が曖昧だったりする検査システムであるとすれば，自在にテスト・バッテリーを使うことはできません。少なくとも，テスト種目や実施日の選択，ケース記録や関係者からの情報収拾に関しては，検査者の主体性が認められるよう，検査システムを改善する努力をしましょう。

(4) バッテリーの実験例

a. 一般例 情報不足や，バッテリーに不慣れの場合は，まず，知能テスト・質問紙法・投映法の3種のテストを選ぶとよいでしょう。ただ，知能テストについては，内的にはクライエントを傷つけやすく，外的には知能指数だけで人生を左右しかねない危険な要素もありますので，バッテリーに組み入れる必要性を慎重に考えて決めてください。

b. 知的障害の査定が主目的の場合 バッテリーの中心はウェクスラー法がよいと思います。そして，言語や動作の障害のために知的な実力の発揮が妨げられていたり，確定的判断が求められる司法精神鑑定や公的援助の申請には，2種類の知能テストによるダブル・チェックが必要なときもあります。クレペリン検査・ベンダーゲシュタルト検査・ロールシャッハ法には，知能に関連するサインや区分があるので，バッテリーに含めておくと，照合に役立ちます。

さらに知的障害は，単に知能水準だけでなく，性格・環境因・社会適応度を知ることも重要なので，なるべく可能な他種のテストも実施してみましょう。

c. 問題行動の査定が主目的の場合 アメリカでは，問題行動の多いクライエントに対し，精神病的異常や人格障害の可能性を発見するためMMPIをよく使うようですが，所要時間と疲労度が大きいので，集団やこのテストだけの使用にはよいとしても，バッテリーにはやや不向きでしょう。むしろ，障害や問題行動と心理機制の関連も併せて知ることのできる個別ロールシャッハ法が，有効であろうと思います。さらに，環境因も明らかになるTAT・SCT・家族画・親子関係テスト，現実と自己認識のずれや対応行動の歪みを明らかにするには，YG法や虚偽尺度のあるMPI（モーズレイ性格検査）から選んで加えます。

3章 テスト・バッテリーについて

非行少年や不登校児にしばしば見られるような，言語表現力が貧困，あるいは表現意欲の乏しい例では，描画テストが驚くほど多弁に内界を描きだすことがあります。寡黙なために情報の少ないケースに試してみることを勧めます。

d. 精神病理面の査定が主目的の場合　精神病理学領域での研究報告が多い投映法テストを中心に，短い自己評定質問紙法を加えます。この場合の質問紙法の答えは，クライエントの客観的自己像よりも主観的自己像を反映していると考えると，その答えと事実との差異が，病識や心身の違和，内省力の有無など，病態水準を決める一つのめどとなります。

なお，心理テストには，以前から精神病や神経症・脳器質障害を鑑別するいろいろなサインがありました。しかし治療法の進歩によって，最近のクライエントの病態は，サインが作られた時代とかなり違っているように思います。診断も，精密な機械や統計的診断基準によって，精度の高い鑑別が可能になったため，既存の心理テストのサインだけで断定的な結論を出すのは慎みましょう。

e. 治療・処遇法への助言と効果測定　治療や処遇方法への助言と効果判定には，単独テストよりバッテリー使用の方がより確実です。多様な側面からの公正な検討ができ，クライエントの状態に関してきめ細かな判断と対応が可能になります。効果判定の再検査では，当然，前回と同じバッテリーを使い，同じ検査者が担当するようにしましょう。

f. 組み合わせの実例　以下は筆者がしばしば使うバッテリーの例です。

（略称；脳研＝脳研式知能検査，WB＝ウェクスラー法，B式＝B式知能検査，S-HTP＝統合型HTP，P-F＝P-Fスタディ，ロ・テスト＝ロールシャッハ・テスト，CMI＝コーネル・メディカル・インデックス）

I．一般例
  * 時間が少ない場合　　YGまたはMPI＋脳研＋ロ・テスト
  * 時間が十分にある場合　　MMPI＋S-HTP＋ロ・テスト＋WB

II．知的障害例
  * 脳器質障害の可能性を伴う場合　　WB＋B式＋ベンダー＋ロ・テスト
  * 性格要因の可能性を伴う場合　　WB＋脳研＋ロ・テスト＋描画法
  * 環境因の可能性を伴う場合　　WB＋描画法（家族画・学校画）＋P-F

III．問題行動例　YGまたはMPI＋WB＋ロ・テスト
  * 環境因の可能性を伴う場合
        ① MPI＋脳研＋ロ・テスト＋SCTまたは描画法
        ② 脳研＋ロ・テスト＋SCT＋TAT（時間のある場合）

IV．精神病理例
  * 精神病レベル　　MPI＋ロ・テスト＋S-HTP（＋WB）

* 神経症レベル　　MPI または CMI ＋ロ・テスト＋ SCT
　　　　　　　　　または S-HTP(＋脳研)
* 人格障害レベル　MMPI ＋ロ・テスト＋ P-F ＋SCT
　　　　　　　　　または S-HTP

g. 刑事司法精神鑑定の心理検査の場合　　刑事裁判の段階における正式鑑定では，臨床心理専門家が，主鑑定人の助手として心理検査を担当するのが通例です。一般の心理検査よりも多いテスト数でバッテリーが構成される傾向にあり，菊池(1992)の調査では，対象の214例中，実施テスト数の最高は13，平均は5でした。使用頻度は，①ロールシャッハ・テスト(96％)，② WB，③ YG，④ SCT の順になっています。

　鑑定の場合は，病院患者のように，治療をしながら長期の経過観察で最終診断を下すことは不可能なため，心理検査も疎漏のないよう十分なバッテリーを整えることと，心理の専門家ではない裁判関係者の判断の客観的資料として，テスト結果が検査者のことばによる解釈だけでなく，同時に数値でも表現あるいは証明できる種類を選びます。

(5) 実 施 法

　検査前の面接や検査中の状況によって，テスト・バッテリーの一部を途中で変更することもあります。そのための用意を前もってしておきましょう。

　検査の施行順序については，能力を測る検査や，侵襲性の強いロールシャッハ・テストや TAT などを最初に使うのは避けます。スクリーニングのために知能テストを真先に行う検査者もいますが，検査前からの緊張と不安をさらに強めることになります。導入部にふさわしいのは，おとなならば質問紙法，子どもには描画法でしょう。質問紙法は，一般人にとってなじみのある様式の心理テストで，違和感なく，回答も簡単で，気軽にテストに参入できるようです。描画法は，遊びの要素が必要な子どもの心理検査の導入に最適と思われます。その後の順序については，柔軟に決めてよいでしょう。ただ，前のテストの影響が残らないよう，次のテストに移ったときに方法の違いをしっかりと伝えます。

(6) 結果の統合

　バッテリーの最終段階は，各テスト結果からの情報を，検査目的に沿って統合していくことにあります。その際，それらの情報が一致していれば，まとめるのは容易です。しかし，例えば，"YG で「非衝動的」だったのに，ロールシャッハでは「衝動的」というサインが出ている一方で，P-F スタディでは「無罰傾

3章　テスト・バッテリーについて

向」を示している"，"ウェクスラーのIQは低いのに，脳研式では高い"，"SCTの「父」に関する内容が次々と反転する"というような不一致や矛盾がしばしば現れて，検査者(解釈者)を悩ませます。

　これらの不一致を理解し，結果の統合に活かすには，まず，その基になっているテストの理論や構造をもう一度見直してみることです。そうすると，測定した知的機能が二つのテストでは異なっていたり，「衝動性」という同じ用語でも，テストによって意味する衝動の内容や層が違っていることがわかるでしょう。その違いを，精神力動の仕組みや，生活史・環境・クライエントの言葉・面接時の印象・行動観察・関係者の証言などを通して考え合わせていくと，「衝動的」と「非衝動的」の矛盾する特性が，あるいは「父」への相反する感情が，クライエントの中でどのように関わり合って存在しているのか，あるいは，パーソナリティや行動特性を特徴づけているか，が明らかになるでしょう。

　つまり，バッテリーの諸結果の「統合」とは，得られたテスト情報すべてを論理的に首尾一貫させる「整合」の作業ではなく，クライエントの全体的力動的理解に向けての「統合」なのです。

3-6　おわりに

　テスト・バッテリーを自在に使いこなすには，いろいろな課題があります。しかし，それによって，一人一人のクライエントの心のあり様がより明らかになり，予想以上の発見が可能となります。同時に，幅広い知識や経験の累積が，検査者自身の成長を促すことになるでしょう。

■ 引用・参考文献

Acklin, M. W.　1993　Integrating the Rorschach and the MMPI in clinical assessment ; Conceptual and Methodological issues. *Journal of Personality Assessement,* **60**, 125-131.

馬場禮子　1969　投映法における投映水準と現実行動との対比．片口安史 ら編　『臨床心理学講座2』　誠信書房．

Bohm, E.　1951　*The Textbook of Rorschach Test (Rorschach-Psychodiagnostik).* Hans Huber.

Exner, J.　1993　*The Rorschach,* vol. 1 (3rd ed.) John Wiley & Sons.

深津千賀子・馬場禮子　1967　心理診断における情報の統合．『臨床心理学の進歩　1967年版』　誠信書房．

Graham, J. R.　1993　*The MMPI-2; Assessing Personality and Psychopathology* (2nd ed.), Oxford Univ. Press.

Gage, N.　1953　Explorations in the understanding of others. *Educational and Psychological Measurement,* **13**, 14-26.

Giedt, F.　1955　Comparison of visual, content and auditory cues in interviewing. *J.Consult. Psychol.,* **18**, 407-416.

Hammer, E. F. 1967 *Clinical Application of Projective Drawings*. Chares C. Thomas.
Holt, R. 1958 Clinical and statistical prediction: A reformation and some new data. *J.Abnorm. and Soc.Psycho.*, **56**, 1-12.
Kelly, E. & Fiske, D. 1950 The prediction of success in the V. A. training program in clinical psychology. *American Psycho.*, **4**, 395-406.
菊池道子 1990 「心理テストのまとめ方」私論——テスト・バッテリーから報告書作成まで——．精神研心理臨床研究，第1巻，10-22．東京都精神医学総合研究所．
菊池道子 1992 東京都衛生局心理技術研修資料．
菊池道子・山上 皓・石井和文 1992 司法精神鑑定におけるロールシャッハ・テストの実態と事例．ロールシャッハ研究，**34**, 1-14, 金子書房．
菊池道子 1993 家庭裁判所調査官研修所実務研修資料．
菊池道子 1999 心理検査．山崎晃資・山内俊雄・下坂幸三 編 『心の家庭医学』 保健同人社．
Kostlan, A. 1954 A method for the empirical study of psychodiagnostics. *J.Consult. Psychol.*, **18**, 83-88.
Luborsky, L. & Holt, R. 1957 The selection of candidates for psychoanalytic training. *J.Clin. & Experiment. Psychopathol.*, **18**, 166-176.
MacKinnon, D. 1951 The effects of increased observation upon the accuracy of prediction. *Amer. Psychol.*, **6**, 311 (abstract).
溝口純二 1993 心理検査レポート．岡堂哲雄 編 『心理検査学』 垣内出版．
小川俊樹・ピオトロフスキー，C. 1986 『心理臨床における心理検査の役割とその日米比較研究』 金子書房．
Parker, K. C. H. & Hanson, R. K. *et al.* 1988 MMPI, Rorschach, and WAIS: A meta-analytic comparison of reliability, stability, and validity. *Psychological Bulletin*, **103**, 367-373.
Rapaport, D., Gill, M. & Schafer, R. 1946 *Diagnostic Psychological Testing*. Year Book.
佐藤忠司 1993 心理テストによる臨床心理査定．岡堂哲雄 編 『心理テスト入門』 日本評論社．
Sarbin, T. 1943 A contribution to the study of actuarial and individual methods of prediction. *American Journal of Sociology,* **48**, 593-602.
Shneidmann, E. S. 1953 Some relationships between the Rorschach technique and other psychodiagnostic tests. In Klopfer, B. (ed.), *Developments in the Rorschch technique,* vol. 2. Harcourt, Brace & World.
上里一郎(監修) 1993 『心理アセスメント・ハンドブック』 西村書店．
Vernon, P. 1950 The validation of civil service selection board procedures. *Occupational Psychology,* **24**, 75-95.

第IV部　心理アセスメント

1 章　ロールシャッハ法

1-1　はじめに

　本章では，ロールシャッハ法の特異性による効用と，適用や修得上の課題に焦点を当て，いくつかのテーマについて論じます。すなわち，ロールシャッハ法における反応は，被検者の意識的なとりまとめや整理といった操作をほとんど経ず，その時点での生理・心理・社会的諸要因によって規定され，かつ必ずしも現実原則にとらわれない生のものをそのまま反映するので，得られる情報の幅と奥行きが大で，多様多義的であること，それだけに反応の分析解釈に当たっては，特定の理論に限らずあらゆる知識や理論を縦横に活用し，量的分析と質的分析，理解と説明といった対極的なものを併用し，スコアリングに工夫を凝らし，出ていない反応にも留意することなどが必要であることを述べ，最後に教科書等を鵜呑みにせず，常時改めて"自分で考える"ことを通じてそれを凌駕し，自分なりのロールシャッハ法を体得すべきことを説いてゆきます。

1-2　投映法としてのロールシャッハ法

　もともと無意味で曖昧なインクのしみ（ブロット）を見て，「どこが，どのような理由で，何に見えるか」を答えるロールシャッハ法では，答えの意味や解釈に直接結びつく手がかりがほとんどないために，被検者は自分の何について査定されているのかわかりません。知能検査なら，自分が知っているできることを調べられていることが，質問紙法では特定の性格特性等について尋ねられていることがわかるのと対照的です。

　このために被検者は，"答えない（または限られたものを少ししか答えない）"とか，"わざとブロットとかけ離れた反応をする"などのごく限られたやり方以外には，自分の答えを統御することができないのです。その結果，反応には本人がふだん気づいていない，いわゆる無意識のものが投映されることも，つい先ほどテレビで見たイメージが持ち出されることもあるのです。しかも後述するように，

1章 ロールシャッハ法

その時点での種々のものが作用し，組み合わさって，反応として表出されることになるわけです。

このようにロールシャッハ法では，いろいろなものが，いろいろな形で投映されるので，得られる情報の幅が広く，奥行きが深いのです。分析・解釈等に豊かな知識や経験，洞察が必要とされるゆえんです。

1-3 ロールシャッハ法の効用と課題

以下，反応の分析・解釈を中心に，効用と課題といった側面に焦点を当てて，いくつかの事柄について述べてみたいと思います。

(1) 反応は生理的・心理的・社会的要因によって規定される

有機体である被検者が生理・心理・社会的存在であることと，さきに述べたような本法の性格からして，被検者が出す反応にはこの三つの層の要因が複雑に絡んでいる可能性があります。

身体的に疲労しているとか，脳に器質的・機能的な障害があるといった生理的な要因が反応に反映することがありますし，ごく親しい友人が検査者であると，ふだんは出さないようなくだけた反応をするとか，処分決定を前にした非行少年が自分の力以上に頑張って，反応の数を多くするとかのように，被検者の置かれている社会的(対人的)状況が色濃く反映したりもします。

多くの場合は心理的なレベルでの分析・解釈が中心になりますが，時にこのような他のレベルの要因が関与していることがありますので，それを見逃さないようにしなければなりません。それには，それらの可能な表れ方についてよく承知していることが大切です。

なお，社会的要因の関与は，ロールシャッハ法では"見える・似ていると思うものの一部のみが検査者に報告されて反応になる"ということを示唆しています。

(2) 量的分析と質的分析

ロールシャッハ法によってもたらされる情報には，量的・形式的なもの(A)と質的・内容的なもの(B)とがあり，他方，被検者の側には性格特性などの構造面(a)と心理力動などの内容面(b)とが考えられます。そして，Aとa，Bとbは対応する関係にあることが多いといえますが，必ずしもいつもそうであるとは限らず，Aからbが，Bからaが捉えられることもあり得ます。

ところで歴史的には，このAやaの重視とBやbの重視とが時計の振り子の

ように繰り返されてきましたが，その都度，分析・解釈の幅や奥行きが増して充実する結果になっています。今日でも，人によって重きを置く側面が多少異なりますが，両者は共に重要で，両者の補完・統合が必須であると考えられます。

(3) 反応の意味の「理解」と「説明」

得られる一連の反応を追体験し，被検者になりきって，"このような反応をする人のしている体験や心の状態はどのようなものか"を理解・共感することが分析・解釈の基本です。この点では作文や箱庭などから作者の心を汲みとるのと同じです。ところが(1)で述べたように反応が生理的に規定されていたり，異常・病的な精神状態の反映であったりすると，それが難しく，俗に言う"ついてゆけない"ということになります。このような場合には，ヤスパース (Jaspers, C., 1953) のいう「説明」という手段に訴えて，"器質障害のため"とか"分裂病の妄想の表れ"であろうというように冷ややかに突き放したやり方で納得し説明するしかありません。この見極めは，とりもなおさず対象者の診断・鑑別にも直結することなので，大変重要です。

(4) 分析・解釈のための唯一特定の理論があるわけではない

1-1 節でも述べたように，ロールシャッハ法での反応には被検者の心身のあり方のいろいろなものが錯綜して反映されるために，その意味を汲みとるには，一つに限らず，ありとあらゆる理論や知識，経験などを総動員して掛かることが必要であって，ロールシャッハ法特有の唯一の理論があるわけではありません (上芝, 1995)。

もちろん刺激図版や課題がいつでもどこでも共通であるために，得られる資料がある程度限られている結果，理論的にも実証的にも，分析・解釈のための似たような仮説が用いられているのは事実ですが，実際には，検査者により，被検者により，さらには個々の反応によって，さまざまな経験，知識，理論が適用されてしかるべきだと思います。

(5) 反応には検査時点でのものが反映される

静的なものにしろ力動的なものにしろ，反応に反映されるものは，あくまで検査実施時点での横断的なあり方です。したがって，能力にしても特性などにしても，それらをあたかも持続的固定的なものと解することは禁物です。また現在のいくつかの所見間の関係については知りうるにしても，現状の過去とのつながり，つまり経時的な因果関係はなかなか知りにくいというのが筆者の考えです。

1章 ロールシャッハ法

これを知るには、臨床心理学や異常心理学、精神医学などの知識や理論を援用して推論するしかありません。予後の予測なども、現在のあり方からの推測として可能になるに過ぎないことはいうまでもありません。

反面、この横断的なものが反映されるという特徴がメリットとして活用されることにもなります。その代表的なものが治療等の効果の測定です。

なお、ちなみに同じ投映法のなかでも、性格がおおいに異なるSCTをロールシャッハ法と併せて実施すると、因果関係を含む豊かでまとまった所見が得られるように思います。

(6) いわゆる"サイン(指標)"について

ロールシャッハ法では、自殺のサイン、同性愛のサイン、分裂病のサインといったものがこれまでにいくつも提唱されてきています。これらは先人の経験の積み重ねや統計的検討(帰納)と論理的な考察(演繹)によってもたらされたものであり、いったんできあがって公表されると、きわめて便利・安易に適用されることになります。

ところで、これらの"サイン"については、およそ二つの活用の仕方があるように思います。つまり、その一つは自殺サインに例をとれば、その人に自殺のおそれがどのくらいあるかを知るための、およその目安として用いる場合であり、これはサイン本来の用い方です。もう一つは、サインを構成している反応特徴が何であるかを知ることによって、特定の傾向なり力動機制なりを捉えるのに用いる場合であり、再び自殺サインを例にとると、その構成要素に外的刺激に対する過敏さ、しかも主観的なそれがあるとすれば、その人が他でもない自殺を企てる可能性を云々(うんぬん)する前に、この種の過敏さを察知するために用いればよいわけです。

(7) 反応は現実原則に則らない

実施に先立つ教示と見せられるブロットの曖昧さから、被検者はいわゆる現実原則から多少とも離れて、イメージを自由に膨らませ、加工して、独自的なものを生み出したりもします。"想像力のテスト"だと思われたり、創造性のテストだといわれたりもするゆえんです。

そこでいろいろ興味深い現象が起こります。例えば同年代の社会人と大学生とを比べると、前者はどちらかというと収縮したプロトコルを示すのに対して、後者では玉石混交の多彩なプロトコルがみられることが多くて、精神障害を思わせるような反応も混入します。後者はモラトリアムの立場にあるためでしょうか。

また，精神疾患の消長についてみると，病的な症候が表面化するより前に（もし，ロールシャッハ法が実施されれば），すでに発病を示唆するような特徴がみられることがあるのに対して，逆に回復する過程では，表面的には社会復帰が可能であるようにみえても，ロールシャッハ法を実施してみると，まだなお病的な指標が残存していることが多いのです。

　これは一般的に患者は，発症時は内的に多少の違和感や変調を感じても，ぎりぎりまではいわば現実原則に従って通常の生活行動をしようと努めるが，退行を促され，いわば気をゆるめた状態で反応するロールシャッハ法では，内に潜行する病的過程が露呈するのに対して，回復期には，ふつう患者は早い社会復帰を望んで，うわべは平静を装って尋常な行動ができるように努力していても，潜在的にはなお病的なものが残っていて，それがロールシャッハ反応に反映するのであろうと考えられています。

(8) 出ている反応の意味と，出ていない反応の意味と

　ロールシャッハ反応は個々人によって異なり，極言すると千差万別であるとはいえ，人間である限りは共通してよく見られる似たような反応があることも事実です。そしてこの種の反応は，常人並みの行動ができるといった，大変重要ではあるものの，どちらかというと消極的な意味をもつに過ぎないことはよく知られています。他方，被検者の個性的なあり方を知るためには，当然のことながら，ふつうはよく見られない，いわば突出した個性的な反応を中心に分析・解釈を進めることになります。

　ところで，ここで強調したいことは，これら"出ている反応"がその個人の特徴を反映しているであろうことは間違いないが，同時にいわばその裏ともいうべき"出てしかるべきなのに出ていない反応"や，さらには，ふつう期待されるような特性—多くは決定因—を伴っていない反応の存在もまた，おおいにその人の特異性を示していることです。前者の例としては，例えば全色彩のブロットに多くの反応を出しながら色彩の関与した反応がないとか，子どもであるのに動物反応がほとんど見られないとかであり，後者の例としては，ほとんどの人が動きを付与するような人物像にそれが見られないとか，彩色部分に花を見ていながら色彩の関与を否定するとかいう場合です。

　なお，このことは，各図版の刺激特性といわれるものと，被検者の性・年齢との突合わせの結果，反応に不自然さが感じられる場合に，その被検者の特異性が浮かびあがってくるとも表現できるかもしれません。ブラインド・アナリシスにおいて最低限被検者の性と年齢は知って作業に当たるのはこのためでしょう。

(9) スコアリングのこと

a. スコアリングの功罪 ふつう，一人の被検者の反応の集積であるプロトコルを分析・解釈するに当たっては，まず各反応を所定のスコアに置き替えるという作業が行われます。そして数値化されて，量的にいわゆる標準との比較，考察が可能になり，そのプロトコルの概要を捉えることができ，さらには他者への十全な伝達にも役立ちます。しかし問題は，スコアなるものが，人為的で分割を前提にした不連続なものであるために，そして無限に多様なスコアを作り出して使用することはその趣旨にもとるために，生の反応を十分に表現できないことにあります。しかも，このことのもどかしさを最も感じるのは，ごくありきたりの反応の場合よりは，分析・解釈にとってより重要な個性的な反応の場合です。

こうしたこともあって，結果の分析・解釈に関していえば，本当はスコアへの置き替えやその結果得られる量的分析に頼らず，生の反応を丸ごと追体験することによって被検者の体験を共感・推測し，それによって被検者の心の状態なり動きなりをじかに感じとることが望ましいのです。

そして，スコアに置き替える場合は，その時の，その人の，その反応が帯びているであろう(解釈上の)意味を推測(解釈)して，それに見合ったスコアを付すべきであります。このことは，後に他の反応と込みにして数量化したりする場合にも重要ですし，他者への伝達ということを考えれば，そのスコアはそのスコアを付けた人の責任ある解釈上の意味を担っていることが期待されるだけに，なおさら重要です。

b. 副分類の活用 被検者が出す反応が千差万別であるために，スコアがそれに追いつけないことは前述のとおりですが，これを少しでも補うために副分類をうまく活用することが考えられます。以下，多少細かいことになりますが，その例をいくつか挙げてみましょう。

反応領域：その性質からして，副分類を用いるのは原則として空白部分(S)が関与している場合だけですが，きわめて特殊な反応においては，そのニュアンスをスコアに反映させるために，この原則を破りたくなることがあります。例えばⅠ図でブロットの周辺に点々と飛散しているごく小さい点を，「蛾が羽ばたいていて，その粉が飛び散っている」というような場合，ddもWのうちに含まれているとしてWのみで表すよりは「W, dd」とでも表記する方が反応のニュアンスをずっとよく反映するかもしれません。

決定因：被検者の体験にとって最も重要な決定因を主分類に置き，他のもの(弱く関与しているもの，部分のみに関与しているもの，質問がかなり進んでから言及されたもの，など)を副分類とし，さらに重要度が同等な場合は(運動の方

が色彩よりも被検者のより主体的なものを反映しているとみなして)色彩要因よりも運動要因の方を優先させるといったルールがありますが，筆者などは時に次のような工夫もしています。

すなわち仮にそれを主分類とすると目立ちすぎる，つまりその被検者のその反応に，そういう意味をもたせると，被検者の真のあり方からずれるおそれがあると思われるときには，これ(例えばCF)を副分類に落として，主分類には(たいていは)Fを立てるといった具合です。

また，「黒くて今にも雨が降りそうな雲」といった反応の場合，理論的にはKFで事足りるわけですが，被検者の体験を大事にして(表面色である！)C'Fを副分類にそっと入れたりもします。

P-O：ふつうP(平凡)反応とO(新奇)反応とは対照的で，仮にすべてのロールシャッハ反応を一直線上に並べたとすれば，その両端に位置するといえます。ところで，例えばⅢ図で「男性が裸でジャーッと小便をしていて，小便が下(中央下部のD部分)にたまっている」と反応すれば，これは基本的にはP反応ですが，その見方があまりにも個性的で珍しいので，副分類に当たるものとしてOをスコアすることも考えられると思います。ちなみに，他でもないPのところで，このように逸脱した見方をすることは，それだけよけいにO的であるともいえましょう。

⑽　自分なりのロールシャッハ法

以上述べてきたことのほか，さらに，実際の検査状況に参与する人間は検査者と被検者の2人であって，そこで生じる問題，例えば被検者の質問をはじめとする諸言動への対応は，すべて検査者にかかっていること，そしてこうした検査状況が反応に少なからず影響すること，また各反応に付与する形態水準は，"よくできている"とか"不十分である"といった価値的な判断が入る評定であるために，教科書的には一応の判断・評定規準はあるものの，それを行う人の価値観とか厳しさといったものの関与が避けられず，現に比較的厳しく評定する人や甘く評定する人がみられます。したがって各自が自分の傾向を自覚していることが必要になります。

こういったいろいろのことを考慮すると，ロールシャッハ法は，教科書的・標準的な部分もあるにはあるが，多分に"職人芸"的な技法であるといえましょう。したがって学習する場合も，間接学習よりはむしろ直接学習の方がより重要であるといえるかもしれません。

また仮に何人かの人がロールシャッハ法のマスターを目指して学習を始めたと

します。最初のうちは未熟の故に教科書どおりの間接学習も不十分で，個人差がありますが，そのうちにみんなが習熟して(実施・分析・解釈すべての面にわたって)標準的なやり方に収斂して，個人差が少なくなると考えられます。しかしロールシャッハ法の真髄は，実はここから後にあって，各自が自分の経験とそれに伴う"考えること(後述)"を通して徐々に"自分なりの"精練されたロールシャッハ法を創り出していく結果，最終的には最初の段階とは違って，肯定的な意味での個人差が生まれるということになるように思います。

(11) ロールシャッハ法を修得するには

私自身はロールシャッハ法修得の過程を，前述のように，「①未熟なために個人差あり →②教科書的・標準的なやり方→③円熟して個性的」という流れを想定しています。

いうまでもなく，②から③にかけての進歩が最も重要であり，かつ難しいわけですが，その決め手は ②の段階において，たとえ先達が教科書等で提示してくれている解釈仮説などを借用するにしても，いつも必ず自分でその意味(rationale——論理的根拠)を考え吟味し，納得した上で適用するように心がけること——この場合，先入見を排するために，できればブラインドで行うことが望ましい，こうして導き出された所見をその事例の(他の情報で知られた)あり方と突き合わせてみること，であると思います(上芝，1977)。

そして，こうした実践を積み重ねていると，ときには既存の解釈仮説では間に合わなくて，それこそ自分なりの見方・考え方を編み出さざるを得なくなって読解力が身につき，自然に自分なりの分析解釈体系が作られていくわけです。実際，解釈仮説にはまだ開発の余地が残されているのです。

これに対して，安易に数値・比率や数式に頼って，いわば機械的に所見を導き出すやり方は，この"自分で考える"習練を省略ないし簡略化してしまう危険性があり，それでは上達はとうてい望めないでしょう。

なお，ここでの"考える"ための手だては，既述のように唯一特定の理論があるわけではなく，各人の有する常識に始まって，知覚心理学など人間に関するいっさいの学問の知識や理論であり，これを援助するのがスーパーヴァイザーであります。

■ 引用文献

上芝功博　1977　『臨床ロールシャッハ解釈の実際』　垣内出版．
上芝功博　1995　エクスナー法にまつわる三つの論文．ロールシャッハ研究，**37**，金子書房．
Jaspers, C./内村祐之 他訳　1953　『精神病理学総論』　岩波書店．

2章　ロールシャッハ法（エクスナー法）

2-1　はじめに：ロールシャッハ法とは何か

　ロールシャッハ法とは，その創始者であるスイスの精神科医ヘルマン・ロールシャッハ（Rorschach, H.）の名を冠した，数多くあるインクのしみ検査の一つです。彼の天才的な独創性を示すのは，一つは彼の主著（『精神診断学』）の副題である「知覚診断的実験の方法と結果」に込められた，視知覚体験からの対象理解という視点であり，もう一つはその実験刺激としての，あの10枚のインクブロットです。この二つの特質を有するものを，他のインクのしみ検査と区別してロールシャッハ法と呼んでいます。そしてロールシャッハは，視知覚体験の重視という独創性を具現化するのに，いわば「ロールシャッハことば」（小沢，1988）とでも呼ぶべき分類カテゴリーを創案しました。全体反応とか，色彩反応といったスコアリング・カテゴリーがそれです。彼が夭折したこともあって，このカテゴリーについては，その後多くの研究者によってさまざまなシステムが，ことにアメリカで開発されることになりました。その意味では，ロールシャッハ法は単数ではなく，複数形で表記されうるといえるかもしれません。

2-2　エクスナーの意図：共通言語の開発へ

　ロールシャッハ法は，その誕生の地で広く普及することなく，アメリカで開花したといえますが，そのため1970年頃には五つのロールシャッハ・システムが別個につくられてしまいました。（今日でも状況は同じで，スイスのロールシャッハ・テスト研究は，フランス語圏での発表が多く，ドイツ語圏の発表はほとんどなされていません。また，国際ロールシャッハ学会へのドイツ語圏からの参加はなく，英語圏以外では，フランス語やイタリア語，スペイン語といったラテン語圏諸国からの参加が熱心です。）この五つのシステムとは，ベック（Beck）法，クロッパー（Klopfer）法，ハーツ（Hertz）法，ピオトロフスキー（Piotrowski）法，そしてラパポート・シェーファー（Rapaport-Schafer）法です。エクスナー

(Exner, J.E.)は，当初ベック法とクロッパー法の相違を文献展望しようと試みましたが，結局，当初の目的を変更して，これら五つのシステムの比較検討を行い，『ロールシャッハ・テスト：分析と解釈の基本』("The Rorschach Systems")（システムが複数形であることに留意）という本にまとめました。その結果，これらの五つのシステムは考えられている以上に「その相違はあまりにも大きく，それらをひとまとめにしてロールシャッハ・テストとする考え方が，現実的ではなく，むしろ空想的だという大きな結論」（訳書17頁）に至ったのです。

このような相違の原因は，エクスナーによれば，一つにはこれらのシステムの開発者のだれ一人として，ヘルマン・ロールシャッハとなんら直接的な交流がなかったからだといいます。実際，『精神診断学』の英訳が出版されたのは1942年のことですが，同じ年にクロッパーはすでにテストのためのマニュアル（『ロールシャッハ・テクニック』）を出版していますし，2年後にはベックが独自の手引き書（『ロールシャッハ・テスト』）を発表しています。この二人とも原本の英訳者に名前を連ねていないのです。

もう一つの原因として，これらの開発者が受けた心理学の教育や理論的指向の相違を挙げることができます。客観的行動主義的立場を右の極に置き，主観的現象学的立場を左の極に置くならば，ベック法は右の極近くに位置し，クロッパー法とラパポート・シェーファー法は左の極近くを占めることになるとエクスナーは述べています。そして，ピオトロフスキー法は中央のやや右に，そしてハーツ法は中央のやや左に位置することになります。

このためエクスナーは，各種システムの長短を研究するためのプロジェクトを1968年に開始しました。どのようなシステムが採用されているかの調査から始まって，各種システムに従って得られたプロトコルの比較検討などを詳しく調査しました。その結果，研究者や臨床家が，それぞれ勝手に各種のシステムを混交させていたり，スコアリングを行わずに解釈していたり，あるいは個人的な経験を基に独自にスコアリング・システムを創作していることなどが明らかとなりました。スコアリングを行わないでの解釈は，もっぱら反応内容の主観的な解釈になりがちで，その意味ではヘルマン・ロールシャッハの独創性を無視したものといえるでしょう。またシステムによっては教示が異なるために，反応数に相違が認められたり，あるシステムではスコアされるのに，他のシステムではスコアされないにも関わらず，解釈には同じ仮説を採用しているといった事実が認められました。例えば，ベックは質問段階を，反応の領域や決定因を明らかにする情報を導き出すものと考えましたが，ピオトロフスキーは「質問段階の第二の目的は，付加的な資料を収集することにある」（訳書50頁）としています。したがっ

て，ベック法とピオロトフスキー法とでは，質問段階で新たに産出された反応により反応総数が異なることになります。またベック法やピオトロフスキー法では，ヘルマン・ロールシャッハの考えに忠実に，動物の運動反応は基本的には形態反応（F）としてスコアされます。そのためF％の解釈は，本来はシステムによって変えなければならないのですが，そのように行われていないことが多いのです。（しかし，このようなシステム間の相違を無視してもよいとする立場もあります。ラーナー（Lerner, P.）らによって開発された境界性尺度はわが国でもよく採用されていますが，これは本来はラパポート・シェーファー法によるものです。このシステムでは，反応段階の直後に図版を伏せたままで質問段階を行うことになっている。本来であればラパポート・シェーファー法以外に，この尺度を適用できないと思われますが，ラーナー（1994）によれば，包括的システムによるプロトコルにこの尺度を当てはめてもかまわないし，そのような研究も行われているといいます。）

　このようなロールシャッハ・テストの実践と研究の混乱から，エクスナーは「実証性に耐えうる資料が存在していたり，確立できそうな，すべての体系の特徴を統合する計画」に取り掛かりました。そしてその意図は，『ロールシャッハ法：包括的システム』（本邦訳題は『現代ロールシャッハ・テスト大系』）の出版という形に結実したのです。ここで注意しておきたいことは，包括的という形容詞です。エクスナー自身は，「包括的という適切な表題」（訳書28頁）と述べていますが，これは先の五つのシステムを統合して一つにまとめたという意味ではありません。例えば，「評定者間信頼性が.85水準を達成できないスコアは，どれも新しいシステムに含めないようにした」と彼が述べていますように，統計的実証性に耐えうる新しいシステムを開発したのです。その意味では，さまざまな言語の採用というよりも，誰でも使える共通言語の開発であるといえましょう。

2-3　エクスナー法の特徴：包括的システムの完成

　先に述べたように，包括的システムは1974年に発表されましたが，その後の研究成果を取り入れて，たびたび追加修正がなされてきました。そして，エクスナー自身述べているように，今後とも多少の修正は予想されるものの基本的には『ロールシャッハ法：包括的システム（第3版）』（"The Rorschach : A Comprehensive System. 3rd ed.", 1993）にその一応の完成をみたといってよいでしょう。

　ここでは，本書と『ロールシャッハ・テスト・ワークブック（第4版）』（1995）を基に，包括的システムの主要な特徴について紹介しますが，その際修正クロッ

2章 ロールシャッハ法(エクスナー法)

パー法ともいえる片口法との比較をすることによって包括的システムの特徴をより明らかにしてみたいと思います。それというのも，わが国では片口法が広く採用されているからであり(78.7%)，後述するように，包括的システムは本質的にはベック法に拠るところが多いからです。なお，包括的システムの詳細については，エクスナーの一連の訳書を参照してください。

(1) 実施法

　検査の実施に当たって，用意すべきものとして，10枚の図版，記録用紙，ロケーション・チャートのある整理用紙などは片口法と同じですが，反応時間測定のための時計は不要です。ワークブックの第2版までは，エクスナーも反応時間を測定していましたが，現在は反応時間の計測を行っていません。検査者と被検者との座席配置は，対面式をとらないようにと忠告していますが，一般には二人が椅子を並置する形での座席配置を勧めています。対面式で検査者の非言語的な手がかりを被検者に与えてしまわないように，との考えからです。テストの実施が反応段階と質問段階からなることは同じですが，反応段階で総反応数が13以下の場合には質問段階へ移らないで，反応段階を繰り返すことになります。反応段階の教示は，「ここに一組の図版があります。今からあなたにお見せしますので，それが何に見えるか，何のように見えるか，おっしゃってください」といったものですが，反応段階を繰り返す場合の教示は，次のようなものであります。「さて，これでひと通り済んだのですが，でも問題があります。それは答えていただいたものでは，十分な資料を得ることができないのです。それで，すみませんがもう一度，最初から見ていただいて，今度はさっきよりも多く答えてください。さっき見たものと同じものがあっても，かまいませんが，今度はさっきよりも多く答えてくれませんか。」

　エクスナーは，総反応数が13個以下という場合は，その理由が何であれ，信頼のおける解釈ができないという立場をとっています。彼の研究によれば，総反応数が13以下の場合，満足のいく再検査信頼性を得られなかったからです。

　反応生成過程に介入するという点では，反応数が多い場合でも同じです。総反応数がきわめて多いプロトコルを用いて，最初の五つの反応を基にした解釈と，すべての反応を用いた解釈とを比較検討した場合，基本的には相違が認められませんでした。したがって，カードⅠで五つの反応を産出した場合，検査者は介入し，「結構です。それでは次にこれを」と述べて，カードⅡへ移ります。カードⅡでも五つの反応が与えられたならば，同様にカードⅢへ移ります。ただし，このような介入は被検者が五つの反応を与えた後も，なおカードを手にしている場

合であって，自発的にカードを戻す場合には，このような介入をすべきではありません。また，このような介入がとぎれた場合，すなわちカードⅠやⅡで，このような介入を受けながらも，カードⅢでは4個の反応しか与えられなかった場合，その後の残りのカードではこの種の介入を行ってはなりません。なお，反応拒否は包括的システムでは認められていません。カードⅠやⅡといった最初の段階での拒否は，検査そのものへの拒否であると考えられます。その場合は，検査の実施そのものを考えるべきであり，いくつかの図版に反応を与えながら拒否する場合は，反応拒否は断固受け入れないという姿勢で臨むべきで，通常はなんらかの反応を得ることができるといいます。

　質問段階は片口法と同じで，非指示的で誘導的でない質問でなければなりません。被検者が報告したものを検査者も見ることができて，反応のスコアリングが問題なく正確に行われることを目的としています。

(2) スコアリング*

　反応を領域，決定因，内容という3要素に分けると同時に，その反応を形態水準や平凡反応といった評価の点からカテゴリー化していく点は共通ですが，それらのすべてに触れることは紙面の関係上無理なので，いくつかの代表的な特徴について述べます（表2-1を参照）。

　反応領域について　　全体反応，一般部分反応，特殊部分反応，空白反応に分けられますが，片口法のような下位分類はありません。しかし，反応領域のスコアに際して，反応の構造化や分化度の水準によって，発達水準（Developmental Quality；DQ）と呼ばれる四つの水準（＋，o，v，v/＋）が付記されます。反応が明確な形態を有し，構造化されているほど，高水準となり統合反応（＋）というスコアが与えられます。発達に伴って分化していく幼児の絵を思い浮かべれば，発達水準という概念は容易に想像がつくかと思われます。

　決定因について　　決定因は基本的には，形態，色彩，無彩色，濃淡といった知覚刺激と，知覚内容である運動知覚，三次元知覚とにカテゴリー化されており，本質的な相違はありません。しかし，運動反応には，その主体が人間であれ，動物であれ，無生物であれ，積極的‐消極的（active-passive）という肩文字が運動の性質に従って付されます。また濃淡刺激に関係するカテゴリーは，片口法では材質反応，立体反応，拡散反応に分けられていますが，材質反応（T）と拡

＊　ワークブックではコード化となっています。ロールシャッハ・テストの場合，計量するという意味のスコアリングという表現は不適切であり，コード化と呼ぶのが適切と思われるからです。しかしエクスナー自身は1993年の第3版ではスコアリングという表現に戻っています。

2章 ロールシャッハ法(エクスナー法)

散反応(Y)は同じであるものの，包括的システムでは通景という三次元知覚を濃淡に基づく反応(濃淡-展望反応(V))と，濃淡の関与しない形態だけの反応(形態立体反応(FD))に分けているのが特徴です。

表2-1 エクスナー法の整理用紙

構造一覧表

Location Features
- Zf = 18
- ZSum = 61.5
- ZEst = 59.5

- W = 16
- (Wv = 0)
- D = 2
- Dd = 1
- S = 4

DQ
- + = 10 (FQ-)
- o = 9 (1)
- v/+ = 0 ( )
- v = 0 ( )

Form Quality

	FQx	FQf	MQual	SQx
+ =				
o =	13	5	5	1
u =	4	1	1	2
- =	2	1	1	1
none =				

Determinants

Blends:
- M.FC.FC'
- M.FC'.CF
- M.FD
- FD.CF
- M.FC'

Single:
- M = 3
- FM = 3
- m =
- FC =
- CF =
- C =
- Cn =
- FC' = 1
- C'F =
- C' =
- FT =
- TF =
- T =
- FV =
- VF =
- V =
- FY =
- YF =
- Y =
- Fr =
- rF =
- FD =
- F = 7

(2) = 8

Contents
- H = 2
- (H) = 3
- Hd =
- (Hd) = 2
- Hx =
- A = 7
- (A) = 1
- Ad = 1
- (Ad) = 1
- An =
- Art =
- Ay = 0,1
- Bl =
- Bt = 0,1
- Cg = 0,2
- Cl =
- Ex =
- Fd =
- Fi = 0,1
- Ge =
- Hh =
- Ls = 0,1
- Na =
- Sc =
- Sx =
- Xy =
- Idio = 1

Approach Summary

Card: Locations:
- I : W, WS, W
- II : W,
- III : W,
- IV : W, WS
- V : W, W
- VI : D, W, W
- VII : W, W
- VIII : W
- IX : D, WS
- X : W, Dd

Special Scorings

	Lvl-1		Lvl-2
DV	0	×1	×2
INC	0	×2	×4
DR	0	×3	×6
FAB	0	×4	×7
ALOG	0	×5	
CON	0	×7	

- Raw Sum6 = 0
- Wgtd Sum6 = 0

- AB = 0, CP = 0
- AG = 0, MOR = 0
- CFB = 0, PER = 0
- COP = 3, PSV = 0

比率，パーセント，数値

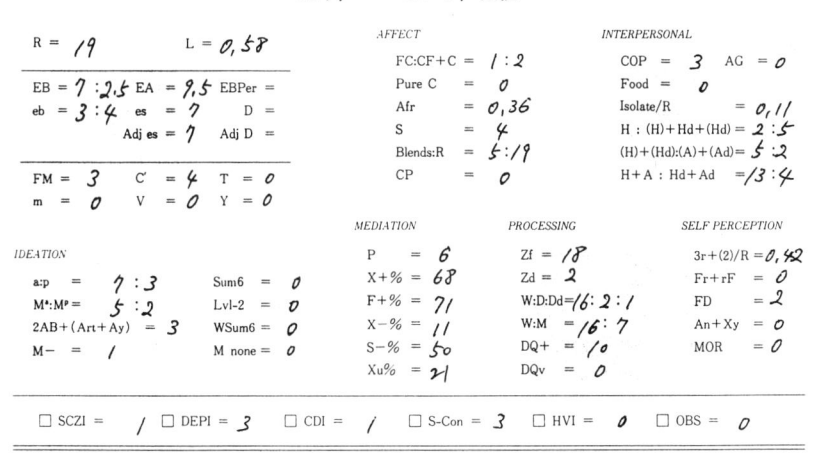

- R = 19
- L = 0.58

- EB = 7:2.5 EA = 9.5 EBPer =
- eb = 3:4 es = 7
- Adj es = 7 Adj D =

- FM = 3 C' = 4 T = 0
- m = 0 V = 0 Y = 0

IDEATION
- a:p = 7:3 Sum6 = 0
- M^a:M^p = 5:2 Lvl-2 = 0
- 2AB+(Art+Ay) = 3 WSum6 = 0
- M- = 1 M none = 0

AFFECT
- FC:CF+C = 1:2
- Pure C = 0
- Afr = 0.36
- S = 4
- Blends:R = 5:19
- CP = 0

MEDIATION
- P = 6
- X+% = 68
- F+% = 71
- X-% = 11
- S-% = 50
- Xu% = 21

PROCESSING
- Zf = 18
- Zd = 2
- W:D:Dd = 16:2:1
- W:M = 16:7
- DQ+ = 10
- DQv = 0

INTERPERSONAL
- COP = 3 AG = 0
- Food = 0
- Isolate/R = 0.11
- H:(H)+Hd+(Hd) = 2:5
- (H)+(Hd):(A)+(Ad) = 5:2
- H+A:Hd+Ad = 13:4

SELF PERCEPTION
- 3r+(2)/R = 0.42
- Fr+rF = 0
- FD = 2
- An+Xy = 0
- MOR = 0

☐ SCZI = 1 ☐ DEPI = 3 ☐ CDI = 1 ☐ S-Con = 3 ☐ HVI = 0 ☐ OBS = 0

SGZI（精神分裂病指標）　　CDI（対処力不全指標）　　HVI（警戒心過剰指標）
DEPI（うつ病指標）　　　　S-CON（自殺指標）　　　　OBS（強迫的様式指標）

色彩や濃淡といった刺激特性に基づかず，反応の内容による決定因カテゴリーが新しくつくられました。それはペア反応と反射反応です。ペア反応(2)は，ブロットの対称性により，同じ二つの対象が反応として述べられており，2匹の犬とか1対の置物といったような反応です。一方，反射反応(Fr,rF)は，湖に映っているとか，鏡に反射しているといったぐあいに，同一の対象を左右あるいは上下に認めるといった反応です。濃淡の関与にかかわらず，片口法では反射は立体反応としてコード化されますが，包括的システムでは別個のカテゴリーとして独立したものとなっています。

多くの決定因が反応の形成に与っている場合，片口－クロッパー法では主決定因と副決定因といった重みづけを行いますが，包括的システムではベックにならい，いずれも主決定因として扱います。そして，複数の決定因が関与する反応はブレンド反応と呼ばれています。

反応内容について　　反応内容は，26種類のカテゴリーが準備されており，これらのカテゴリーに入らないものは個性記述的反応(Idio.)と分類されます。片口が反応内容のカテゴリー化にあたっては，比較的緩やかであるのに対して，厳格です。また決定因と同じくブレンドを採用していますが，後述する孤立指標がらみで自然(川や雨など；Na)を植物(Bt)や風景(Ls)に優先してスコアします。

形態水準について　　形態水準は，4段階で判定をしている点は片口法と同じですが，片口法では形態の一致度を手がかりとしているのに対して，エクスナー法は形態水準の基準を当該反応の出現頻度に求めています。すなわち，7500の記録の少なくとも2％の出現頻度で認める全体反応や一般部分反応を普通反応(o)とし，2％未満の被検者にしか見られないものの，すぐに容易に認めることのできる反応が特殊反応(u)とされました。そして，それ以外の出現頻度の反応とブロットとの適合という点で，無理のある反応がマイナス反応(－)となっています。逆に，質を損なうことなく，明細化の行き届いた普通反応は優秀反応(＋)とコード化されます。これらの判断のために，リスト表が準備されています。リスト表を参照すれば，初心者でも形態水準の判定にとまどうことなく，容易にコード化できます。

組織化活動について　　ブロット領域を相互に関係づけた組織化活動に対して，Zスコアという数値が与えられます。Zスコアそのものは，もともとベック法で採用されている概念で，認知的活動水準を表すものと考えられていますが，包括的システムにそのまま取り入れられました。

特殊スコアについて　　被検者の言語表現をスコアするために，14種類のカテゴリーが設けられています。これらは作話や不適切な論理(片口の位置反応)な

ど，思考の緩みを示唆する逸脱言語反応や，攻撃的あるいは協力的，不快といった反応内容に含まれる特殊な性質から被検者の投影をうかがえる反応です。

(3) 解釈と各種指標

　包括的システムでは，解釈は被検者の心理的特性を七つのクラスター（統制力とストレス耐性，感情，観念作用，認知，情報処理過程，対人的態度，自己イメージ）の分析を通して進められます。これらのクラスターは，個々の変数のみならず，自己中心性指標（3r +(2)/R）とか孤立指標（Isolate/R）といった独自に開発された変数からなっています。そして，精神分裂病指標など六つの特殊指標（表2-1の下段を参照）を含めた一定の変数をもとに，例えばSCZIが該当する場合，観念作用→認知→情報処理過程→統制→感情→自己イメージ→対人的態度といった具合に，解釈の優先順位が決まっています。エクスナーは戦術という言葉を用いていますが，解釈に一定のルーチンができているのも本システムの特徴で，マニュアル化しているといえましょう。

2-4　エクスナー法の長短：信頼性と言語の問題

　片口法と比較しながら，包括的システムの特徴を紹介してきました。エクスナーはさまざまなシステムによる混乱を解消しようとして，精力的な研究の結果，前述したような包括的システムを開発しました。その過程で，それぞれのシステムの問題点を明確にし，その一部には独自に解答を与えてきました。例えば，濃淡反応は印刷のミスによって生じたこともあり，研究者によってそのスコアリングはさまざまです。片口法では，遠近という三次元知覚が，濃淡によるか否かを問わずFKとスコアリングされますが，そのもととなっているクロッパー法ではそうではありません。

　エクスナーが濃淡という刺激要因の関与度によって三次元反応を濃淡展望反応，形態立体反応，反射反応の3種類に分けた点などは，刺激特性に基づいて概念的整理を行ったものと評価できましょう。エクスナー法が知覚−認知的システムとも呼ばれるゆえんでもあります。また領域に関するカテゴリーでも，下位分類をなくして，スコアリングでの透明度を高めています（もっとも，包括的システムの多くはベック法に依っており，領域のコード化も例外ではないし，組織化活動得点はベックの数値をそのまま採用しているのですが）。さらに形態水準の判定に関してはリスト表を採用しておりますし，これも初心者がしばしば遭遇する悩みの解消とともに，検査者間の一致度を高めています。結局，包括的システ

ムでは，検査としての信頼性を高めることに焦点が当てられているといってよいでしょう。

　しかし，検査者間の誤差をなくすためにとられた方法が，逆に短所とはならないでしょうか。(検査者間の不一致を，誤差として検査者側にだけ帰すことは，統計的な見方です。反応のコード化に悩むのは，検査者の技量不足ではなく，臨床的には被検者の問題の反映である場合も多いのです。) リスト表は確かに統計的基準が明確ですが，もし検査者間の一致度を強調するのであれば，ベックのように＋と－の二件法でも，不一致度を低減させるでしょう。エクスナー法では，頻度により三件法(優秀反応は基本的には頻度ではない)を採用していますが，しかし頻度のみならず，マイナス反応のように反応の形態とブロットとの不一致度をもやはり考慮に入れており，その意味では一貫性を欠いています。なお，リスト表を採用する場合，文化的要因は無視できず，わが国での記述統計的標準値に基づくものでなければなりません。

　反応段階で総反応数が13個以下の場合，質疑段階に入らないという特徴も，信頼性がらみです。それは13個以下の場合，再検査信頼性が保証されないからです。しかし，検査時の座席配置に神経を使い，質問段階での教示でも「非指示的で，構えをつくってしまわないように手がかりを与えないものでなければならない」と述べていることを考慮すると，あまりにも不用意なように思われます。シェーファー(Schafer, R., 1954)の指摘するように，「検査者は反応を欲しがるもの」ですが，日をおいた再検査でも，十分情報が得られるものと思われます(コード化できる反応を欲しがる検査者心理へのシェーファーの考察は，臨床的に重要な見解です)。

　包括的システムの採用にあたって，もっとも大きな問題は言語の問題でしょう。ロールシャッハ法が知覚課題だけでなく，言語の果たす役割を無視できない検査であることをかつて指摘しましたが(小川，1994)，その意味でペア反応は，冠詞で単数か複数かがわかる言語とは大きく違う，日本語にはなじまないものです。同様なことが，運動反応の肩文字と特殊スコアにも一部当てはまります。これらのカテゴリーについては，やはり文化の違いを十分考慮していかねばなりません(Weiner, 1996)。

2-5　おわりに：バベルの塔は必要か

　かつてユステリ(Loosli-Usteri, 1937)は，「われわれが一様のロールシャッハ術語を用いるならば，われわれのすべてにとって理解が容易にならないだろう

か。私は危惧しているのだが，もし各研究者たちがそれぞれ独自の術語を用いているならば，まもなくわれわれはバビロニア的言語混乱を起こすであろう。」(Exner, 1969)と述べました。包括的システムはこの問への答えであるかもしれません。しかしながら，言語は常にその基盤に思想や文化を内蔵しているものです。それぞれ異なる文化があってこそ，異なる言語があるのです。言語の統一は，個々の文化そのものまで否定してしまうことにはならないでしょうか。文化の違いを理解した上での言語使用は，ユステリの心配する混乱を引き起こすというよりも，むしろロールシャッハ法を豊かなものとしてくれるでしょう。

　包括的システムは検査者の判断の迷いを少なくするという点で，初心者にとって比較的学習しやすいといえます。しかし習慣や文化を理解しないのでは，真に言葉を理解したとはいえないように，包括的システムの学習に際しても，マニュアル化することなく，そのバックボーンをよく理解してもらいたいと思います。

■ 引用文献

Exner, J.E. 1969 *The Rorschach systems.* Grune & Stratton. （本明 寛監修　1972　『ロールシャッハ・テスト―分析と解釈の基本』　実務教育出版.）

Exner, J.E. 1986 *The Rorschach : A comprehensive system.* Vol.1 : *Basic foundations,* 2nd ed. John Wiley & Sons. （高橋雅春他監訳　1991　『現代ロールシャッハ・テスト大系(上)(下)』　金剛出版.）

Exner, J.E. 1993 *The Rorschach : A comprehensive system.* Vol.1 : *Basic foundations,* 3rd ed. John Wiley & Sons.

Exner, J.E. 1995 *A Rorschach workbook for the comprehensive system.* 4th ed, Rorschach Workshops. （小川俊樹 監訳　1995　『ロールシャッハ・テスト，ワークブック』　金剛出版.）

Lerner, P. 1994 11月16日付の私信.

小川俊樹　1994　決定因の言語論的理解――品詞分類からみた一試論．ロールシャッハ研究, **36**, 19-26.

小沢牧子　1988　ことばとしてのロールシャッハ記号．秋谷たつ子 監修　『ロールシャッハ法を学ぶ』　金剛出版.

Schafer, R. 1954 *Psychoanalytic interpretation in Rorschach testing.* Grune & Stratton.

Weiner, I.B. 1996 10月16日付の私信.

■ 参考図書

Exner, J.E. 1991 *The Rorschach : A comprehensive system.* Vol.2 : *Interpretation,* 2nd ed. John Wiley & Sons. （藤岡淳子 他訳編　1994　『ロールシャッハ解釈の基礎』　岩崎学術出版.）

Exner, J.E. 1995 *Issues and methods in Rorschach research.* Lawrence Erlbaum

高橋雅春・西尾博行　1994　『包括的システムによるロールシャッハ・テスト入門』（基礎編）サイエンス社.

高橋雅春・高橋依子・西尾博行　1998　『ロールシャッハ解釈入門』　金剛出版.

3章　TAT(主題統覚検査), CAT(児童統覚検査)

3-1　はじめに

　心理検査の効用とは，まず，それがパーソナリティの重要な側面に光を当ててくれるということでしょう。そして次には，臨床活動(訓練を含む)に役立てることができるということでしょう。これらは相互に異なった面として，分けて論ずるのが妥当であると思います。それでTAT (Thematic Apperception Test), CAT (Children's Apperception Test)の効用とその限界を論ずるのが課題である本章でも，そうしたいと思いますが，力点は勢い，後者よりも前者の面に置かれることになるでしょう。というのは，TATやCATでは，まだまだ，検査実施の産物である物語の正しい解釈の仕方が普及しているとは言えないからです。こういう状況では，ほんとうは，臨床場面の効用性を云々(うんぬん)するのはまだ早いというべきでしょう。

　なぜこういう状況にあるかというと，一つには，TATやCATの実施の結果生ずるのは平易な言語的産物であり，それから語り手の何かを引き出すのには特別な訓練を要しないと思われやすく，その結果いつまでたっても解釈の仕方は進歩しないということがあると思われます。さらに，TATは実施に時間と労力を要するので，臨床現場での使用が敬遠され，その当然の結果として，あまり発展させられることなく来てしまったとも考えられます。おそらく，これらの理由が重なって，現今のような状況になっているのでしょう。

　それはともかく，TATやCATの物語から語り手のパーソナリティの諸側面を正しく推察するには，やはり，それなりの学習と訓練が必要なのです。ときどき見かける，語り手の生育史的事実や生活状況とTAT，CATの物語のあれこれとを関連させるだけの「解釈」を思うにつけ，まずこのことに注意を促しておく必要を感じます。

　さて，上述のことから自ずと理解されると思いますが，筆者のこれまでの研究上の努力も，主にTATの物語から，語り手のパーソナリティを正しく推察する指針を示すことに向けられてきました。もう少し具体的にいうと，TATの各

3章 TAT（主題統覚検査），CAT（児童統覚検査）　　153

カードで生ずる種々の物語が，語り手のパーソナリティのどのような側面を明らかにしているかを，多数の物語の分類や事例研究的方法によって提示しようとしてきたのです（鈴木，1997）。その結果，TATは，被検者のパーソナリティの重要な諸側面をかなりの程度明らかにしてくれるという確信を得るに至りました。ここでは，筆者自身の研究結果に基づいて，冒頭に述べたように，TATはパーソナリティのどのような側面に光を当ててくれるものであるかを主に論じ，残りの紙数において，CAT，およびTATとCATの臨床的な使用の面に関する筆者の見解を述べてみようと思います。

3-2　TAT（主題統覚検査）で明らかになるもの

　まず一般的に，TATで明らかになるものは，広いのか狭いのか，深いのか浅いのか，さらに，パーソナリティの形式的側面か内容的側面かなどのことが問題にされるでしょう。
　しかしこれらに明快に答えることは困難です。TATはSCTに比べて狭いが深い知見を与えてくれる検査であるという意見もあります（佐野・槇田，1972）が，約20枚の質的に異なる絵に対して作られた物語から得られる知見は必ずしも狭くありません。一方，TATは，ロールシャッハ・テストに比べて，パーソナリティのより浅い層を明らかにするという見方が一般的のように思われますが，これとても，よく考えてみれば，わかるようなわからないような見解です。表層的なものも深奥のものを基盤にしているのなら，表層的な素材から深奥の機能や構造に至る道は本来閉ざされていないはずです。しかも心理検査の種類を問わず，結果自体は，表層に現われたものということができるのです。さらにまたロールシャッハ・テストがパーソナリティの構造面ないし形式面を明らかにするのに対し，TATは内容面を明らかにするというのが大方の見解のようです。それはそれでまちがいではないのですが，ロールシャッハ・テストがパーソナリティの内容面を印象深く示してくれることもありますし，TATが形式面を明らかにしないわけではないのです。いや，むしろ，TATで，反応内容が乏しいために，内容面はほとんどわからず，形式面だけに理解が限定されるということもままあるのです。
　以上のように，TATについて広く流布している見解はどれも，一般に一つの定まった理解の仕方が人々の心に与える安らぎを提供すること以上の意味をもたないようです。それで筆者は，以下に一般的なことではなく，筆者自身のTAT経験，研究から得られたものを個別的，具体的に述べることにします。ただ，こ

こですべてを開陳することは到底不可能で，パーソナリティの重要な側面のいくつかを取り上げ，それらがTATのどのような反応から導き出されるかを例示するにとどめざるをえません。

(1) パーソナリティの形式的側面

a. 知的側面 TATは言語的産物を生ずるので，当然，知能，特に言語面の能力が露わになります。使用されるヴォキャブラリーの質と量，表現の明確さの度合い，物語全体としてのまとまり具合などは，物語を通読するだけで直覚されるものであり，それらから自ずと，被検者の知能水準も推し測られるのです。しかしこれは，ごくおおまかな推測にすぎないことを認めなければなりません。TATから分析的かつ量的に知能水準を推定することが不可能だとは思われませんが，その手続きは非常に煩雑なものにならざるをえないでしょうし，それは，それ用の検査，すなわち知能検査に任せればよいと思います。

b. 情意的側面 TATにおいては，被検者は，絵のなかの人物，あるいは物語に導入された人物が，何を考え，感じているかを述べるように求められているわけであり，人物に付与された，感情や思いの，明確・不明確，強弱，単純・複雑などのことから，被検者自身の情意的側面について，その機能水準や分化度を推測することができます。言うまでもないことですが，ある人物の内面が，適度に詳しく，明確に表現されていれば，語り手は，分化した豊かな感情生活をもっているということになりますし，逆に，人物の行為の動機や行為の結果に対する内的反応などが不十分にしか語られていない場合には，語り手は，内面が未分化で，衝動的な行動に走りやすい人であることが推測されるのです。

しかしこれらのこと以前に，絵のなかの人物と人物とを関係づける力の強弱に，情動面の基本的な機能水準が示唆されているということができるでしょう。

以上ごく簡単に述べた知的側面一般と情意的側面一般の推定は，TATにあまりなじんでいない人でも，ある程度の心理学的訓練を経ていれば，比較的容易に習得できるTATの技能に属します。TATで，容易に見えて実は容易でないのは，反応内容から，パーソナリティの「内容」面を推測することだというのが筆者の持論です。それについて次に述べます。

(2) パーソナリティの内容的側面

パーソナリティの内容的側面とは，ここでは，ある人が具体的な対象や状況に対してもつ表象ないしイメージ，それに向けている感情，態度などを指すことにします。

3章　TAT（主題統覚検査），CAT（児童統覚検査）

　人は一般に，ある特定の対象や状況に対し比較的不変のイメージや態度傾向を抱いており，それがその人らしさを形成しているといえます。もちろん，種々の要因によって，ふだん抱いていたイメージや態度傾向が変化することはありますが，多くの場合それは一時的な変化で，やがてまたもとのイメージや態度傾向に戻るものです。このように，イメージや態度傾向は比較的不変ですが，これは肯定的と否定的の両面をもっています。肯定的な面とは，先述した，その人らしさを醸し出すということであり，否定的な面とは，治療によって良い方向に変わることも容易ではないということです。

　さて，人にとって重要な対象や状況とは，例えば自分が育った家庭であり，養育者である父母であり，友人・仲間であり，異性であり，さらに一際重要なのは自分自身です。

a．家庭状況　家庭の状況を示唆する物語が作られやすいカードは少なくありませんが，カード19はその一つです。ある女性被検者はこのカードで次のような反応を与えています。

　　雪が降っている。雪が積もって……　こう，荒地に雪が降ったという感じですね。そのなかになんか家が1軒あって，雪に埋もれている……　悪魔の棲むようなうち……　幻っていう感じ。＜幻？何が？＞　幻想的な……＜幻想的なというのは……＞この世にないような幻の……そういう絵だと思いますけど……＜幻想的な悪魔の棲むうちみたいな……＞はい。（＜　＞内は検査者の発言。以下同様。）

　このカードの絵のなかに，家ないし船を認知し，家（船）を取り巻く環境は厳しいが，なかの人は楽しく団欒しているという物語を作るならば，作り手には，自分を守ってくれる基地としての家庭のイメージが内的に保持されているということができるのですが，上掲の物語では，家は認知されているものの，それは悪魔の家です。被検者は，すっと家のなかの人々に同一化するのではなく，こちら側にいて，家のなかの住人を恐れているようなのです。ここから，被検者には，守りとなる家のイメージが存在しないか希薄であることが推測されるわけです。いや，家は安心どころか脅威を与える場としてイメージされているとすら思われるのです。この被検者はアルコール依存症の患者ですが，あるシンナー乱用青年は，同じカードで物語作りに失敗しています。すなわち，「わからん」と首をひねりながら長時間考えていたのですが，とうとう「理解ができん」と匙を投げてしまったのです。この失敗の理由は単純ではないかもしれませんが，被検者が絵のなかに家すら認知しえなかったことは，彼のなかの家のイメージが希薄であることを示唆しているように思われます。因みに同じ被検者の，カード1に対する反応は次のようなものです。

> バ，バイオリンが欲しいもんで悩んでるっちゅうか……前にしてるっちゅうか。＜うん？＞バイオリンが弾けんもんで，うまく，うまく弾けんもんで，で，悩んでるっちゅうか。(後略)

　物語のテーマは途中で変っていますが，初めの部分が注目に値します。すなわち，物語のなかの少年は，まだバイオリンを所有すらしていないのです。そして詳しく説明する余裕はありませんが，バイオリンと少年との間のこのような距離の大きさは，被検者自身が恵まれた境遇になかったことを示唆しているというのが筆者の持論です。

　b. 父親像　先のシンナー乱用青年は，カード7BMに対し，次のような反応を与えています。

> (カード呈示後2分近く経ってから)会話をしている……＜会話をしている。＞はい。＜どんな会話かな？＞うーん……なんか，こっちのおじさんが，この人を脅しとるような感じに見えるけど……＜2人はどういう関係かな？＞どんな，うーん，ただ他人やと思うけど，他人同士。＜これからは？＞うーん，この人の言うことを聞くと思います。

　この反応で着目すべき点は，父親や上司と見られやすい人物が，若い方の人物としっかり関係づけられず，しかも彼を脅していることです。人間は，父親を土台にして，年長の男性のイメージを形成していくと思われますから，上の物語の語り手においては，良い父親体験はなかったことが推測されます。

　同じ被検者は，カード8BMで次のような物語を作っています。

> 船のなかで……なんかの手術をしている。で，それを見たこの子が描いた絵ちゅうか。＜船のなか？＞はい。＜どうして手術することになったんだろう。＞盲腸かなんかじゃないですか。＜で，この子とこの人たちとは関係ある？ない？＞うーん，関係は，あ，あるんじゃないかな。＜というと，どんな？＞このお医者さんの子どもとか。＜ああ。どんなつもりで絵に描いたんだろう。＞うーん，この手術たぶん成功したんじゃないかなあと，それでたぶん自慢ちゅうか，うちのお父さんが，船のなかでも，あんな揺れてるところででもちゃんと手術ができると。

　この物語では，父親は，息子にとって尊敬に値する人物として登場しています。このことは，8BMでは珍しいことではありませんが，自分の父親を人に「自慢」するという子どもらしい表現に，被検者が，現実には存在しない立派な父親を希求していることが推測されます。この推測を支持するのが，次のような12BGでの反応です。

この川でこの人が釣りをしたいんやけども，向こう岸に船があるもんで，なんとかしてこっち側にもってこれんかなあと思っているとこか……違うかな，向こう岸に渡りたいんかな。こっちに偉いさんみたいな人が座っているもんで，この人召使いで，こっちの，向こう岸に渡りたいんやけど，船がこっち側に行っちゃってるもんで，船をロープかなんかにひっかけて，こっちに，引っ張ろうと思っている。(後略)

このように，本来人が認知されえない12BGで主人と従者が認知されたということが，被検者における父なるものの希求の強さを印象づけるのです。

c. 母 親 像　　母親像を推測させてくれるカードは少なくありません。

例えば，カード2で，"女子学生(前景の女性)が畑仕事をしている男性に思いを寄せているが，男性の母親(木にもたれる女性)が見張っているので近づけない"というような反応を，女性被検者が与えたとすれば，彼女にエディプス的な母親との葛藤が推測され，男性被検者が与えたならば，彼が母親の精神的支配を脱していないこと——やはりエディプス的問題——が推測されるのです。

カード5と6BMもしばしば被検者の母親像を明らかにしてくれます。ある男性は，それぞれに以下のような反応を与えています。

カード5：ちゃんといい子で勉強して，あの，自分の女の子どもが，ちゃんといい子で勉強しているかと思って，ちらっとドアを覗いたら，姿が見えなくて驚いているお母さんで，どこ行ったのかしらと思って，ちょっとこれから探しにいこうといった感じに見えます。(後略)

6BM：この人が癌にでもかかっているような病気で，医者がおって，その告知された，えーと，その本当の癌だという告知を知って，驚いて聞き入っている母親とその本人。これから，母親が子どもに，気持をしっかり持ちなさいよとか言って励まして，入院なんかして，病気と闘っていく。(後略)

前者からは，子どもの行動に目を光らせる監視的な傾向の母親像が推測されます。後者では，母親は，画外の第三者——この場合，その人は必ずしも「子ども」にとって敵対的な存在ではありませんが，癌の宣告という，言わば"去勢"を行う者です——に対し，子どもの楯になっているという趣きがあります。この種の反応は，被検者がまだ母親の心理的庇護の下にいて，母親と対峙する準備ができていないことを表しているというのが筆者の仮説です。それで，上掲の二つの反応を併せると，被検者のいわゆる母親固着というものをかなりの確からしさをもって指摘することができるのです。

d. 異性像　　上と同じ被検者は，カード4に対し次のような反応を与えています。

>　一目見て家庭内の不和ですね。父親がたとえばどっかの女性と関係したりなんかして，それの発覚を妻が問い質すように夫を責めている状態で，この絵から見ると，この夫婦はうまくいかなくて別れる。

　この反応からは，被検者の心のなかの女性は，勝気で侵入的な面の強い女性であることが感じ取られます。男性の女性像は，一般に母親を土台にして形成されていきますので，先に見たような被検者の母親像からすると，このような女性像はごく自然に納得されるところです。

　紙数に限りがあるので，例示できませんが，被検者の異性像をうかがわせてくれる可能性のあるカードは他にもいくつかあります。

　e. 自己像　　自己像も，特にカードを限定しえないほど，さまざまなカードで，さまざまな仕方で示唆されます。先に言及したアルコール依存症の女性患者は13MFで次のような物語を作っています。

>　夫婦で，奥さんを抱く気がないから，旦那さんが逃げようとしてるんかしら。こんな女はいやだっていう感じで。それぐらいです。(後略)

　この物語は，かなり特異な反応で，それゆえに個人的なものが色濃く投影されていると言えるのですが，被検者の性的魅力の面での著しく低い自己評価を感じさせられます。他方，この被検者のカード15での物語は次のようなものです。

>　お墓のなかのミイラっていう気がします。これ外国の墓ですね。どこかからミイラが出て来た……　出て来たというより，そこで自殺してそのままミイラ化したという，そんな感じです。(後略)

　「自殺してミイラ化した」という表現には妙な生なましさがあります。被検者がアルコールを求めてやまないのは，自分は生命の根源である水を失って干からびているという思いがあるからかもしれません。カード15は，無意識的な自己像が表されることがあるカードとして筆者は注目しています。因みに，やはり先に言及したシンナー乱用青年のこのカードでの反応は次のようなものです。

>　幽霊。なんか，ひどい殺され方をしたような感じ。それで化けて出た。(中略)なんか，男の人に襲われたかなんかで，その挙句の果て殺された。＜これから……＞復讐に行く。

　被検者の虐待された自己の像が直接的に伝わってくるような反応です。

3章　TAT(主題統覚検査), CAT(児童統覚検査)　　　　　　　　　　　　159

　以上, 家庭状況, 父親像, 母親像, 異性像および自己像が, TAT の物語にどのように反映されるかを, ごくわずかの例を引いて示してきました。ここで誤解のないように言っておかねばならないことは, TAT から明らかにされるパーソナリティの内容面は, 上記の事柄に尽きるのではないということ, および, それらが示されるカードと反応のありようは狭く限定することが難しいということです。

3-3　CAT(児童統覚検査)

　CAT は, ベラック(Bellak, L.)のアイデアによって成ったものですが, わが国では, 戸川らが日本版を作成しました。後者も——あるいは後者の方が——よく使われています。

　CAT の反応を解釈する基本的態度は, TAT の場合と同じです。正しく解釈するためには, 各カードごとに, どのような種類の反応がどれくらいの頻度で生ずるかを予め知っている必要があります。ただ, 子どもの心は, おとなの心ほど, 複雑な防衛的加工が施されていず, 割合ストレートに物語に反映されますので, 反応解釈は比較的容易だと言えます。ほとんど「解釈」は不要だと思われる場合も少なくありません。

　しかし CAT の対象となる子どもの年齢には幅があります。幼稚園児の反応と小学校高学年の児童の反応を同列に論ずるわけにはゆきません。子どもの年齢が高くなるに従って,「解釈」の必要の度合いは増すと言えます。

　なお, 筆者は, CAT よりも TAT に深くなじんでいるせいもあり, 小学校高学年の児童には, TAT が使用できるし, また, TAT の方が有効だという意見をもっています。

3-4　TAT, CAT の臨床的使用について

　TAT, CAT は反応の量的処理が困難で, それゆえ, 病理水準の判定のための厳密な基準を提供するには不向きだと言わざるをえませんが, 心理療法につなげやすい点では, 同じく投影法のロールシャッハ・テストや質問紙法の MMPI に優るといえるのではないかと思われます。というのも, TAT や CAT では, クライエントの心理的問題を理解するのに欠かせない, 家庭状況や両親像や自己像, さらに対人的構えや性的および攻撃的欲動のあり方などについて, ロールシャッハ・テストよりももっと直接的に, MMPI よりももっと具体的に示して

くれるからです。

　したがって，反応から汲み取るべきものを正しく汲み取ることができさえすれば，TATとCATは心理療法の実践に大いに役立たせられるだろうと信じられます。

　これの証拠を積み上げていくことは，「はじめに」で述べたように，筆者にとっても今後の課題ですが，少なくとも，心理臨床の訓練としてのTAT，CATの意義は，現時点でも確信しえます。

　例えば，TATあるいはCATのプロトコルをもとにした事例研究会などで，あれこれと意見を出し合い，被検者の人格像を浮かび上がらせていくことは，たとえ，繰り広げた解釈の正しさが保証されえないとしても，人間洞察の力を養う上では，ばかにならない成果をあげるのではないかと思われます。筆者は，こういう経験を経ずして心理療法の世界に入っていく人にはある種の限界を感じざるをえません。

　ある年齢段階に達してしまうと，投影法の技法を新たに学ぶことが難しくなります。学んで学べないことはないのですが，学ぶのがめんどうくさくなります。そして，何もそんなめんどうなことをしなくても，人生経験と実際の援助活動を通して，人間を理解することができるのではないかと思いがちです。筆者は，こういう姿勢それ自体が誤っているとは思いませんし，それゆえ改めてもらおうという気もありませんが，そういう姿勢の人は，福祉的活動によって社会に奉仕するものの，そして，一種の人間通にはなるものの，心理学に関してはいつまでも素人にとどまらざるをえないだろうと思います。できたら，若くて吸収力があるうちに，投影技法に取り組むことでパーソナリティ把握の仕方を鍛えてほしいものだと思います。

■ 引用文献

鈴木睦夫　1997　『TATの世界』　誠信書房.

■ 参考書

安香　宏・藤田宗和 編　1997　『TAT解釈の実際』　新曜社.
岡堂哲雄編　1998　心理査定プラクティス．現代のエスプリ別冊「臨床心理学シリーズⅡ」　至文堂.
山本和郎　1992　『TATかかわり分析』　東京大学出版会.

4章 SCT（文章完成法）

4-1 はじめに

　SCT（sentence completion test: 文章完成法）は，未完成文章を提示して自由に完成させるという課題を通じて，被検者の特性を理解するという心理検査です。SCTは現在では，病院臨床や相談機関，司法関係の施設などでテスト・バッテリーの一つとして使用されることが多く，被検者のパーソナリティや能力，環境，対人関係などを具体的に把握できるテストとして活用されています。

　さて，SCTは文章を書くという意識的作業を課すものです。にもかかわらず，投影法検査とされるのはなぜでしょうか。そのことから考えてみましょう。

　例えば，「『私の父』という文章を読んで思い浮かんだことを何でも自由に書いて下さい」と言われたら，皆さんはどのようなことを書くでしょうか。「私の父」といえば，皆さんの父親一人しかいないはずですが，ここで5人の大学生の例を引用してみましょう。

① 私の父　は勉強もスポーツもできる人です。
② 私の父　は非常に実直な人ですが，少し気の弱いところもあります。
③ 私の父　今朝5時半に起きて6時に仕事に行きました。
④ 私の父　は親方であり，大黒柱であり，孤独です。
⑤ 私の父　の気持ちを母はもっと大切にしてあげて欲しい。

　このように，人それぞれに多様な反応が出現します。各自の父親は一人ですが，各自が自分の父親のどの面をどういう言葉で記述するかということに関しては，相当多様な可能性があるものと思われます。この点について刺激文は多少違いますが，辻（1978）は次のように述べています。「例えば今，"私と父は……"という課題を例にとってみよう。これを普通の対面での質問にすると『あなたとあなたのお父さんは？』という問いかけになろう。対面でこのような質問をすれば『私と私の父の何についてですか』という反問があるに相異ない。『あなたとあなたのお父さんは？』という問いかけは，本人とその父親との関連を問うているがいかなる関連性についてであるかは何もふれていない。このような問いかけは

普通の対面では成立せず，文章完成テストであるために成立している。そしていかなる関連性を選択するか(無関連性の指摘を選択する場合も含めて)，本人の自由にまかせられている点に本テストの投影性がある。」すなわち，刺激自体は，文章で構成度が高く反応の規定性も高いのですが，刺激文を読んだ被検者一人一人の連想や表現は多様であり，この多様性こそが，SCT が投影法に位置づけられる根拠となるのです。

4-2 SCT の歴史

　SCT は一般的には，言語連想テストから派生してきたと考えられています。確かに，両テストには刺激として言語を用いるという共通性がありますが，その目的において多少次元が違うものと考えられます。というのは，言語連想テストは無意識にあるコンプレックスを探るのが目的であるのに対して，SCT は，より広汎な情報収集が目的なのです。すなわち，単語刺激に単語で答えるという言語連想テストではパーソナリティ全般を把握するためには不十分ですので，刺激を文章にして規定性を高め，被検者に関して知りたい情報を効率的に豊富に得られるようにしたのが SCT なのです。そういう意味で，一種の構造化された面接のような側面があります。ただし，SCT の方は一方通行ですし，対面ではありません。それに，文章で表現されるという点で，得られる情報量は面接と比べるべくもないでしょう。

　文章完成法という形式の課題は古くからあり，ゴールドハーグ(Goldberg, P.A., 1965)によると，記憶の研究で有名なエビングハウス(Ebbinghaus, H.)の 1897 年の研究ではこの形式の課題が被検者の知能を測定する道具として用いられたといいます。また，現在のように SCT をパーソナリティの査定の道具として用いたのはペイン(Payne, A.F., 1928)やテンドラー(Tendler, A.D., 1930)が最初であるといわれます。

　パーソナリティの測定のための SCT は次々と発表されますが，特に 1940 年代には第二次世界大戦に関係して盛んに SCT が作成され，使用されるようになりました。具体的には，軍隊関係の病院での患者の心理治療後の回復度を測定したり，パイロット，諜報員等の選抜に用いられました。SCT がなぜ頻繁に使われたかというと，集団施行ができることと検査者が知りたいことを刺激文として入れられるという利点があるからです。

　この流れの中で生まれ，発展したロッターとラファティ (Rotter, J.B. & Rafferty, J.E., 1950)の ISB(Incomplete Sentence Blank)は，最近の研究でも使用

されることがあり，SCT の中では例外的に息の長いものとなりました。この SCT は，一般的で短い刺激文 40 項目で構成されています。また，一般成人，大学生等に施行できるよう軍隊用の特殊な刺激文は除外してあり，評定マニュアルも用意されています。全項目の評定点の合計を不適応指数として被検者の不適応の程度を客観的に示そうというものです。

　さて，1950 年代以降を見ますと，初期にはわが国の阪大式 SCT のベースになったサックスとレビィ(Sacks, J.M. & Levy, S., 1950)の SCT や，構成的文章完成法(片口・早川，1989)のベースになったフォーラー(Forer, B.R., 1950)の SCT のように標準化を目指した新たな SCT 作成の研究もありますが，さまざまな分野で，研究目的に合わせて刺激文を構成するという使われ方が増えてきます。ゴールドハーグ(Goldberg, P.A., 1965)は SCT の広範な使用の一端を紹介していますが，態度に関するものでは，黒人，老人，学校生活，同輩や親，職業選択，精神病院等に対する態度や態度変容，そのほかにも，臨床心理学科の卒業生や空軍士官の成功の予測，黒人と白人の比較，吃音者と正常者の比較，性差，国民性の比較等多岐にわたっているといいます。

4-3　SCT の構造

(1)　刺　激　文

　刺激文の長さにはいろいろなものがありますが，一般的に短文形式のものは反応の規定度が低く多様な反応を出させやすく，逆に，長文形式のものは規定度が相対的に高くなって反応を限定することになります。また，刺激文の内容については，前に述べたように SCT それぞれに異なっており，その研究目的に応じて，刺激文を自由に作成，設定できることが SCT の特徴です。

　刺激文に関することでいえば，以前に人称の問題が論じられたことがありました。三人称を支持する人たちは，三人称の方が自我の脅威にならないので意外な暴露が多いというのです。しかし，三人称支持の人たちの研究は大学生等の学生を被検者にして集団施行したデータに基づいていることが多いようです。実践的に考えますと，臨床場面で個人施行する場合は一人称の方がなじみやすいし，被検者にも自己開示するのに十分な動機づけがあるのが普通です。したがって，現在，臨床領域で使われる SCT の刺激文には一人称または非人称が用いられているのです。

(2) 施行法

　SCT は個人施行でも集団施行でも実施できますが，施行するときに注意すべきことは，① 刺激文を見て頭に浮かんだことをそれに続けて自由にかくこと。② 正解，不正解はないこと。③ すぐ思いつかなければ後回しにしてよいこと。④ 時間の制限はないが余り長時間かからないようにすること。などの点を押さえた教示であれば問題ないでしょう。また，被検者が老人，子ども，精神病者などで筆記による反応が困難な場合には口頭で反応してもらうという方法も可能です。

　施行に関して，時間の圧力による反応の影響について論議されたことがありました。すなわち，「思うとおりに」と自由さを強調する教示もあれば，「できるだけ早く」というようなスピードを強調するものもあり，前者はスピードを強調すると反応が短くなるし表面的になるという考えであり，後者は即座に反応させた方が無意識的なものが出やすいという考えです。しかし，実際には「できるだけ早く」という程度のスピードの強調が教示に入るか否かで，結果にはさほどの影響は出ないようです。

4-4　SCT の評価と分析

　SCT で得られた反応をどのように評価するかはさまざまです。評価の方法を大まかに分類すれば一つは形式分析といわれるもので，例えば，反応の長さ，反応時間，文法的誤り等を指標として使うものなどがこれに当たります。筆跡も手がかりとなることがあります。

　もう一つの方法である内容分析が，臨床場面では一般的でしょうが，内容分析といっても，全体を読んだ印象だけに頼るものから，あらかじめ設定しておいたカテゴリーに分類するものまで多様です。

　例えば，わが国でよく使われる精研式の SCT は，パーソナリティ全体を概観することを目的としており，大まかに，パーソナリティに関して，知的側面，情意的側面，指向的側面，力動的側面の4側面，その決定因として身体，家庭，社会の3要因を設定してあります。経験豊富な臨床家は全体を読み通すだけで相当詳細な被検者像をイメージできるかも知れませんが，初心者にはそれは困難であり，いくつかの側面に分けてチェックした方が整理しやすいのは当然でしょう。

　また，特別な評定基準を設ける例として，老人の自己概念の研究（下仲，1988）を例として取り上げて説明してみます。この研究では老人の肉体的精神的負担を考慮して，表4-1のような次元，内容に基づく20項目でSCTを

表4-1 SCTの刺激項目

次元	内　容	刺激項目
家族関係	家族の中での自己 家庭 家庭　子ども 　　　　夫・妻	家の人々は私を… たいていの家庭に比べると私の家庭は… 私の子どもは… 妻(夫)と私は…
対人関係	他者から見られた自己 対人交流 対友人	私はよく人から… 人とのつきあいは私にとって… 私とよく気の合う人々は…
自己概念	過去の自己 身体的自己 現在の自己の現状 自己感情，自己省察 自己の可能性についての志向 未来の自己	これまでは… 若いころ，私は… 私の体は… 今の私は… 時々，私は… 60歳を過ぎたら，私は… これからは… いつかそのうち，私は…
実存的価値	生 死 老化 思い出 人生	生きるということは… 死というものは… 年をとると… よく思い出すことは… 私の人生は…

構成しています。このように，研究者は自分の測定したい次元，内容などに合わせて自由に刺激文を作成します。そして，反応は肯定に＋1，否定に－1，中性その他に0と評定して，各内容，次元で評点化し，分析をするのです。その研究独自のSCTを用いる場合は，おおむね，このような形で，SCTを使うことが多いようです。

また，設定された評定の枠組みをいったんはずして，丁寧に個々の反応内容を吟味してみますと，SCTの反応には，被検者に関する，豊富で具体的な情報が秘められており，実際の面接の中で語られるような内容が反応として書かれていたり，反応どうしが関連しているのがわかることがあります。実際，軍隊で選抜のために使ったときには，予備面接的な位置づけでSCTが使われていましたし，カウンセリングの場に，実施したSCTを持ち込んで，その内容を両者で話題にするというカウンセラーもいます。

4-5 SCTの応用と限界

　SCTは課題の形式として、非常に応用範囲の広いテストであることは理解していただけたと思います。多種多様なSCTがあり、ロールシャッハ・テストやTATのように、標準版があってそれを使った研究の蓄積が積み上げられていくものとは、性質が異なるテストなのです。

　この点について、もう少し掘り下げて説明を加えます。例えば、パーソナリティの測定という広い目的を想定した、精研式文章完成法では、クレッチマーの性格類型に準拠して被験者のパーソナリティを分類するという方法をとっています。しかし、類型論は典型例以外の判定は困難ですし、熟練を要します。そこで、その点を補うものとして、評定に工夫をこらした応用として、構成的文章完成法（K-SCT）やSCT-B（小林、1990、1993）などが考案されました（本論では割愛しますので、興味のある方は参考文献を見てください）。しかしながら、K-SCTやSCT-Bのような応用はSCTの可能性を開くものではありますが、刺激文の数や刺激対象が限定されるという側面も持っています。SCTの特徴の一つが、被検者の具体的な自己イメージ、生活環境、対人関係などがさまざまな刺激文を通して、重層的に、被検者の言葉で語られるという点であるとすれば、上記二つのSCTには限界があることになるでしょう。

　このように、それぞれのSCTはそれぞれの目的があり、長所と短所を持っているのです。ですから、SCTを使用するときにまず注意すべき点は、各自がSCTを使用する目的や対象に合わせて、より適切なSCTを選択したり、作成する必要があるということです。

　また、SCTの限界の一つとして反応の解釈の問題もあります。すなわち、SCTは反応が自由であるために多様な反応を引き出せる長所はありますが、その場で確認できなければ、中途半端な情報になる危険性もあるのです。例えば、「私のからだはまるっこい」と反応した場合、評価するときに注意すべき点が二つあります。一つは、それが主観の問題であり、客観的にそうであるかどうか、また、その程度はわからないということ。もう一つは、「まるっこい」ことを被検者がどう自己評価しているかが不明であることです。これらの点は、他の刺激文の反応から判明することも多いですし、面接の中で確認することも可能ですが、あくまで、SCTだけから判断するようにいわれると不可能な場合があります。

　この点もふまえて考えますと、SCTは単独で活用するよりも、他のテストや面接と組み合わせてテスト・バッテリーや面接の一環として使うことにより力を

発揮するテストであるといえるでしょう。この性質を十分わきまえて，目的にあった SCT を選択し，活用していただきたいと思います。そのためには，個々の SCT の長所，短所も含めた特徴を把握して使い分ける目を養ってほしいですし，内容を吟味してそこから被験者像をイメージする力も身につけていただきたいと思います。どのテストでもそうですが，SCT は特に，使う人の反応を読みとる力によって，その有用性が発揮されるのではないでしょうか。

■ 引用文献

Goldberg, P.A. 1965 A review of sentence completion methods in personality assessment. *J. of Proj. Tech.& Pers. Assess*., Vol. 29, 12-45.
Rotter, J.B.& Rafferty, J.E. 1950 *Manual : The Rotter Incomplete Sentence Blank-College Form.* The Psychological Corporation : New York.
佐野勝男・槙田　仁　1972　『精研式文章完成法テスト解説（新訂版）』金子書房．
下仲順子　1988　『老人と人格』川島書店．
辻　悟　1978　心理学的検査『現代精神医学大系第4巻A1精神科診断学Ⅰa』177-193，中山書店．

■ 参考文献

Forer, B.R. 1950 A structured sentence completion test. *J. of Proj. Tech.,* Vol.14. 15-29.
片口安史・早川幸夫　1989　『構成的文章完成法（K-SCT）解説』千葉テストセンター．
小林哲郎　1990　文章完成法の新しい応用（SCT-B）の試み，心理学研究，**61**(5)，347-350．
小林哲郎　1993　SCT-Bの臨床への適用　臨床心理学研究，**11**(2)，144-151．
Sacks, J.M. & Levy, S. 1950 The sentence completion test. In Abt,L.E.& Bellak,L.(Eds.) *Projective Psychology.* 357-402, Alfled A. Knopf: New York.

5章 P-F スタディ(絵画欲求不満テスト)

5-1 はじめに

　ここではP-Fスタディについて，パーソナリティ・テストとしての特徴と標準的な実施法，整理法，解釈法などの概要について説明します。さらに，原著者ローゼンツァイク(Rosenzweig, S.)のP-Fスタディに関連する理論や，これまでの主要な内外の研究を参照しながら，使用上の注意事項などについて解説します。

5-2 テストの概要

(1) P-Fスタディの成り立ち

　ローゼンツァイクは，パーソナリティ研究の方法としてフラストレーション現象を中心として進めてゆくことが望ましいと考えて，フラストレーション状況における反応を系統的に分類する方法を提示するとともに，四つの種類からなるフラストレーション・テストを作成しました。これらの中で行動検査や質問紙法よりも投影法がもっとも優れた成果が得られたので，これを発展させたのがP-Fスタディです。

　P-Fスタディの正式な名称は，「フラストレーションに対する反応を査定するための絵画‐連想研究(The picture‐association study for assessing reactions to frustration)」ですが，一般的には原著者の名前をつけて「ローゼンツァイク絵画‐欲求不満研究（Rosenzweig Picture-Frustration(P-F)Study)」と呼ばれています。ローゼンツァイクは，P-Fスタディは標準的な基準に基づいて反応の比較が行われる心理測定的な意味のテストと違って，フラストレーションの研究のための技法として考案されたことを示すために，あえてテストではなくてスタディという言葉を採用しています。したがって，ここではテストという言葉は心理検査という意味で用いることにします。P-Fスタディは，絵を刺激としているところは投影法のTAT(主題統覚検査： Thematic Apperception Test)，

言語刺激に対する言語反応を求めるところは言語連想検査を参考として作成されたものです。最初にP-Fスタディが公にされたのは1945年(Rosenzweig, 1945)の成人用で，以後1948年に児童用，1970年に青年用が作成されています。

(2) テストの構成

P-Fスタディは，年齢別に児童用，青年用，成人用の3種類がありますが，基本的な構成は共通しています。刺激となる場面は24個で，すべてがフラストレーション場面であり，そこには2人以上の人物が描かれています。左側の人物（欲求阻止者：frustrater）はフラストレーションに関わるような発言が書かれていて，それに対して右側の人物（被欲求阻止者：frustratee）がどのような発言をするかを，吹き出しの空欄に記入するようになっています。

場面の種類は大きく分けて，他者または偶然の出来事が原因になってフラストレーションが生じている「自我阻害場面(ego-blocking situation)」と，フラストレーションの原因が自分にある「超自我阻害場面(superego-blocking situation)」から構成されています。

(3) 日本版 P-F スタディ

P-Fスタディが初めて日本で標準化されたのは幼稚園児から中学生までを対象とした児童用(1956)で，続いて中学3年以上の成人用(1957)と中学生から大学生を対象とした青年用(1987)がそれぞれ標準化されています。児童用と成人用では日本版が作成された当時は，生活様式や風習などがアメリカと異なるところがあるので，全体の絵が日本風に描きかえられていますが，青年用では原図版の絵がほとんどそのまま用いられています（図5-1参照）。

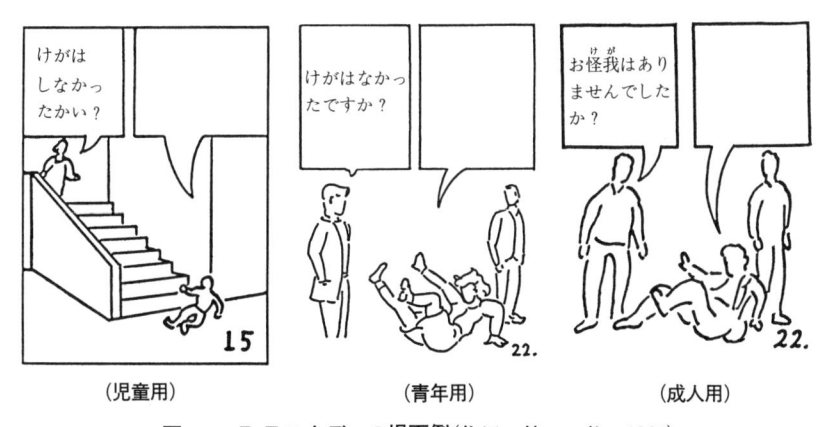

図5-1 P-Fスタディの場面例(住田・林・一谷, 1964)

5-3 実施法

(1) 集団法と個別法

ほぼ4歳以上であれば実施でき，小学3年生以上であれば集団でも実施できます。実施の方法は，集団であれ個別であれ，自分で刺激文を読んで自分で反応を記入していくのが標準的な方法です。実施のための例は，日本版だけに特別に設けられているもので，理解がしやすくなっています。言葉の読み書きが十分できない被検者には，個別法で実施しなければなりませんが，そのときは被検者に絵を見せながら検査者が刺激文を読んでやって，被検者が口頭で答えた反応を検査者がテスト用紙に記入していく方法が用いられます。ただし，口頭法では自己批判的な反応になりやすいといわれています。

P-Fスタディの施行法は，本来被検者がマイ・ペースで進めていくようになっています。したがって，集団で一定の時間を決めたり，スライドなどによって実施することは望ましくないとローゼンツァイクは述べています。

(2) 教示

テスト用紙の表紙に具体的な教示が書いてあるので，それを検査者が読んで，やり方の説明をすることになっています。教示の主な内容は，「絵の左の人物が言ったことに対して，右側の人物がどのように答えると思うか。最初に思いついた言葉を空欄に記入していくこと」です。投影法の性質上，特に重要なことは，「絵の右側の人物」がどのように言ったかであって，「あなたならどのように答えますか」でないことです。また，1番から順番に記入していくことも必要なことです。

(3) 所要時間

児童用でも，所要時間は20～30分で終えることができます。もちろん個人差がありますが，小学校の高学年以上であれば15～20分程度で書き終えるのが普通です。テストの所要時間を記録しておくと，解釈に役立ちます。

5-4 整理法

(1) 反応分類

P-Fスタディの反応は，表5-1のように三つのアグレッション方向と三つのアグレッション型（まとめてカテゴリーという）の組み合わせによる九つの評点

5章 P-Fスタディ（絵画欲求不満テスト）

表5-1 評点因子一覧表 （林ら，1987）

アグレッションの型 \ アグレッションの方向		障害優位型（O-D）(Obstacle-Dominance)	自我防衛型（E-D）(Ego-Defense)(Etho-Defense)	要求固執型（N-P）(Need-Persistence)
他責的（Extraggression）	E－A	E′（他責逡巡反応）(Extrapeditive)　欲求不満を起こさせた障害の指摘の強調にとどめる反応。「チェ！」「なんだつまらない！」といった欲求不満をきたしたことの失望や表明もこの反応語に含まれる。	E（他罰反応）(Extrapunitive)　とがめ，敵意などが環境の中の人や物に直接向けられる反応。　E̱：これはE反応の変型であって，負わされた責めに対して，自分には責任がないと否認する反応。	e（他責固執反応）(Extrapersistive)　欲求不満の解決をはかるために他の人が何らかの行動をしてくれることを強く期待する反応。
自責的（Intraggression）	I－A	I′（自責逡巡反応）(Intropeditive)　欲求不満を起こさせた障害の指摘は内にとどめる反応。　多くの場合失望を外にあらわさず不満を抑えて表明しない。内にこもる形をとる。外からみると欲求不満の存在の否定と思われるような反応である。従って失望や不満を抱いていることを外にあらわさないためにかえって障害の存在が自分にとっては有益なものであるといった形の反応語もこれであるし，他の人に欲求不満をひき起こさせそのためにたいへん驚き当惑を示すような反応もこれに入る。	I（自罰反応）(Intropunitive)　とがめや非難が自分自身に向けられ，自責・自己非難の形をとる反応。　I̱：これはI反応の変型であって，一応自分の罰は認めるが，避け得なかった環境に言及して本質的には失敗を認めない反応。多くの場合言い訳の形をとる。	i（自責固執反応）(Intropersistive)　欲求不満の解決をはかるために自分自ら努力をしたり，あるいは，罪償感から賠償とか罪滅ぼしを申出たりする反応。
無責的（Imaggression）	M－A	M′（無責逡巡反応）(Impeditive)　欲求不満をひき起こさせた障害の指摘は最小限度にとどめられ，障害の存在を転視するような反応。	M（無罰反応）(Impunitive)　欲求不満をひき起こしたことに対する非難を全く回避し，ある時にはその場面は不可避的なものとみなして欲求不満を起こさせた人物を許す反応。	m（無責固執反応）(Impersistive)　時の経過とか，普通に予期される事態や環境が欲求不満の解決をもたらすだろうといった期待が表現される反応。忍耐するとか，規制習慣に従うとかの形をとることが特徴的である。

因子に二つの特殊因子を加えた11種の評点因子(scoring factor)に分類されます。なお、ここで用いているアグレッション(aggression)の語についてローゼンツァイクは、敵意的な意味での「攻撃」とは違って「主張(assertion)」という意味であることを強調しています(Rosenzweg, 1978b)。また、自我‐防衛欄のetho-defense(生体‐防衛)の語は、フラストレーション状況での人間以外の動物の行動を含めた反応分類にも広く適用する意図で採用されています。

(2) **スコアリング**

反応は、表5-1に示された分類に従ってスコアしますが、反応が複雑になると二つのスコアの組み合わせになることがあります。図5-1の場面での青年用の反応例とそのスコアを挙げておきます。

E′：いたい！
E ：もっと気をつけてください。
e ：起こしてください。
I′：大丈夫です。
I ：私が気をつければよかったんです。
i ：こんどから、もっと気をつけます。
M′：たいしたことはありません。
M ：あなたのせいではありません。
m ：すぐに治るでしょう。

(3) **記録表の整理**

全24場面のスコアは、図5-2の例のように、場面ごとのGCRの一致数、プロフィール欄では評点因子とカテゴリーの数、超自我因子欄における反応数、反応転移の有無などが計算されます。

5-5 解釈法

(1) **GCR**

GCRはGroup Conformity Rating(集団順応度)の略で、特定の場面であらかじめ設定された典型的なフラストレーション反応と、どの程度一致しているかを見る指標で、ロールシャッハのP(平凡)反応に対応するといえます。このGCRの程度は社会的常識や適応度、あるいは精神発達の程度と対応していると考えられます。

5章 P-Fスタディ（絵画欲求不満テスト）

図5-2 P-Fスタディ（児童用）の記録表の例

(2) プロフィール欄

　図5-2のような整理表に基づいて，アグレッションの方向と型のどれが高いかが一つの見方になります。これまでの研究で，アグレッション方向ではE-A（他責）対I-A（自責）ないしM-A（無責）の対応関係にあり，型では問題解決に関してO-D（非解決）対E-D（破壊的解決）ないしN-P（建設的解決）という対立関係にあ

ることを念頭に置いて見ることができます。次に表5-1にあるような個々の評点因子の高さによって，それぞれの評点因子のもつ意味に従って解釈されます。

(3) 超自我因子欄

フラストレーションの原因が自分にある超自我因子場面での反応で，ここには否認の$\underline{E}$，言い訳の$\underline{I}$，自己主張の$\underline{E}+\underline{I}$，生の攻撃的反応の$E-\underline{E}$，率直な謝罪の$I-\underline{I}$，精神的な成熟の$(M-A)+\underline{I}$などの指標が含まれます。

(4) 反応転移

テストの前半と後半で，どのような反応の違いがあるかを比較するもので，テスト中における被検査者の心理的防衛が強く作用したかどうかを検討することができます。

(5) 解釈の要点

一般的な解釈法は，アグレッション方向，型，評点因子，GCRなどの値がそれぞれ標準値と比較してどの程度の値を示しているかを見ていくのが手掛かりとなります。しかし，それぞれの評点因子やカテゴリーを個々別々に解釈すべきではなく，プロフィール全体の傾向を把握することが肝要です。次いで，例えばGCRでは自我阻害場面と超自我阻害場面での一致率を比較したり，不一致の内容を検討します。

個別的な解釈は，記号化されたスコアの量的な大小だけでは十分ではありません。さらに，記号化される前の生の反応語の表現や内容を検討したり，場面の対人関係やフラストレーションのタイプによってどのような反応の特徴があるかも見ていきます。また，記号だけでは理解できない反応語に含まれた感情や背景を知るために，標準的なテスト後に，場面の人物間の関係や言語反応以外の心の中で思った内容について一定の質問を行う方法も試みられています(秦，1992)。

5-6 効用と限界

(1) 効　用

日本の相談機関において，P-Fスタディの使用頻度の高いことは，これまでのいくつかの調査で示されており，その理由として次のような利点が考えられます。

① 刺激が漫画風であり，児童でもテストに興味をもって応ずること。② ロー

5章 P-Fスタディ(絵画欲求不満テスト)　　　　　　　　　　　　　　　　　　175

ルシャッハのように口頭で答える必要がないので，緘黙や吃音の対象にも適していること。③ 4歳から成人まで適用範囲が広いこと。④ 個人だけでなく，集団で一斉にテストが実施できること。⑤ 実施の時間が比較的短時間であり，結果の整理も比較的簡便であること。⑥ 投影法でありながら，量的な評価ができること。

(2) 限　界

一方，P-Fスタディの問題点としては，次のようなことが挙げられます。
① 特に児童用や成人用では，標準化の時期が40年以上を経ているので，絵の内容や標準の値についての再検討が必要であること。② P-Fスタディの反応には状況の影響を受けることが認められているので，解釈にはどのような状況で実施されたかを考慮する必要があること。③ ローゼンツァイクは，テストにおける反応の水準が解釈上重要だと指摘していますが，それを確認する手段が明確でないこと。④ 解釈について，表面的で深みのある解釈ができないという批判があること。⑤ 投影法でありながら，反応の多様性の乏しい場面（特にGCR場面）があること。

なお，児童用については，絵の改訂を含めた再標準化が行われつつあります。

(3) 信頼性と妥当性

P-Fスタディの信頼性に関して，これまで内的整合性が低いという批判がありましたが，それに対してローゼンツァイクは，投影法に内的整合性を求めることは適当でないと反論しています(Rosenzeig, 1956)。P-Fスタディでは，再検査信頼性と評点者間の信頼性（一致度）が内外で検討されており，いずれも妥当な値が得られています。

妥当性の研究では，児童用においてアグレッション方向で他責や他罰反応が年齢とともに低下することが，いくつかの国で共通に見られること，青年用では男性が女性よりも他責反応が高いという性差が見られること，反応転移における年齢と行動問題との関係が示されていること，アグレッション方向の他罰と攻撃行動についての教師の行動評定と一致すること，他の心理検査（質問紙や投影法）との併存的妥当性も多くの結果が適度な関連性を示していること，などのように，妥当性を支持する多くの研究結果が示されていますが，詳しくは参考書を参照してください。

(4) 参考書

　最後に，P-Fスタディの学習や研究に参考となる主な著書を挙げておきます。

　まず日本における基本的な参考書として，P-Fスタディの実施に欠かせない手引きの『P-Fスタディ解説』（林ら，1978）があります。またP-Fスタディの理論的な面について書かれた著書として『ローゼンツァイク人格理論』（住田・林・一谷，1964）がありますが，残念ながら現在は絶版になっています。また，P-Fスタディの理解を深めるために，実際的使用について多面的に検討している『P-Fスタディの理論と実際』（秦，1992）や，P-Fスタディの因子分析や多様な実験的研究をまとめた『投影法の基礎的研究』（一谷・林，1976）などが参考になるでしょう。

　外国の参考書としては，原著者ローゼンツァイクによるP-Fスタディの基本手引きとして"P-F Study Basic Manual"（Rosenzweig, 1978a），P-Fスタディに関する基礎的な理論と，これまでの研究を概観して論評した"Aggressive Behavior and the Rosenzweig Picture - Frustration Study"（Rosenzweig, 1978b）があります。

　P-Fスタディに関する文献目録は，前掲の『P-Fスタディ解説』に記載されている参考文献のほかに，外国の文献目録としてはRosenzweig & Rosenzweig（1976），日本では秦（1987，1996）があります。

■ 引用文献

秦　一士　1987　日本におけるP-F Studyの研究：文献目録，人間科学年報（甲南女子大学），**12**, 73-92.

秦　一士　1992　『P-Fスタディの理論と実際』　北大路書房.

秦　一士　1996　日本におけるP-F Studyの研究II：文献目録（続），人間科学年報（甲南女子大学），**21**, 23-31.

林　勝造ら　1987　『P-Fスタディ解説』　三京房.

一谷　彊・林　勝造　1976　投影法の基礎的研究：Rosenzweig P-F Study を中心として．風間書房.

Rosenzweig, S.　1945　The picture association method and its application in a study of reactions to frustration. *Journal of Personality,* **14**, 3-23.

Rosenzweig, S.　1956　Projective methods and psychometric criteria: A note of reply to J. P. Sutcliffe. *Australian Journal of Psychology,* **8**, 152-155.

Rosenzweig, S.　1978a　*The Rosenzweig Picture-Frustration(P-F) Study. Basic Manual.* Rana House.

Rosenzweig, S.　1978b　*Aggressive Behavior and the Rosenzweig Picture-Frustration Study.* Praeger.

Rosenzweig, S. & Rosenzweig, L.　1976　Guide to research on the Rosenzweig Picture - Frustration (P - F) Study, 1934-1974. *Journal of Personality Assessment,* **40**, 599-606.

住田勝美・林　勝造・一谷　彊　1964　『ローゼンツァイク人格理論』　三京房.

6章 MMPI(ミネソタ多面人格目録)

6-1 はじめに

　MMPIは，Minnesota Multiphasic Personality Inventory(ミネソタ多面人格目録)の略称であって，ミネソタ大学の心理学教授ハサウェイ(Hathaway, S. R.)と精神医学教授マッキンレイ(McKinley, J. C.)が開発した自己報告型のパーソナリティ検査です。最初の手引きが刊行されたのが1943年ですから，以来50年以上が経過していますが，今日でも臨床心理学的観点からパーソナリティを叙述する研究手段として，また臨床査定の手段として，幅広く用いられており，心理検査としては研究文献数がもっとも多く，かつ臨床の場における利用頻度調査でも，常にベスト10の上位に位しています。ただし，これは世界的視野で述べた場合であって，わが国では文献数・利用度がきわめて高いとはいえません。

　MMPIの特徴を手短かに述べます。本法は550項目の短い自己記述文からなり，項目内容は精神的身体的健康，家族，職業，教育，性，社会，政治，宗教，文化など，多岐にわたっています。被検者に求められるのは，個々の項目が自分に「当てはまる」か「否」かという回答です。適用対象は当初16歳以上でありましたが，近年ではこれ以下の年齢層にも広げられています。検査形式には，カード式と冊子式があります。回答結果は，4個の妥当性尺度と経験的アプローチに基づいて作成された10個の臨床尺度に採点して，プロフィールに表示します。前者は受検態度，後者はパーソナリティ特徴を査定するものでして，個々の尺度得点の高低だけでなく，プロフィール上に見られる尺度パターンからも解釈します。

　本章では，MMPIについての辞書的な解説はめざしていません。その理由はこの程度の紙幅でMMPIの概要を述べるとなると，他書の解説(田中，1991，1993)よりも簡略なものにならざるをえませんし，そうした基礎知識を提供するのが本書の目的ではないからです。本章は，臨床心理学を専攻する大学院生などが，MMPIを臨床的に使えるようになるためには，どのように学習を進めたらよいのかについて述べます。

一般論でいえば，院生らは各自の大学院の心理査定のカリキュラムの中でMMPIを学び，実地での解釈法についてスーパーヴィジョンを受けて，臨床査定の技能を習熟していけばよいはずですが，わが国の現状では，これは空論にすぎないからです。このことは他の検査，例えば，ロールシャッハ・テストと比較してみると，よく理解されるでしょう。つまり，MMPIを学ぼうとする院生にとっては，適切な指導者もなく，どのようにして解釈技能を高めたらよいのかがまったくわからず，いわば独学に近い状況に置かれていて，しかも臨床現場でMMPIが要請された場合に対処しなければならないからです。実はこのことは，院生に限ったことではなく，わが国における心理臨床家が，MMPIを利用する際にぶつかることでもありますし，それは同時に，世界の水準から大きく遅れをとっているわが国のMMPI活用状況を反映しているところでもあります。このことは，諸種の心理検査のレポートを収録した事例集（藤土他，1987）の中でのMMPI所見を，他の心理検査所見と比較してみれば首肯されましょう。

6-2 MMPIを使うために必要な条件

MMPIを学ぶ際の前提条件は，学ぶ者自身がMMPIを受けた経験を有することです。これは，どの心理検査でも当てはまることであって，珍しいことではありません。

MMPIを学ぶに当たっての最低限の予備知識は，(1) 古典的テスト理論，(2) パーソナリティ理論，(3) 精神医学または異常心理学の三領域です。いずれも学部レベルをクリアしていればそれほど問題はありませんが，念のために，おおよその水準を挙げるならば，(1)ではクローンバック（Cronbach, L. J., 1990）の本の第1部か，アナスタシィ（Anastasi, A., 1988）の本の第1部と第2部，邦語ではやや簡略でありますが渡部（1997）のⅠ部程度の知識は持ち合わせていなければ，以下に述べるようなテキストが理解できません。(2)では，自分の依って立つ理論的オリエンテーションに即した知識が必要なので，さまざまなパーソナリティ理論を広く浅く知っているという意味ではありません。MMPIは特定のパーソナリティ理論に基づいていないからです。(3)は，大学の医学部の精神医学の教科書が適当ですが，デヴィソン・ニール（Devison, G. C. & Neale, J. M., 1994）の本もお薦めできます。

6-3 どのようなテキストで，何を学ぶのか

まず考えられるのは，アメリカ生まれの検査ですから，アメリカでよく使われているテキストを読むという方法です。これは正解ですが，そのためにはどのような本がよく利用されているかを知っておく必要があります。もっとも包括的なものは，ダールストロームら(Dahlstrom, W. G., et al., 1972, 1974)の編集した2巻からなるハンドブックです。しかし，MMPIを系統的に学ぶ概説書としては，グラハム(Graham, J. R., 1977, 1987)，グリーン(Greene, R. L., 1991)，フリードマンら(Friedman, A. F., et al., 1989)の書の方が適当です。1980年代でアメリカの大学院でMMPIテキストとして採用率がもっとも高かったのはグラハムの初版(これは邦訳があります)であるという報告(Moreland, K. L. & Dahlstrom, W. G., 1983)がありますが，現在ではフリードマンらの著作(邦訳は1999)が優れていると思います。この書は最新情報を盛り込んでいるだけでなく，解釈の進め方と報告書作成についての親切なアドバイスがあり，この書の理解を確かめるためのワークブック(Friedman, A. F., et al., 1989)も用意されているからです。MMPIのような発展を続けている検査では，なるべく新しい本をテキストに選ぶ必要があって，1970年以前のものは現状にそぐわない個所があるので，注意を要します。こうしたテキストで何を学ぶのかを明確にしておく必要があります。われわれがMMPIを使って行う臨床査定業務の流れを図式的に記せば，図6-1のとおりです。したがって，このそれぞれの過程の習得が学ぶべき内容です。

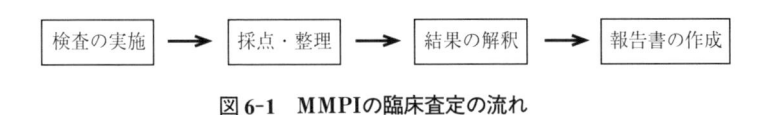

検査の実施 → 採点・整理 → 結果の解釈 → 報告書の作成

図6-1　MMPIの臨床査定の流れ

6-4 検査の実施について

検査を実施する前に決めておく必要があるのは，どの種の日本語版を使うかという点です。これまで，わが国では，日本女子大版，東大改訂版，日本版，金沢大学版，同志社大学版，等々，実にさまざまな翻訳版ないしは日本語版が開発されてきました。しかし，これらの多くはいわゆる研究版ですから，研究に使用するのは別として，職業としての臨床業務にこれを使用するとなると，ミネソタ原版の翻訳権なしでは，違法性の疑いが生じてくるのではないでしょうか。過去に

翻訳権を得て公刊されていた日本版は，1993年から新日本版(MMPI新日本版研究会，1993)に改訂されていますので，現時点ではこの版を使うのが穏当でしょう。

まず，検査の形式として，カード法と冊子法のいずれを選ぶのが適切であるかを判断することから始まり，教示を正確に伝えることはもちろん，クライエントの質問に適切に答えねばなりません。しばしばMMPIが「当てはまる」，「当てはまらない」，「わからない」の三件法であると誤解している人がありますし，事実このように記載している紹介書も見受けます。「わからない」という？回答は許すけれども，本来的には二件法であるというとらえ方をしませんと，？回答が多くなり，解釈できない結果になってしまう危険があります。

クライエントは，さまざまな質問をする場合があります。例えば，「奇妙な体験とは，どういうことですか」，「これで何がわかるのですか」，「今日は疲れているんですが，検査に影響ありますか」，「こんなくだらない質問がいっぱいあるのは，なぜなんですか」，などなど。こうした問い掛けに十分な回答ができることが必要です。

6-5 採点と整理

次の段階は，クライエントの回答をなんらかの形で記録して，各尺度に採点した上で，図6-2に示すようなプロフィールに描いて，またコード化する作業で

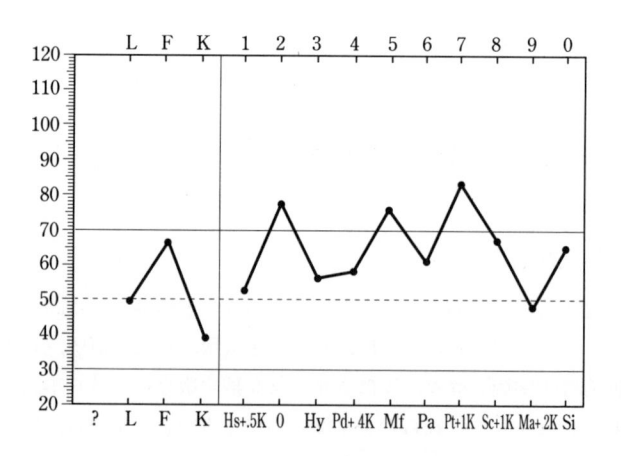

図6-2 MMPIプロフィールの例

す。採点盤を当てがって、手で採点するか、採点プログラムや採点サービスを利用するかは、実施者の置かれた環境条件で異なりますが、項目レベルの回答を記録しておくことが大切です。

各尺度の粗点は、標準化集団のデータに基づいてT得点に換算して表示するのが普通ですが、このときに回答者の年齢を考慮に入れる必要があります。現在では、ミネソタ原法を年少者に使うアメリカでは、青少年向きの規準集団に基づいたT得点を利用するようになっていますし、わが国でもこうした試みが報告(田中、1997)されています。

6-6 結果の解釈

解釈素材を心理学的に意味のある情報に変換していく過程が解釈です。項目、尺度、およびプロフィール・パターンの3レベルの情報が解釈素材となりますが、このうち尺度とプロフィール・パターンが中心的役割を果たします。

(1) 解釈仮説

各尺度得点およびプロフィール・パターンが表している心理学的意味は、解釈仮説としてたいていのテキストに紹介されています。各尺度はT得点の段階区分で、またプロフィール・パターンは2数字または3数字高点コードで示すのが普通です。ここでいう2数字高点コードとは、臨床尺度で最高点をとった尺度と、次点の尺度を数字で72(図6-2の場合)と表示する方法です。72コードは27コードとほぼ同様な意味を有すると考えられていますので、27／72コードとして一括して述べられている場合が多くあります。

解釈仮説は、「○○尺度のT得点が70～80をとる場合(あるいは○○コード)は、×××の特徴を示す」といった形をとります。しかし、ここで記した「×××」に該当する解釈仮説は複数に提示されているのが普通です。したがって、この種の解釈仮説群についての知識をもっているだけでは、一人のまとまったパーソナリティ像は描けません。複数の解釈仮説の中からの取捨選択の仕方いかんが、いわば解釈者の腕の見せどころです。この事情は、ロールシャッハの解釈と変わりません。「解釈仮説の一つを恣意的に摘み出したり、機械的に組み合わせるのでなく、MMPI全体の文脈内で、つまり他の尺度からの情報との整合性を考慮して解釈すべきである」といったお題目だけを知っていても、解釈技術は上達しません。

(2) 解釈法の自習の進め方

テキストの解釈法の章を読んだからといって,すぐに解釈ができるわけではありません。初心者にお勧めしたいのは,まず諸種のテキストに記載されている解釈例を読んで,追体験することです。公表されている事例として,グラハム(Graham, J. R., 1977)の第8章の3例,ダックワース・アンダーソン(Duckworth, J. & Anderson, W., 1986)の第VII章の4例(村上,1995, 1996)などが参考になるでしょう。いずれも邦訳が入手できますから,便利なので引用しましたが,これ以外にもいくつかの好例があるでしょう。こうした事例を熟読すれば,それぞれの解釈スタイルは微妙に異なっていることも理解できましょう。こうした実例では,解釈はMMPI情報だけでなく,回答者の年齢,教育歴,職業はもとより,社会経済的地位,生活史,主訴等も加味して推論を進めています。その理由は,年齢,教育歴,社会経済的地位等の人口学的要因がMMPI変数に影響を及ぼしていることが知られていることに加えて,臨床例では利用可能なあらゆる情報を総合して査定する必要があるからです。

他方,この種の情報なしでMMPIプロフィールだけから解釈する,いわゆる目隠し解釈法は,初心者が正確にプロフィールを読み取る訓練に欠かせません。したがって,次は自分でプロフィールを目隠し解釈してみる段階です。これにはグラハムの本(Graham, J. R., 1977)の付録Iに収録されている実習用MMPIプロフィール6例,およびフリードマンらの本(Friedman, A. F., et al., 1989)のワークブック,第7章のプロフィール解釈練習12例を利用すると便利です。前者では,各事例について,訳者の短いコメントがついていますし,後者では解釈のポイントが出題されていますから,自習に適しています。後者の例をもう少し詳しく紹介するなら,例えば,先の図6-2のプロフィールが,25歳の大学卒で証券会社に勤務する男性であり,不眠を訴えて来談したと仮定しましょう。このプロフィールの妥当性とプロフィールの型を一言でいうとどうなるでしょうか。K尺度が低いのは何を表しているのでしょうか。このコード・タイプがもっている主症状と行動特徴,パーソナリティ特性としては,どのようなものが考えられるでしょうか。第5尺度が高いのは何を意味するのでしょうか,等々。こうした問いに答えるという練習を積み重ねるわけです。

筆者が提案するもう一つの方法は,こうした目隠し解釈に当たって,コンピュータ解釈を利用するという方法です。コンピュータ解釈の実例は,グラハム(Graham, J. R., 1977)の第9章とフリードマンら(Friedman, A. F., et al., 1989)の第8章にいくつか提示されています。いうまでもなく,コンピュータ解釈は目隠し解釈ですから,この例を自分で解釈した結果とコンピュータのそれとを比較

してみるのです。少なくともコンピュータ解釈を凌駕(りょうが)するような解釈ができなければMMPIが使えるとはいえないという意味で,一つの試金石となります。もっと良いのは,自験例を解釈した結果と,コンピュータ解釈ソフトを使った結果を比較検討してみるというやり方です。もちろん,信頼のおけるコンピュータ解釈ソフトを使わなければ意味がありません。今のところ,わが国ではMMPI解釈ソフトとして適切と思われますものが刊行されていない状況ですから,若干の制約はありますが,英語圏のものを利用せざるをえません。筆者の意見ではラシエール(Lachar, D., 1974)のプログラムが有用であると思います。これは,実際にソフトを使わなくても,マニュアルによって,どのような解釈規則を,どのような順序で適用していくかがわかり,初心者にとっては解釈の進め方が学べるという利点もあります。

ここで,現行のコンピュータ解釈ソフトは,統計的基礎に基づいて作られてはいないことを指摘しておきたいと思います。たいていのソフトは,前記のテキストに記載されているような手順を踏んで行う臨床的推論をシュミレートするものです。だからこそ,初心者の学習に役立つというのです。

6-7 報告書作成の前に

解釈結果を報告書の形にまとめる仕事は,心理臨床家にとって重要です。というのは,臨床心理査定という業務の価値を他者に知ってもらう機会は,報告書が唯一といっても過言ではないからです。報告書でいちばん大切なのは,読み手に役立つことを,わかりやすく文章にすることです。報告書は手紙と同じで,宛先が不明なままに手紙をしたためる人がいないように,読み手を想定しない報告書は成り立ちません。読み手は,同学の仲間とは限りません。チームのメンバーである医師やソーシャル・ワーカー,依頼先の教師や裁判官,クライエントの家族や,ときにはクライエント本人といったように,多くの場合,読み手は臨床心理学の門外漢です。このことを念頭において,報告書が読み手の理解を深める上でプラスになるような内容と書き方に努めねばなりません。

初心者は,報告書作成に取りかかる前に,熟知した友人か知人のパーソナリティ像を,報告書の形で,当の本人以外に宛てて書いてみるとよいと思います。一例を挙げるなら,当人の主要な欲求,認知の仕方,ストレス対処法,自己概念,情緒の統制,対人関係,心理的資質,等々についてまとめた結果を文章に書いて,当人を知っている別人に読んでもらい,感想を求めるのです。このとき,誰のことを書いているのかが読み手にわからないようでは,あなたはまだ

MMPIの報告書が書ける段階に至っていないと思うべきです。パーソナリティ特徴を把握する能力，あるいは文章化する能力が不足しているのか，さもなくば熟知していると勘違いしているだけで，実はよく知らないのか，理由はさまざまでしょうが。

■引用文献

Anastasi, A. 1988 *Psychological testing*, 6th edition. Prentice-Hall.
Cronbach, L. J. 1990 *Essentials of psychological testing*, 5th edition, Harper Collins.
Dahlstrom, W. G., et al. 1972 *An MMPI handbook*: Volume 1. Clinical interpretation. Univ. Minnesota Press.
Dahlstrom, W. G., et al. 1974 *An MMPI handbook*: Volume 2. Research application. Univ. Minnesota Press.
Devison, .C. & Neale, J. M. 1994 *Abnormal psychology*, 6th edition. John Wiley & Sons. (村瀬孝雄 監訳 1998 『異常心理学』 識信書房．)
Duckworth, J. & Anderson, W. 1986 *MMPI interpretation manual for counselores and clinicins*, 3rd edition. Accelerated Development Inc.
Friedman, A. F., et al. 1989 Psychological assessment with the MMPI. Lawrence Erlbam Associates. (MMPI新日本版研究会訳 1999 『MMPIによる心理査定』 三京房．)
Friedman, A. F., et al. 1989 *Workbook for psychological assessment with the MMPI*. Lawrence Erlbaum Associates.
藤土圭三ら編 1987 『心理検査と基礎と臨床』 星和書店．
Graham, J. R. 1977 *The MMPI—A practical guid*. Oxford Univ. Press. (田中富士夫 訳 1985 『MMPI臨床解釈の実際』 三京房．)
Graham, J. R. 1987 *The MMPI—A practical guid*, 2nd edition. Oxford Univ. Press.
Greene, R. L. 1991 *The MMPI-2/MMPI: An interpretive manual*. Allyn & Bacon.
Lachar, D. 1974 *The MMPI: Clinical assessment and automated interpretation*. Western Psychological Services.
MMPI新日本版研究会編 1993 『新日本版MMPIマニュアル』 三京房．
Moreland, K. L. & Dahlstrom, W. G. 1983 A survey of MMPI teaching in APA- approved clinical training Programs. *Journal of Personality Assessment,* **47**, 115-119.
村上雅子 1995 Duckworth, J. の解釈事例．MMPI研究・臨床情報交換誌, **1**, 15-24.
村上雅子 1996 Anderson, W. の解釈事例．MMPI研究・臨床情報交換誌, **2**, 52-66.
田中富士夫 1991 MMPI. 安香・田中・福島（編）『臨床心理学大系第5巻，人格の理解[1]』，第V-1章，102-118，金子書房．
田中富士夫 1993 MMPI. 上里一郎監修 『心理アセスメント・ハンドブック』第11章，112-128，西村書店．
田中富士夫 1997 基礎尺度の暫定的な青年期基準．MMPI新日本版研究会編『MMPI新日本版の標準化研究』第11章，201-230．
渡部 洋 1997 『心理検査法入門』 福村出版．

7章 YG法(矢田部 - ギルフォード性格検査)

7-1 はじめに

　YG法は，簡便でわかりやすい質問紙性格検査として日本ではよく知られ，普及しています。大学の心理学の授業で質問紙法の代表として取り上げられることも多く，医療的な心理臨床現場よりも，むしろ学校や職場などで広く利用されています。このことは，YG法が性格検査に対する一般的なニーズにこたえる内容を持ち，その結果を利用しやすいこと，一度に大勢の集団施行が可能であること，さらに基礎因子の内的整合性が確立されていることにより，その信頼性に統計的な裏付けがあることによると思われます。

　本章では基礎的な質問紙性格検査としてYG法を取り上げて吟味し，その活用について検討し，本法の利点と限界，さらに利用に当たって留意すべき点について論じることにします。

7-2 YG法の概要と実際

　YG法は120の質問項目に，はい，いいえの回答を記入するもので，約30分で行うことができます。120項目は各10項目からなる12の基礎因子を集めたものです。12の基礎因子の質問項目より代表的な3項目ずつ挙げ，これに検査用紙に記載された項目説明をつけたものが表7-1です。

(1) 準　備

　日本心理テスト研究所発行のテスト用紙を人数分準備します。テスト用紙には年齢別に小学生用，中学生用，高校生用，一般用(18歳以上)の4種類があります。それぞれの項目の表現が発達段階や生活環境にふさわしいものに工夫され，標準化がされているので適切なものを選ぶ必要があります。

表 7-1 YG 法の 12 の基礎因子：質問項目例と因子名

尺度名	因子名	代表的な質問項目
D	抑うつ性	・たびたびゆうつになる。 ・理由もなく不安になることが時々ある。 ・たびたび物思いにしずむことがある。
C	回帰性傾向	・すぐ不機嫌になる。 ・こうふんしやすい。 ・気が変わりやすい。
I	劣等感の強いこと	・すぐうろたえるたちである。 ・失敗しやしないかといつも心配である。 ・劣等感（人に劣る感じ）に悩まされる。
N	神経質	・心配性である。 ・小さいことを気に病む。 ・すぐ感情を傷つけられやすい。
O	客観的でないこと	・わけもなく喜んだり悲しんだりする。 ・時々ポカンとしていることがある。 ・とてもありそうにないことを空想する。
Co	協調的でないこと	・不満が多い。 ・たびたび人の気持ちを確かめてみたい。 ・人は私を十分認めてくれない。
Ag	愛想の悪いこと	・失礼なことをされるとだまっていない。 ・正しいと思うことは人にかまわず実行する。 ・目上の人ととも遠慮なく議論することがある。
G	一般的活動性	・短い時間にたくさんの仕事をする自信がある。 ・仕事は人よりずっと速い方である。 ・新しいことにもすぐなれる。
R	のんきさ	・よく考えずに行動してしまうことが多い。 ・早合点の傾向がある。 ・いつも何か刺激を求める。
T	思考的外向	・深く物事を考える傾向がある。（−） ・何でもよく考えてみないと気がすまない。（−） ・用心深いたちである。（−）
A	支配性	・人前で話すのは気がひける。（−） ・引っ込み思案である。（−） ・はにかみやである。（−）
S	社会的外向	・知らぬ人と話すときはかたくなる。 ・新しい友達はなかなかできない。 ・こちらから進んで友達を作ることが少ない。

(2) 施行方法

施行に先立って，次の点について被検者に伝えることを心がけます。

a　検査の目的(例：職場生活の改善のため，一人一人の学校生活をよりよいものにするため等)
b　プライバシーの保護と目的外の利用をしないことの約束
c　「性格」は本来的に良い，悪いの価値判断をされるものではないこと
d　「性格」は固定したものではなく，変容する可能性があること

次に用紙を配布し，まず所属，氏名，性別の記入欄を埋め，さらに表紙に沿って注意事項を読み上げ，練習を行うなど回答方法の周知をつとめます。検査は検査者が適切なスピードで質問を読み上げる(1項目終了後，2－3秒おいて次の質問を読み上げ，検査用紙の質問配置に沿って行換えを指示する)強制速度法によります。被検者は必要に応じて質問文を黙読しながら回答欄の○あるいは△を強くなぞるように求められます。

(3) 基礎因子得点の算出

検査用紙のカーボン加工により，被検者のマークが素点計算欄に転写され該当欄の○(2点)と△(1点)を加算することにより素点を得ることができます。基礎因子には表7-1の12種類が設定されています。

(4) YGプロフィールの完成(パーセンタイル得点化)

得られた素点を，検査用紙に綴じ込まれたYGプロフィール上の男性スケールあるいは女性スケールにプロットすることで，素点をパーセンタイル得点に読みかえることができます。

(5) 系統値の算出(性格類型判定)

検査用紙綴じ込みのYGプロフィールは，図7-1のようにI，II，III，IV，V，VIの6ブロックに区分されており，V，VIのブロックがA系統領域，III，IVのブロックがB系統領域，I，IIのブロックがC系統領域，I，IVのブロックがD系統領域，III，IIのブロックがE系統領域となり，それぞれの領域内のプロットの数が系統値となります。この系統値のバランスによって類型が決定されます。基本的にはA，B，C，D，Eの5系統領域にプロットが集中している場合は典型例としてA，B，C，D，E類型に分類されますが，実際には他のブロックにもプロットが分散するので準型や混合型が出てくることになります。A，B，C，D，Eの典型には原著者によって表7-2のように名称がつけられていま

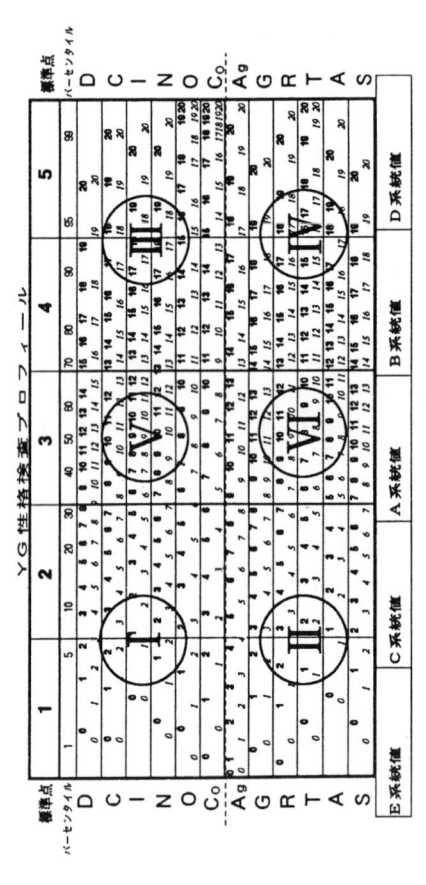

図7-1 YGプロフィールのブロック区分（八木, 1989）

表7-2 YG法の5類型

著者による命名		D 抑うつ 情緒不安定	C 回帰性	I 劣等感	N 神経質	O 主観的 社会的不適応	Co 非協調	Ag 攻撃的	G 活動的 活動・衝動性	R のんき	T 思考外	A 支配性 主導性	S 社会外
A	Average Type 平均型	中	中	中	中	中	中	中	中	中	中	中	中
B	Blast Type 不安定積極型	高	高	高	高	高	中	高	高	高	低	高	高
C	Calm Type 安定消極型	低	低	低	低	低	高	低	低	低	高	低	低
D	Director Type 安定積極型	低	低	低	低	低	低	高	高	高	高	高	高
E	Eccentric Type 不安定消極型	高	高	高	高	高	高	低	低	低	低	低	低

すが，名称によって価値判断がつけられやすいので特に一般の被検者には直接伝えない配慮が必要でしょう。

この領域区分は各基礎因子得点が標準化の母胎集団の上位群，中間群，下位群のいずれに対応するかによって決定されています。例えばAのブロックはすべての基礎因子得点について中間群の領域をさし，Bのブロックはすべての基礎因子得点について上位群の領域をさし，またCブロックは同様に下位群の領域をさします。Dブロックは，D，C，I，N，O，Co の6基礎因子については下位群で，Ag，G，R，T，A，S の6基礎因子については上位群の領域をさします。反対にEブロックはD，C，I，N，O，Co の6基礎因子については上位群で，Ag，G，R，T，A，S の6基礎因子については下位群の領域をさします。これら各類型の特徴をまとめると表7-2のようになります。

7-3　YG法の構成

　YG法は，ギルフォード(Guilford, J.P.)およびマーチン(Martin, H.G.)による3種類のインベントリー検査の13尺度を出発点に，日本語を用いてなるべく少数の因子で広い範囲の性格特性をとらえる性格検査をめざして，辻岡美延，矢田部達郎，園原太郎によって作成された質問紙検査です。

　13尺度とはギルフォードが，当時一般的に用いられていた向性検査の質問項目を実施して因子分析してSTDCRの5因子を抽出し，さらにマーチンとともにより幅広い性格をとらえる次元を探索し，さらにGAMINの5因子を得て，これに特に人事管理の目的で作成された主として社会的適応性に関わる Personal Inventoy の3尺度(O：客観性，Ag：愛想，Co：協調性)を加えた13尺度です。

　ここで綿密な日本化の作業が行われ，項目を適切な日本語になおすだけでなく，日本人のデータを用いて尺度内の内的整合性と尺度間の独立性を確立するように項目および因子が精選され12基礎因子からなるYG法が作成されました。そのため，YG法は，その尺度内の内的整合性の高さ，すなわち，各因子を構成する各項目への反応傾向が，その総和である総合点と矛盾しないことをその長所としています。このことはYG法の信頼性と妥当性の根拠とされています。すなわち性格を測定する物差しとしての目盛りの正確さ──信頼性──を示すとともに，その因子が，ある心理的な基本因子を測定していること──因子的妥当性──を示しているとされているのです(辻岡，1957)。

7-4　性格特性論，性格類型論と YG 法

　性格特性論とは，性格はいくつかの特性の組み合わせによって記述されるという考え方です。YG法の成立には，統計的に得られた基礎因子は，性格の普遍的な特性を反映しているという仮定があります。そこで，YG法は12の特性によって個人の性格を記述しようとする試みであり，性格特性論に立脚しているといえるでしょう。

　一方，性格類型論とは，一定の観点から各個体をそれぞれの類型（タイプ）に分類しようとするアプローチです。YG法の作成の原点にはユング（Jung, C.G.）の外向 - 内向に関する類型論やクレッチマーの精神医学的観点による類型論があります。ユングは，精神的エネルギーとしてのリビドーが主体に向かうことを内向，客体に向かうことを外向と呼びました。人間はこの両向性を併せ持ちますが，どちらが優位であるかによって内向型と外向型に分かれるといわれます。またクレッチマーは体格と気質との関連に着目して躁うつ気質，分裂気質，粘着気質をあげています。これらの類型がYG法の項目に反映されています。さらにYG法は，各基礎因子得点のプロフィールをタイプ分けして各類型にあてはめる手続きにおいて類型論的アプローチを踏襲しています。

7-5　YG 法が明らかにする性格の次元

　YG法は，性格特性に関する自己報告を求める質問紙法です。被検者に対して行動傾向や主観的体験に関する質問を投げかけ，被検者自身の自己認識が問われます。したがってYG法の反応には，被検者が自認している性格傾向が現れることになります。換言すれば被検者が気づいている範囲の性格がプロフィール化されるのであって，被検者自身が気づいていない性格の側面が明らかになるわけではありません。例えば「知らぬ人と話すときはかたくなる」「すぐ感情を傷つけられやすい」などという項目に，客観的な正確さをもって答えることは不可能です。そもそも「かたくなる」「感情を傷つけられる」という内容は，被検者自身の主観的体験について述べているにすぎません。自分が人と比較して「かたくなる」のか「傷つきやすいのか」を調べるためには，まったく別の測定方法が必要となるでしょう。むしろここで問われているのは，被検者が自分自身のことを「かたくなる」とか「傷つきやすい」と考えているかどうかなのです。その結果，このような問いかけに対して被検者が反応しようとする際に，繰り返し照合される被検者自身が内在している性格の基礎的な因子を浮かび上がることになり

ます。本来，それぞれ個人は自分自身の性格傾向について独自の因子構造を形成していると考えられます。しかし，一方で多くの人に共通する一般的な性格因子が存在していることも予想されます。YG法が設定した12の基礎因子はこのような一般的な因子の一部であると考えられます。

　YG法プロフィールは，被検者に，YG法に採用されている性格特性の枠組に自分の性格を照らし合わせる作業を通してそこでの自分の反応が一般的な反応と比較してどのような特徴を持つのかを知ることによっては貴重な自己確認作業のためのチャートを提供します。そうした意味でYG法の結果は，できるだけ被検者にフィードバックし，その結果について話し合うセッションを持つことが望ましいと思われます。

7-6　YG法の12基礎因子の吟味

　性格検査といわれれば，すぐにYG法を思い浮かべる心理学専攻者は多いようです。YG法はたしかに「なるべく少数の因子でなるべく広く性格の特徴を把握することをめざして」作成されました。その手段として作成者は7-3節で述べられたようにギルフォード，マーチンによる性格インベントリー項目を参考にしています。さかのぼればギルフォード，マーチンは，当時の統計的な吟味なしに作られていた向性質問紙や，社会の要請に応えた社会適応質問紙からその項目を採択しています。したがってYG法の12の基礎因子は，おそらく1930年代から1940年代の欧米の文化や人間観に影響されながら，日本人の性格の一般的な基礎因子を手探りで探索してきた研究の成果だといえるでしょう。しかし，21世紀を迎え，私たちをとりまく文化は大きな変化を遂げており，そこに生きる私たち自身の「性格」に内在する基礎因子，社会生活において重要な因子構造も変化していることが予測されます。今YG法の12基礎因子を見直してみると，因子の中にはその後，臨床的，研究的必要性から単独に開発された尺度に似た内容を持つものがいくつかあります。例えばD（抑うつ性）因子に関しては，より精密な診断用の質問紙として抑うつ傾向を問う質問紙が開発されています。また，A（支配性）因子に関しては，負の方向で，対人態度傾向として研究されているシャイネスに重なります。

　また発展した電算技術をもとに，性格に関して安定かつ頑健な性格特性を何種類までに絞れるかという研究が進められ，5種類の特性，因子が適切であるというBig Five仮説がたてられました(Jone, O.P, 1990)。その5因子とは，Neuroticism（情緒不安定性），Extraversion（外向性），Openness（知性），Agreeableness（同調性），Conscientiousness（誠実性）とされています（柏木ら，1993）。YG法の質問項目を，このBig Five仮説に照らしてみると，N（神経質）因子がNeuroticism（情緒不安定性）に対応し，またS（社会的内向）因子，G（一般的活動性）因子，A（支配－服従性）因子が，Extraversion（外向性）に対応し，Ag（愛想の悪さ）因子，Co（協調性のないこと）因子が，Agreeableness（同調性）に対応しています。ここでYG法で用いられながらBig Fiveに出現しない因子は，D（抑うつ性），C（回帰性），I（劣等感の強いこと），O（客観的でないこと），R（のんきさ），T（思考的外向）の6因子でした。主にクレッチマーの循環気質，分裂気質に関わる項目で，個人の病理性に関わる項目群といえます。一方，Big Fiveに挙げられながらYG法に出現していない因子は知的能力に関わるOpenness（知性－洞察力のある，のみこみの速い，多才の，独創的な等）因子と価値判断が下されやすいConscientiousness（誠実性　無責任な，いい加減な，軽薄な等）因子でした。この対比より，YG法は性格特性の中でも特に価値判断に結びつきにくい中立的な特性を選び，また個人の病理的な徴候をとらえやすい構成になっていることがわかります。

7-7　YG法の性格特性の実際的利用にあたって

　YG法はこれまで，多くの職場や教育現場，矯正施設などで用いられてきました。例えば，4，50人の集団を経営するときに，そのメンバーの「情緒的安定」「社会的安定」「活動性」「主導性」などを数値化して把握しておくと管理しやすいからYG法は有効だという発想が出やすいかもしれません。しかし実際的利用にあたっては，7-5節に述べたように，YG法は，真の意味での「情緒的安定」「社会的安定」「活動性」「主導性」を測定しているのではなく，むしろ「情緒的安定」「社会的安定」「活動性」「主導性」に関する被検者の主観的な自己概念を測定しているのだということを銘記しておく必要があります。このような理解の上ではYG法の「情緒的安定」「社会的安定」「活動性」「主導性」傾向の高さは，被検者自身の主観的な適応感や精神的活力，集団の中での積極的な役割取得傾向を反映していると考えられます。そこでYG法を実際に利用する際には，YG法の結果から明らかになった被検者個人の不適応感を改善し，適応感を増進し，集団の中で個人の志向に応じた役割取得を実現する方向がめざされるべきです。あくまでも個人の福祉やその潜在能力を生かす方向をめざすことで，結果的にパフォーマンスの高い集団経営が実現されていくという発想が重要なのです。

　また簡略ながらもYG法によって被検者の精神的健康度をスクリーニングす

る道具として利用することができます。特に「情緒的安定性」に関わるD(抑うつ性)，C(回帰性)，I(劣等感の強いこと)，N(神経質)，O(客観的でないこと)因子に高得点が見られる場合は，精査や援助の対象として振り分ける配慮が必要なこともあります。

また，これまで述べてきたように，YG法は一般的な性格特性に関する主観的な自己報告，自己評定の程度の相対的位置づけが明らかになるものであって，その人の性格特性そのものの強さを客観的に測定するものではありません。したがって適性の客観的な判定には適しません。また各質問項目の内容が，常識的な範囲で十分評価づけられやすいので，例えば採用試験などの場合には，その採用者の望む性格傾向を推察して，その方向に反応を歪曲することができます。この反応歪曲の可能性のために，採用や昇進のための適性検査など，被検者の利益を左右する場面でYG法を利用することは避けられているようです。

7-8 結 び

YG法は，すでに幅広い領域で実際に活用されており，被検者の個人的な不適応感や対人態度を知るための簡便なスクリーニング法として，今後も活用されることが多いと思われます。実際に現場でYG法を利用する場合は，YG法を正しく理解した上で，被検者の人権を守り，福祉を増進する目的でのみ用いられるべきであることを確認しておきたいと思います。

■ 引用文献

柏木繁雄他　1993　性格特性のBIG FIVEと日本語版ACL項目の斜行因子基本パターン．心理学研究, vol.64, 153-159.
辻岡美延　1957　矢田部・ギルフォード性格検査　心理学評論, vol1, 70-100.
辻岡美延　1982　『新性格検査法(YG性格検査－実施・応用・研究手引)』日本心理テスト研究所．
八木俊夫　1989　『新版YGテストの実務手引』日本心理技術研究所．

■ 参考文献

日田野直　1989　類型論と特性論　『性格心理学新講座　第Ⅰ巻　性格の理論』　金子書房．
藤土圭三　1991　YG性格検査(MASを含めて)『臨床心理学大系　第5巻　人格の理解①』金子書房．

8章　ウェクスラー知能検査

8-1　ウェクスラー知能検査とは

　知能検査は実施方法によって集団式と個別式に大別されますが，ウェクスラー知能検査は，ビネー知能検査と双璧をなす，代表的な個別式知能検査です。アメリカでウェクスラー(Wechsler, D.)が最初に制作したバージョンは，1939年のウェクスラー・ベルビュー成人知能検査(ベルビューはウェクスラーが勤務していた病院の名称)で，適用年齢は10歳から60歳まででした。その後，1949年に適用年齢5歳～15歳のウェクスラー児童用知能検査(Wechsler Intelligence Scale for Children, 略称WISC)，1955年に適用年齢16歳以上のウェクスラー成人知能検査(Wechsler Adult Intelligence Scale, 略称WAIS)，1967年に適用年齢4歳～6歳半のウェクスラー就学前幼児用知能検査(Wechsler Preschool and Primary Scale of Intelligence, 略称WPPSI)が制作され，幼児から成人まで幅広くカバーできる検査になりました。さらに，1974年にはWISCの改訂版，WISC-R，1981年にはWAISの改訂版，WAIS-R，1991年にはWISC-Ⅲが公刊されました。WAIS-Ⅲの制作も進んでいるようです(1998年9月現在)。

　それぞれ日本版も制作されており，現在のところ，WPPSI知能診断検査法(三木安正，1969)，WISC-Ⅲ(東洋ら，1998)，WAIS-R　成人知能検査法(品川不二郎ら，1990)が公刊されています。WISC-Ⅲは適用年齢5歳0か月～16歳11か月，WAIS-Rの適用年齢は16歳0か月～74歳11か月です(図8-1，WAIS-Rの検査用具)。

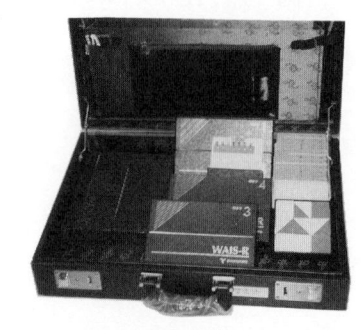

図8-1　WAIS-Rの検査用具

8-2 ウェクスラー知能検査の特徴

(1) 総体的知能という考え方

ウェクスラー知能検査では、知能を「目的的に行動し、合理的に思考し、環境を効果的に処理するための、個人の集合的ないしは総体的能力」と定義しています。知的能力にはさまざまな側面があり、それらを総合したものとして全体的な能力を考えようという立場です。

そこで、さまざまな知的能力が反映される課題(下位検査)を何種類も実施し、各課題の成績(評価点)の合計点を総合的な知的能力の指標にするのです。そして、どの被検査者にも基本的には同じ下位検査を実施します(必要に応じて補助検査を使います)。このため、年代や能力、実施時期が違っても相互に比較しやすいデータが得られます。これは、ビネー式検査では課題が難易度順に配置されていて、精神年齢前後の課題だけを実施すればよい方式をとっているのとは対照的です。

下位検査は、主として言語的能力を反映する「言語性検査」、非言語的能力を反映する「動作性検査」の2種類に大別され、補助検査も含めると各5種類〜7種類が用意されています(表8-1参照)。

(2) 年齢群と偏差IQ

ウェクスラー知能検査のもう一つの特徴は、下位検査の評価点やIQ(Intelligence Quotient 知能指数)として、歴年齢による年齢群の中での相対的な位置を示す数値、すなわち得点分布上の相対的位置を示す、「偏差値」を用いることです。偏差値によるIQを「偏差IQ」といいますが、ビネー式検査のIQが歴年齢と精神年齢との比から計算していたのと対照的です。ウェクスラー知能検査では、同年齢群の得点分布に応じて評価の水準が調整されていることになります。

8-3 検査の実施方法

ウェクスラー知能検査は複数の独立した下位検査からなり、下位検査を一つずつ順番に実施していきます。標準的な実施順序は検査用紙の記入欄の配置順ですが、実施順は検査場面での必要性や検査者の好みにより、自由に変更できることになっています。ただし、被検査者の興味や意欲が低下しないように、言語性検査と動作性検査はできるだけ交互に実施するのがよいでしょう。一度の面接ですべての下位検査を実施できない場合には、残りを別の面接で実施する分割実施も

表8-1 ウェクスラー知能検査の下位検査

		WPPSI	WISC-R	WISC-III	WAIS-R	下位検査の内容
言語性検査	知識	○	○	○	○	一般的知識についての質問に答える
	類似	○	○	○	○	二つの名詞の類似性に基づいて上位概念を答える
	算数	○	○	○	○	文章題を暗算で解答する
	単語	○	○	○	○	単語の意味を説明する
	理解	○	○	○	○	社会的場面での対応や判断の理由を説明する
	数唱	―	△	△	○	数字列の順唱と逆唱
	文章	△	―	―	―	文章の復唱
動作性検査	絵画完成	○	○	○	○	絵の欠落部分を指摘する
	絵画配列	―	○	○	○	ばらばらに提示された絵を物語順に並べ直す
	積木模様	○	○	○	○	表面が見本と同じ模様になるよう積木を配列する
	組合せ	―	○	○	○	ばらばらに提示された断片から全体を完成させる
	符号	―	○	○	○	見本に従い，対応する符号を順次記入する
	迷路	○	△	△	―	鉛筆で迷路脱出の経路を描く
	記号探し	―	―	△	―	刺激記号が記号グループの中にあれば○をつける
	動物の家	○	―	―	―	見本に従い，動物の家と同じ色のコマを差し込む
	幾何図形	○	―	―	―	見本と同じ図形を描く

（○：実施する，△：補助検査，―：なし）

可能です．分割実施の場合は，できるだけ短期間のうちに再面接し，残りの下位検査を実施する必要があります．

　補助検査を除くすべての下位検査の実施に要する時間は少なくとも1時間，平均的には1時間30分前後かかります．

　各下位検査における教示や実施手続き，採点法はマニュアルに詳しく記載されています．正確な測定のためには，マニュアルに記載された手続きを厳密に守らねばなりません．

8-4 IQの計算方法

(1) 評価点とプロフィール

　ウェクスラー知能検査における測定では，被検査者の属する年齢群を母集団とする偏差値が用いられます。まず，各下位検査では，遂行得点（素点）を被検査者の属する年齢群を母集団とした偏差値，すなわち「評価点」に換算します。評価点は平均10，標準偏差3になるよう，年齢群ごとに標準化されています。記録用紙の表紙には，言語性検査，動作性検査の各評価点を書き込む欄，各評価点をプロットするプロフィール欄があり，被検査者の特徴を視覚的に把握するのに便利です（図8-2参照）。

　下位検査間の相関係数や評価点の値の範囲については各検査のマニュアルに詳しく記載されています。一般に，評価点が7点以下であったり，評価点の差が5点以上ある場合には，どのような要因の影響によるものか検討する必要があります。

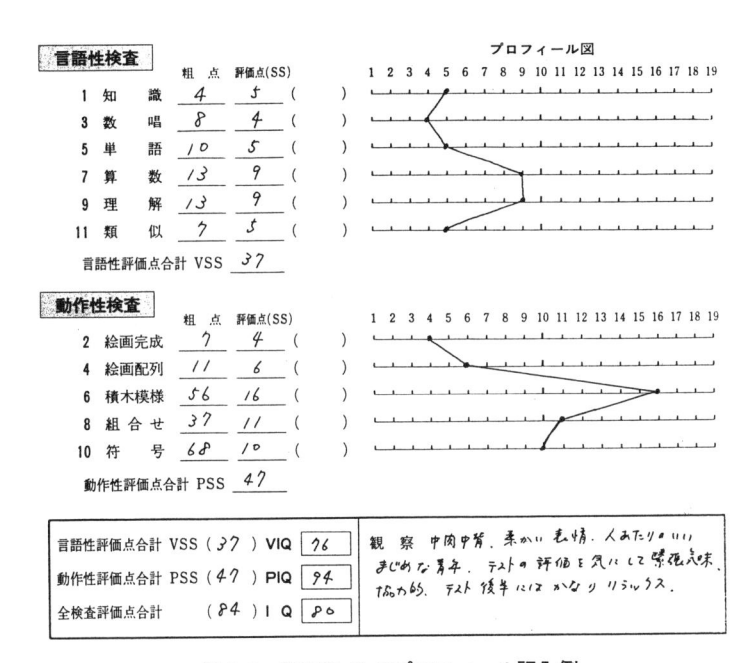

言語性検査	粗点	評価点(SS)
1　知　識	4	5
3　数　唱	8	4
5　単　語	10	5
7　算　数	13	9
9　理　解	13	9
11　類　似	7	5
言語性評価点合計 VSS	37	

動作性検査	粗点	評価点(SS)
2　絵画完成	7	4
4　絵画配列	11	6
6　積木模様	56	16
8　組合せ	37	11
10　符　号	68	10
動作性評価点合計 PSS	47	

言語性評価点合計 VSS (37)　VIQ　76
動作性評価点合計 PSS (47)　PIQ　94
全検査評価点合計　　(84)　IQ　80

観察　中肉中背，柔らかい表情，人あたりいい，まじめな青年，テストの評価を気にして緊張気味，始め65，テスト後半にはかなりリラックス．

図8-2　WAIS-Rのプロフィール記入例

(2) IQ への換算

　言語性検査，動作性検査別に，下位検査の評価点を合計して，言語性知能指数（言語性 IQ），動作性知能指数（動作性 IQ）に換算します。そして，全下位検査の評価点の合計を，全検査知能指数（全検査 IQ）に換算します（図 8-3 参照）。

　いずれの IQ も年齢群ごとに標準化されており，平均は 100，標準偏差は 15 です。言語性 IQ と動作性 IQ の差が 15 点以上の場合は，両者に有意な差があると考えられます（詳しくは各検査のマニュアル参照）。

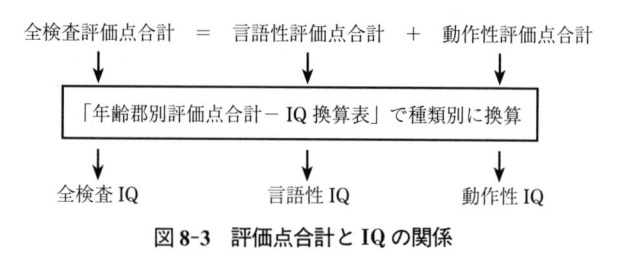

```
全検査評価点合計　=　言語性評価点合計　+　動作性評価点合計
```

「年齢郡別評価点合計 − IQ 換算表」で種類別に換算

　　全検査 IQ　　　　言語性 IQ　　　　動作性 IQ

図 8-3　評価点合計と IQ の関係

(3) 群指数

　下位検査間の相関から因子構造を検討する作業は従来から重ねられてきましたが，WISC-III では，下位検査を因子分析に基づいて分類し，各分類の合計点から標準得点化した「群指数」が正式に導入されました。WISC-III では，言語性下位検査は「言語理解（VC: Verbal Comprehension）」（知識，類似，単語，理解）と「注意記憶（FD: Freedom from Distractability）」（算数，数唱）に，動作性検査は「知覚統合（PO: Perceptual Organization）」（絵画完成，絵画配列，積木模様，組合せ）と「処理速度（PS: Processing Speed）」（符号，記号探し）に分類されています。群指数はこれらの下位検査群の合計点を平均 100，標準偏差 15 の標準得点に換算したものです。これにより，課題の性質別に，より詳しい検討が行えるようになりました。

(4) 簡易実施法

　詳しい資料が得られる一方，時間と労力がかかるウェクスラー知能検査の難点を克服する試みとして，WAIS-R に関しては，一部の下位検査（2〜4 種類）から言語性 IQ，動作性 IQ，全検査 IQ を推定する「簡易実施法」が考案されています（三澤，1993）。あくまでも目的を限定した上での方法ですが，短時間に多数の被検査者の資料を得たい場合には有効だと思われます。ただし，神経心理学的スクリーニングが求められている場合には簡易実施法は不向きだとされています。

8-5 実施上のポイント

(1) 被検査者への配慮

　検査の実施に際しては，検査の目的を明確にした上で被検査者の同意のもとに実施しなくてはなりません。

　検査に入る前には，おおむねどれくらいの時間がかかるのか，何の目的で検査をするのかなど，被検査者にきちんと説明しなくてはなりませんし，被検査者の体調にも配慮しなくてはなりません。

　ウェクスラー知能検査はかなりの数の下位検査を実施するため，時間と労力も相当なものです。実施時間が2時間近くかかることもあります。しかも，下位検査の問題は次第に難易度が上がっていき，被検査者が失敗したところで打ち切るため，かなりのストレスを強いる検査になります。このため，検査者としては，検査場面が「テスト」や「能力測定」といった堅くて重い雰囲気になってしまうことを避け，楽しいクイズの時間といった雰囲気になるように配慮したり，被検査者の疲労度や体調に気を配り，一度にすべての検査を実施することにこだわらず柔軟に対応すべきです。

　また，「知能」や「IQ」という言葉は本人の能力の限界といったニュアンスも含む，かなりきつい言葉として響いたり，誤解されるおそれもあるので，本人や関係者に検査結果について説明するときは慎重な配慮が必要です。

(2) 検査の適応

　ウェクスラー知能検査の特性が活かされるのは，① 被検査者の知能の多角的把握，② 神経心理学的アセスメント（学習障害の査定を含む），③ 研究のための標準的資料としての利用でしょう。実施される下位検査の種類が共通しており，適用年齢の幅も広いので，知的能力のさまざまな側面について，何年にもわたる変化を追跡することも可能です。とりわけ，②はウェクスラー知能検査が得意とするところです。下位検査の評価点プロフィールから，脳に関連した知的機能の障害を発見したり推定するための一資料としても用いられます。

　逆に，知的能力の全体的な水準を把握するだけでよい場合には，達成できる範囲の周辺にある課題だけ実施するビネー知能検査や新版K式発達検査のほうが負担も軽く能率的だといえます。ただし，課題の種類による得点差が大きい場合には，これらの検査でも実施すべき課題の数がかなり多くなるので，かえってウェクスラー知能検査の方が時間効率がよく，情報も組織的に得られて好都合な場合もあります。

(3) テスト・バッテリー

　ウェクスラー知能検査では把握しにくい領域については，テスト・バッテリーを組んで情報を補完することになります。一例としては，描画課題とのバッテリーが考えられます。バウム・テストやHTP，ベンダー・ゲシュタルト検査などを並行して実施しておくと，脳や神経の器質障害の可能性や知能以外の心理的問題について補完的情報が得られ，とても参考になります。神経心理学的アセスメントとしては，標準失語症検査(SLTA)や三宅式記銘検査などとバッテリーが組まれることもあります。

(4) 実施上の工夫

　検査をスムーズに実施するには，実施方法や採点法に習熟することはいうまでもありませんが，その他にも，計算問題などよく参照する情報を書き写して衝立の裏に貼っておくといった工夫も有効です。

　神経心理学的検査として実施する場合には，積木模様や絵画完成，組合わせなど視覚的パターン認知の課題の遂行経過をできるだけ詳しく記録しておくことをお薦めします。視野のどの部分にポイントがある場合に失敗が多いのかなど，検査後に脳波所見等と照合すると参考になる場合も少なくありません。

(5) 限界吟味

　正確な測定のためには，検査者が与える教示や質問の言葉は標準手続き通りにしなくてはなりません。日本版ウェクスラー検査では教示はすべて標準語なのですが，非標準語が使用されている地域では，年齢の低い被検査者に通じにくいこともあります。知能指数の正確さよりも被検査者の潜在的能力の水準を見極めねばならない場合には，あえて標準教示以外の言葉を用いた方が検査の目的に適うこともありえます。このような場合は，まず正規の手続きで実施した後，教示内容がよく伝わらなかったと判断される課題の教示を自然な表現(内容は中立的)に言い換えて再実施することで，限界吟味をすることになります。ただし，標準教示以外を用いたことは記録しておかねばなりませんし，問題を必要以上に容易にしてしまった可能性も考慮する必要があります。これはあくまで例外的な実施法であることを忘れてはなりません。

(6) 前回との比較

　知的能力の診断に用いる場合，数年おきに検査を実施して，経年変化を見ることがあります。検査のバージョンが更新された場合には，課題の素点が同じでも

評価点が異なることもあるので、旧版の採点法ではどうなるのか、付記しておくと比較しやすくなります。

(7) 検査資料の活用法

　下位検査のなかには、被検査者の応答記録から知的能力以外の側面に関するヒントが得られるものもあります。例えば、「絵画配列」の絵からどんなストーリーを読みとるのか、間違えたとき自分で修正できるのか、といったことから、被検査者が社会的場面でどんな態度をとっているのか推察できますし、「単語」や「理解」でなされる説明にも、被検査者の個性が表れます。せっかく得られた資料ですから、評価点の採点だけにとどめず、被検査者の理解を深める豊かな情報源として活用したいものです。被検査者の検査場面での様子やコミュニケーションの特徴、検査者の印象も詳しく記録しておくと、後で検査場面や被検査者のことをいきいきと思い出せるので、とても役立ちます。

8-6　結　び

　ウェクスラー知能検査は万能の知能検査ではなく、年齢群によっては下位検査の信頼性がそれほど高くなかったり、用意されている下位検査が知能のすべての側面を網羅しているわけでもなく、妥当性に関しても発展の余地は残されていますが、世界各国で翻訳され、長期間にわたって多数のデータが蓄積されてきたため、研究用としても、スクリーニング用としても利用価値が高く、これからも長く利用されていくことでしょう。

■ 参考文献

児玉　省 他 訳編　1989　『日本版 WISC-R 知能検査法, 1989年尺度修正版』日本文化科学社.
三澤義一 監修　小林重雄 他 編著　1993　『日本版 WAIS-R 簡易実施法』日本文化科学社.
日本版 WISC-III刊行委員会 訳編　1998　『日本版 WISC-III知能検査法』日本文化科学社.
品川不二郎 他 訳編　1990　『日本版 WAIS-R 成人知能診断法』日本文化科学社.

9章 ビネー知能検査

9-1 ビネー検査の成立過程

　周知のように，心理学の歴史上，最初に完成した心理検査は，ビネー(Binet, A.)による知能検査です。20世紀を迎えようとするヨーロッパ各国で，全員就学の小学校制度(学制)が開始されますと，就学時に子どもたちのために最も適切な学校を選択する手段の必要性が発生しました。さらに，当時は，医師の間でさえ精神遅滞の程度は恣意的に判定されており，精神遅滞と精神病の鑑別診断さえも統一されていませんでした。上記の理由により，ビネーは知能の客観的な測定を重要な課題と考え，弟子のシモン(Simon, Th.)とともに知能測定を目的とした尺度の作成に着手しました。

　ビネーたちの研究成果は，フランスの心理学研究誌 "L' Anée Psychologique" の1905年から1911年にかけて，5本の論文として発表されています。ビネーが作成しつつある検査についての報告が，そのうち3本あり，発表年によってそれぞれ1905年版，1908年版，1911年版の検査と呼ばれています。完成したビネー検査は，ビネーの死後，1921年にシモンがビネーとの連名で単行書として発表しました。1921年版検査と呼ばれています。ビネー検査の成功により，それを手本として作成された各種の心理検査が，世界各国で使用されることになりました。

　まず，ビネーが考えた検査のあり方と，標準化作業の考え方について説明します。ビネーの当時には，まだ心理学も統計学も未発達で，やっと相関の概念が存在したぐらいです。ビネーが心理検査法の考え方に従って検査を作成したのではなく，ビネーの方法に従って検査理論が整備されていったのです。それゆえ，以下の説明では，ビネーの使用した用語ではなく，内容が理解しやすいように現在の統計学的用語に置き換えて説明した部分もありますので，注意してほしいと思います。

　ビネーは，当初から知能尺度(niveau intelligence)の作成を目ざしたのですが，ビネーの知能検査が成功した原因は，現在でいう信頼性と現実的妥当性の両

概念を当初から重視したことに換言できます。この点にビネーの天才を感ぜずにはいられません。周知のことですが，歴史上，最初の知能検査 (Mental Test) は，心理学の創始者として有名なブント (Wundt, W.) のもとで研究したキャッテル (Cattell, J. M. ；性格検査などで有名な Cattell, R. B. とは別人であることに注意) が 1890 年に発表しましたが，この検査は学業成績の予測に失敗し，現実的妥当性のないことから，知能検査そのものの研究を阻害したとさえいわれています。

ビネーとキャッテルの相違は，心理測定尺度を作成しようとしたとき，ビネーが信頼性と現実的妥当性を基本として検査項目を選定したのに対して，キャッテルはゴールトン (Galton, F.) らの個人差の考え方を基にして，当時の精神物理学の知識に基づいて，理論的に考えた検査項目を採用したこととの差であります。ビネーが知能の測定に成功して以来，心理学は，ヒトの心理的能力を測定できるとの自信をもち，ビネーの検査作成法を手本にしながら，各種の心理検査が生み出されることになりました。しかし，ビネーがもっとも重視した現実的妥当性の概念は，特に性格検査などでは，適当な妥当性尺度をうることが困難であるため，統計学の発展とともに，検査尺度の一義性を基本にした統計的妥当性に置き換えられることになりました。

信頼性と妥当性を調べていない検査が心理検査といえないのは当然ですが，統計的妥当性を調べても，なにか一つのものを測定しているとはいえても，それが何を測定しているのかは保証していないことに注意が必要です。あえて指摘すれば，信頼性と統計的妥当性を確かめることにより，確かに何かを一義的に測定しているとしても，現実的妥当性が調べられていない検査は，何を測定しているのかわからないことになります。このような意味で極言すれば，現在確立している心理検査は知能検査だけだともいえます。

逆にいえば，ビネーの卓見もさることながら，知能の測定にとって学業成績という非常に便利な妥当性の指標が存在していたことが，知能検査を成功させることに大きな力を発揮したともいえましょう。このことは，心理学の歴史の中で知能検査に対して生じてきた，いくつかの疑問に解答を与えています。それは，現在存在する知能検査で，ヒトの知的機能をすべて測定できているのかという疑問です。

知的機能の中で，測定できていない側面が存在するのではないか，特に創造性などは測定不可能である，というような論議は盛んです。これまでに説明してきたことから自明の事実ではありますが，現在の知能検査が，現実的妥当性の尺度として学業成績を基本にしている以上，学業成績に反映されない知的機能は測定

されていません。知能検査批判の中心は，学校の成績は良くないが世間で成功した人たちがたくさんいるとか，科学者は本来，知的機能が重要であるはずですが，天才と呼ばれるような科学者の中には，学校生活から落ちこぼれた人たちがいる，という指摘です。落ちこぼれた天才の例は，主としてアメリカの例ですから，これにはアメリカの教育制度に内包される特殊性をも考える必要があるかもしれませんが，一般的にいって，知能検査が成功すると，知能検査ですべての知的機能が測定されている，と考える発想そのものがもつ論理的誤りの方が重要でしょう。

　知能検査は，ヒトの知的機能を網羅する検査として作成されたのでは決してないことが重要なのです。ビネーが目的としたのは，あくまでも就学と知的発達遅滞の程度を判定するために，子どもの知能発達の水準を測定する尺度を作成することにあった点を，十分に注意しておく必要があります。知能検査は，種々の問題を内包しながらも，現在の心理検査全体を見渡すと，現実的妥当性の測定を行っていること，また，新しく作成された知能検査は，それ以前に存在するいずれかの知能検査と検査相互間の相関を調べながら作成されていることの2点において，もっとも良心的な心理検査であるといえます。繰り返すなら，まだ統計学が未熟であったビネーの時代に，学力との関係によって現実的妥当性を調べただけでなく，検査間隔を3か月，6か月などと変化させて，再検査法による信頼性まで調べている事実は敬服に値します。それに対して，その後に作成されている多くの心理検査の現状には，多くの問題点が残されているといわざるをえません。

9-2　ビネー検査の広がり

　ビネーによる知能検査は，すぐさまアメリカにおいてターマン（Terman, L. M., 1916）により翻訳され，1917年には，ビネー・シモン検査の改訂版，いわゆるスタンフォード・ビネー検査として発表されました。その後の知能検査の発展する方向としては，以下の4点を挙げることができます。

(1)　統計学の進歩を裏づけに，検査の標準化作業の方法と検査結果の表現方法を洗練しようとする試み。

(2)　臨床場面での要望から始まり，その後，全体的な知能構造の研究としても発展したように，1本の知能尺度ではなく，多次元的な尺度によって知能の全体像を測定しようとの試み。

(3)　徴兵検査としての使用を前提に，スクリーニング検査として大量の検査を

9章 ビネー知能検査

行う必要性から始った集団検査の作成とその発展。
(4) 検査対象者の年齢幅を広げることを目的にした，乳児検査（発達検査），成人用検査，さらには老人用検査の作成。

次に，日本のビネー検査を理解するための発展過程を説明します。ターマンたちは，ビネーの1911年尺度に基づき，最初のスタンフォード・ビネー検査を作成しましたが，その発想は必ずしもビネーの考え方と同一ではありません。ターマンによる改変の主要な点として，検査項目の考え方を，子ども用の幼稚な内容に変更したことが挙げられます。例えば，叙述に使用する絵が，ビネーの場合は登場人物とテーマがあり，難易度の決められている複数の絵が任意に使用されていましたが，それらは成人を対象として描かれた絵です。それに対して，ターマンが使用するのは，子ども用の絵であり，ちょうど絵本の絵のような内容に変更されています。質問の言葉づかいにも，そのような考え方が認められます。これは子どもを幼稚な存在と考えていることにほかなりません。このような点に，フランス人とアメリカ人の子どもに対する考え方の相違が現れていて，興味深いと思います。著者は個人的には，フランス流の発想に立ちたいと考えていますが，日本の検査について付け加えるなら，日本のビネー検査はすべてアメリカ流の発想に立っています。

ビネーの検査では，検査用具の難易度は決めていましたが，検査刺激は必ずしも固定していませんでした。同等の難易度の検査用具や質問項目をいくつか用意して，適時それらを入替えて使用していました。ビネー検査で使用される質問や，図版などが固定されたのは，ビネーの死後，シモンによって発表された1921年版によってです。もちろん，検査手引を確定して発表するときには，質問や図版などを固定せざるをえないという側面もあります。しかし，ターマンの検査では，1916年に発表された当時は，代替問題も用意されていましたが，検査内容の固定化の方向へ変化しました。中には不要な固定化も存在します。数の復唱課題では，ビネーはかなり自由に数列を入れ替えて使用していたのに対し，ターマンによって数列が固定化され，その後の日本の検査では，誤植を含めてそのまま踏襲されることになります。ビネーにとっては，数列の内容よりも何数を検査項目として採用するべきかの方が重要な関心事でした。

ターマンによるその後の研究は，主として検査を統計的に洗練する方向に進められました。ターマンの影響でもっとも大きいのは，知能指数の採用でしょう。アメリカのように，検査対象が子どもから成人まで幅広くなると，知能年齢だけでは検査結果の意味がわかりにくくなり，ドイツの統計学者シュテルン(Stern, W. L.)の方法を取り入れて［知能年齢(MA)／生活年齢(CA)］×100である知

能商(Intelligence Quotience; IQ)を採用することにより，被験者の生活年齢に関係なく，結果の意味を見やすくしました。日本では，知能指数と意図的な意訳で使用されることにより，ただでさえ数値を盲信しやすい日本人に，知能検査の結果を絶対的な意味のある数値のように誤解し，信奉させることに貢献しました。ターマン検査では，1937年に，平行する二つの検査が作成され，Form LとForm Mと名づけられました。これは，練習効果などのため，一方の検査が使用しにくいときの代替検査を用意するための配慮です。

その後，知能指数の分布を調べると，年齢によって分布幅が異なることが知られるようになり，1960年には，同一年齢集団の中の位置を正確に表せるようにした偏差値(知能偏差値)によって，検査結果を表すようになりました。これはビネーの考える，ある年齢の子どもたちがもっている知能の獲得段階を調べて，知能年齢として発達水準を知る方法から，同一年齢集団の中での相対的位置を調べるように変更されたことであり，知能検査の概念を大幅に変更することでもあります。これらの変更は，統計学的には表現方法が洗練されたともいえますが，本来，誤差を含んだ検査結果の表現方法だけを精密にしてもしかたがありません。知能検査の本質的な発展のためには，むしろビネーの原点に立ち返って，検査項目の吟味や解釈の方法について洗練させることの方が重要でしょう。

日本でも，ビネー検査が使用されることになりますが，これらはいずれもビネー検査というよりもターマン検査の翻訳に基づいています。現存するビネー検査として最初のものは，昭和5年(1930)に大阪児童院にいた鈴木治太郎によって公表されました。一般に鈴木・ビネー検査と呼ばれて親しまれてきましたが，鈴木の死後は検査の維持作業を引き継ぐ者がなく，ほぼ原型のまま今日に至っているのは残念です。東京では，昭和22年(1947年)に東京文理科大学の田中寛一が，いわゆる田中・ビネー検査を公表しました。一時は，西日本では鈴木・ビネー検査が，東日本では田中・ビネー検査と日本を二分して使用されました。

田中・ビネー検査は，その後，検査の維持作業が田中教育研究所に引き継がれ，全国的に大規模な再標準化作業を経て1987年版が発表され，現在も使用されています。余談ですが，京都市児童院においても，昭和50年(1975年)にK-B個別知能検査(Kyoto Binet)を作成し，検査手引き書も謄写印刷されましたが，院内検査として使用され，公表されませんでした。その後，新版K式発達検査を増補版として改訂したときに，K-B検査も新K式検査に取り込んで，その役割を終了しています。

9-3 ビネーによる知的機能の考え方

　知的機能の測定にとどまらず，すべての心理測定に共通する視点ですが，現実的妥当性に基づいて検査項目を作成したといっても，調査対象とした検査項目は，根本的には作成者であるビネーの直感によって選ばれています。それゆえ，ビネーによる知的機能の考え方を知ることが検査の理解につながります。

　ビネーは，知的機能の基本活動として，判断・理解・推理の3点を挙げています。そうして，教育経験の影響を受けない検査項目を選定するべきだと努力しています。経験効果をなるべく少なくしたいのは，当然の発想ではありますが，現実の子どもの発達過程を考えてみるなら，不可能な要求でもあります。少なくともある地域，ある民族など，一定の文化の中では経験内容になるべく偏りのない項目を選定するよりほかによい方法は見当たりません。ビネーの考えは，ビネーの検査項目に反映されているのですから，詳しくは検査項目をすべててていねいに検討するべきです。ビネーはまた，検査項目に対する子どもの態度の側面にも注意を払ったことが重要です。検査項目が課題としてもっている意図に対する，子どもの注意力や検査項目への理解力などです。同じ検査課題であっても，子どもがその課題をどのような課題としてとらえるかによって，解決方法が異なってきます。同じ一つの絵を見せて，その叙述を求める課題も，子どもが課題をとらえる内容の違いによって，3歳，5歳，15歳と異なった年齢の課題とすることができるのは，そのためです。それゆえ，検査項目への反応は，ただ単に合格・不合格と二分すればよいのではありません。筆者の師である園原太郎は，よく「良い誤答と悪い正答」と言っていました。どのような反応形式が選択されたかということに，子どもの本質的な理解力と発達年齢が現れていることになります。このような側面を，筆者は課題性と呼んで，注意を喚起してきました。

　このように考えると，当然ではありますが，ビネーは再質問の方法とその内容についても注意を促しています。再質問を不用意に行うと，元の検査とは別の検査になってしまうともいっています。具体的な例で説明すると，子どもに"蝶と蠅"の相違を尋ねる検査項目は，その二つが「どのように違うのか？」を質問するのですが，再質問で，もし「どちらが大きいか？」と尋ねると，5歳児全員が答えられるやさしい問題に変質してしまうと指摘しています。いわゆる了解問題では，ターマンでさえ，「どうすべきか？」と尋ねるべきであり，「いつもはどうしているのか？」と尋ねてはいけないといっているのに，日本の検査では，「どうしているのか？」と尋ねるように改悪されている検査があるのは残念です。これらは，正答を知っていて，子どもにやさしい検査者が正答を得ようとして，や

やもすると陥りやすい誤りでもあります。

　一見すると，ビネー検査は単純な一つの尺度の検査であり，検査時間は少なく，施行が容易で，初心者向きの検査と考えられがちです。しかし，検査に使用されている検査項目の内容は多彩であり，それぞれの検査項目の意味と反応の意味を正しく解釈しようとすると，多方面の知識が要求されます。入門は簡単ですが，使いこなすのは容易でない検査であるともいえますし，使いこなせるならば，非常に多くの有益な情報を与えてくれる検査であるともいえます。ビネー自身，1908年版の説明で，この検査は体重計に乗るとすぐに数値が出てくるような単純な道具ではなく，十分な解釈が必要であり，そのため，多忙な医者が助手に施行させて数値だけを見ても，失望するだろうと述べています。検査結果は十分な吟味が必要であり，複雑な科学機械を使用するときと同様に，十分な訓練を受けた者が細心の注意を払って使用すべきであるといっています。

　知能検査は，初心者が簡単に使用できる道具にする必要はなく，知的な人の手に任されるべき検査なのである，とも述べていることに注意してほしいと思います。検査は，その適応と限界を知った検査者が正しく使用する必要があります。知能検査は，心理学の専門家が細心の注意を払って使用すべき道具であり，だれでもが簡単に使用できる道具ではありません。

9-4　ビネー検査の使用上の注意

　ビネー検査の長所も短所も，検査尺度が一つであることに重要な意味があります。長所としては，各年齢水準にもっとも重要で，多面的な検査項目を用意することにより，知能発達という総合的な一つの尺度によって測定され，反応の内容を詳しく解釈することにより，多くの情報を与えてくれる点が挙げられます。一方，尺度が一つであることは，知能の多面性は解釈に頼らざるを得なくなり，初心者には不便であるという短所にもつながっています。しかし，ヒトの知的機能については，全体像が明確になっていない以上，知能検査で測定されている内容について確定的なことはいえないがために，かえって良心的な検査ともいえます。要するに，不確かな概念を測定するのには，不確かな尺度こそふさわしいのです。概念を精密化せず，尺度を精密化しようとするのは誤りです。

　ビネーは検査の所要時間について，子どもの注意力が持続できる時間に配慮するなら，20分以内に検査が終了するのが望ましいといっています。この見地からは，一つの尺度であることは，個別法検査でありながら，検査を施行する所要時間を短縮する効果があります。それでは，ウェシュラー(Wechsler, D.)のよ

うに，知能の側面によって能力に不均衡がある対象者の測定には不便であるという問題が残ります。ビネー検査では，通過（合格）した検査項目と不通過（不合格）であった検査項目の内容について，詳しく分析してその解釈に頼ることになり，数値で表せない不便さが残ります。

現在のように，検査による測定値が法律的な措置と直結しているときには，知能の構造を解釈によって決めるのでは困る状況も生じます。新版K式発達検査で，領域別指数を採用せざるをえない理由でもあります。しかし，構造化されている検査では，各領域についてできるだけすべての年齢領域に，同種の検査項目を配置しようと努力することになり，検査項目の内容はかえって狭く，特殊化されています。それはまた，検査項目が各年齢段階にもつ意味の重要度に相違が生じることになり，項目の重みづけを同一にして配点することの意味がおかしくなります。

ビネーの検査では，異なった配当年齢に同じ種類の検査項目を配当しようとはしていません。例えば，絵の叙述は，三つの年齢段階だけに配当されています。数の復唱も一部だけを使用し，2数から10数まですべてが使用されるのは，ビネーの死後からです。このことを逆にいえば，ビネー検査では，各年齢段階にとって重要な意味をもつ内容の検査項目を配置しようとしているのです。一方，検査項目は，その内容を測定することに最も意味のある年齢にだけ配置されています。このような作業を，ビネーはほとんど参考にするような知識がない時代に，直感的に行いました。このビネーの直感は重要です。このように考えてくると，知能検査は何よりもよく検査作成者の知能水準を測定しているといわざるをえません。

■ 引用文献・参考文献

読者の便宜を考え，ビネーの論文と検査については原典とその訳，日本の検査については初版と最新版を記載しました。

● Binet, A. & Simon, Th. の論文

Binet, A. & Simon, Th.　1905　Sur la nécessité d'établir un diagnostic scientifique des états inférieurs de l'intelligence. *L'année Psychologique*, **11**, 163-190.

Binet, A. & Simon, Th.　1905　Méthodes nouvelles pour le diagnostic du niveau intellectuel des anormaux. *L'année Psychologique*, **11**, 191-244.

Binet, A. & Simon, Th.　1905　Application des méthodes nouvelles au diagnostic du niveau intellectuel chez des enfants normaux et anormaux d'hospice et d'école primaire. *L'année Psychologique*, **11**, 245-336.

Binet, A. & Simon, Th.　1908　Le développement de d'intelligence chez les enfants. *L'année Psychologique*, **14**, 1-94.

Binet, A.　1911　Nouvelles recherches sur la mesure du niveau intellectuel chez les enfants d'école. *L'année Psychologique*, **17**, 145-201.

（上記 5 編の論文が翻訳された 1 冊の本）
Th./Kite, E. S. 訳　1916　Binet, A. & Simon,　*The development of intelligence in children.* Williams & Wilkins Company, Baltimore.（1973 年 Amo Press から reprint 版発行.）

● Simon によるビネー検査の完成版
Binet, A. & Simon, Th.　1921　*La mesure de développement de l'intelligence chez les jeunes enfants.*（大井・山本・津田 訳　1977　『ビネ知能検査法の原典』　日本文化科学社.）

● Staford-Binet 検査の原典
Terman, L. M.　1916　*The measurement of intelligence.* Houghton.
Teman, L. M. *et al.*　1917　*The Stanford revision and extension of the Binet-Simon Scale for measuring intelligence.* Warwick & York.

●鈴木治太郎の著書
鈴木治太郎　1930　『実際的個別的智能測定法』　東洋図書.（最新版 1956 年.）
鈴木治太郎　1957　『鈴木ビネー法智能測定尺度の客観的根拠』　東洋図書.

●田中寛一の著書
田中寛一　1947　『田中・ビネー式智能検査法』　世界社.
田中教育研究所編著　1987　『田中ビネー知能検査法・1987 年全訂版』　田研出版.
　　（最新版 1998 年 4 月.）

10章　集団知能検査

10-1　はじめに

　ウェクスラー知能検査やビネー知能検査は，検査者1名と被検査者1名とで検査場面が構成されるので個人知能検査あるいは個別式知能検査と呼ばれるのに対して，検査者1名(時には補助者がつくこともあります)と被検査者2名以上とで検査場面が構成される知能検査は集団知能検査あるいは団体知能検査と呼ばれます。本章ではまず，集団知能検査の歴史について触れます。ついで，集団知能検査を分類し，実施する検査の選択方法について述べます。さらに，検査の実施順序に従いながら検査実施上の留意点について述べます。最後に，集団知能検査の効用と限界について考えます。

10-2　集団知能検査の歴史

　ターマン(Terman, L.M.)はフランスで誕生したビネー知能検査のアメリカ版(スタンフォード・ビネー法)を1916年に発表しました。この時期にターマンの弟子であったオーティス(Otis, A.S.)は短時間に多数の児童に知能測定ができる検査の作成をめざして，ビネー知能検査の集団知能検査版の作成を試みていました(Chapma, P.D., 1988; Lenon, R.T., 1985)。第一次世界大戦中のアメリカでは，多くの兵士を適切に配置するための方法として，集団知能検査の開発が望まれ，ヤーキーズ(Yerkes, R.M.)らはオーティスの試みを基礎にして陸軍アルファ検査(Army Alpha Test)と陸軍ベータ検査(Army Beta Test)を1917年に作成し，170万人以上の兵士に実施しました。陸軍アルファ検査は言語材料による検査であり，陸軍ベータ検査は非言語材料による検査でした。
　第一次世界大戦後から1920年代にかけて，陸軍検査の開発と実施で得られた知見に基づいて学校で使用する集団知能検査がいくつか作成され，アメリカの各地で広く利用されるようになりました。1940年代になると，知能を7個前後の基本的精神能力(Primary Mental Abilities)の総体とするサーストン(Thurs-

tone, L.L., 1938)の考え方の影響も受けて、いくつかの下位検査の結果に基づいて個人の知能を分析的にみようとする集団知能検査が数多く作成されました。

10-3　集団知能検査の分類

集団知能検査はいくつかの分類基準により、次のように分類できます。
(1) 測定する知能の種類
知能はさまざまに定義されますが、特定の課題を解決する能力を意味せず、日常生活で出会うさまざまな課題解決場面で適切に対処できる能力を意味しているという考え方はほぼ異論のないところです。したがって、集団知能検査はそのほとんどが一般能力を測定しようとしていますが、なかには一般能力を構成するある特定の能力（例えば、推理能力）を詳しく測定しようとする特殊能力検査もあります。
(2) 検査材料
検査項目が言語材料だけで構成されている検査をA式検査、非言語材料だけで構成されている検査をB式検査と呼びます。また、言語材料と非言語材料の両方を含む検査をAB混合式検査と呼びます。
(3) 知能理論
検査作成に当たって採用した知能理論による分類です。サーストン(1938)の基本的精神能力、ギルフォード(Guilford, J.P., 1967)の知性の立方体モデル(The Structure-of-Intellect)などがあります。
(4) 適用範囲
検査の適用範囲は生活年齢（暦年齢）や学年で限定されていることが多いのですが、適用範囲を生活年齢で限定した上で知能の範囲も「優秀知能者用」と限定している検査もあります。

10-4　実施する検査の選択

以下の点を考慮して実施する検査を選択します。
(1) 適用範囲
被検者を適用範囲としている検査の中から選択します。一般に、適用範囲の上限や下限の生活年齢の被検者集団においては検査の信頼性や妥当性が低下しますので、被検者の生活年齢が検査の適用年齢の上限や下限になる検査は避けます。

(2) 入手したい情報の種類

被検者の所属集団の中での相対的位置(知能偏差値など)がわかるだけでよいのか，それともプロフィールによって被検者の知能の特徴をより詳しく知りたいのかによって選択する検査は異なります。また，被検者を理解する上でどのような知能理論に基づく検査が適切なのかも検査の選択の基準になります。

(3) 信頼性，妥当性などの検査についての情報の明示

手引きなどに信頼性，妥当性などのデータが記載されており，また，実施方法，採点方法，結果の解釈方法などについても明確に記載されている検査が望ましいでしょう。さらに，その検査を使った研究が多くなされている検査を選択するのがよいでしょう。

(4) 標準化の時期

一度，標準化された知能検査も何年か経つと，結果を解釈するために作成された規準(素点をパーセンタイル順位や偏差値に変換する規準)に狂いが生じてきます(佐野，1974)。したがって，標準化の時期が新しい検査が望ましいでしょう。

10-5 検査の実施と留意点

(1) 実施前の準備：手引きを熟読し，教示の練習を行って，検査の実施に精通しておかなければなりません。検査用紙(被検者数より数部多い部数)，手引き，ストップウォッチ，鉛筆などもそろえておきます。

(2) 被検者が力を十分に発揮できる時間と場所を選びます。被検者が疲れていない午前中の実施が望ましいでしょう。運動会などの行事の翌日は避けます。また，被検者にとって緊張度の少ない場所での実施が望ましいでしょう。

(3) できれば検査者のほかに補助者をつけて個々の被検者についての観察が密になるようにします。校内放送により，いくつかのクラスで同時に実施するのは臨機応変の対応ができないので好ましくありません。

(4) 検査への導入においては，検査の概要，所要時間などについて説明します。また，用便の有無を確認し，必要な者には済まさせます。

(5) 検査用紙を配布し，氏名，生年月日など必要事項を記入させます。

(6) 検査がいくつかの下位検査で構成されている場合，例題の説明，練習問題の実施，被検者からの質問，本問題の実施と進むのが一般的です。

(7) 検査開始と同時に計時を始めるように指示している検査もあれば，大多数の被検者が問題を見るために体を前に倒した時に計時を始めるように指示している検査もありますので，手引きにしたがいます。

(8) 被検者についての行動観察をできるだけ行います。特に，検査開始の指示とともにスムーズに回答を始めたかどうかについての確認は十分に行う必要があります。
(9) 検査用紙を回収して，検査を終了します。

10-6 採　点

(1) 被検者が生年月日を誤って記入していることがありますので，生年月日を確認します。
(2) 生活年齢の算出方法は使用する検査によって異なりますので手引きにしたがって正しく算出します。例えば，「何歳何か月」と算出する場合，日数を切り捨てるように指示している検査もあれば，「15日以上切り上げ，14日以下切り捨て」と指示している検査もあります。
(3) 手引きの正誤表に忠実にしたがって採点します。不明瞭な回答(例えば，「1」か「7」か不明瞭)は不利に採点します。また，正しい選択肢を選んでいても回答方法がまちがっている場合(例えば，正しいと思う選択肢の番号を回答するように指示されているのに正しい選択肢を○で囲んでいる場合)も不利に採点します。
(4) 採点ミスを最小限にするために少なくとも2度，採点します。

10-7　結果の表示法

(1) **パーセンタイル順位**

パーセンタイル順位(あるいは単に「パーセンタイル」)は「100人中，下から数えて何番目の位置にいるか。」として定義されます。直感的にわかりやすい概念です。しかし，いくつかの下位検査のパーセンタイル順位を合計することはできないという不便な点があります。

(2) **偏差値**

パーセンタイル順位と同じく所属集団内での個人の相対的位置を示す値です。パーセンタイル順位と異なり，いくつかの下位検査の偏差値を合計することが可能です。知能偏差値は検査結果全体から被検者の所属集団内での相対的位置を表す指標です。

(3) **偏差IQ**

IQ(知能指数)のもともとの定義は「精神年齢を生活年齢で除し，100を乗じ

る」です。しかし，個人の相対的位置を表す指標としてはいくつかの問題点があり，現行の集団知能検査のほとんどにおいては統計学的に厳密な概念である偏差値に基づいた偏差IQが使われています。偏差IQの平均は100に設定され，標準偏差はほぼ15から20の間に設定されます。多くの場合，検査用紙には単に「知能指数」あるいは「IQ」と表示されています。

(4) プロフィール

1つの検査がいくつかの下位検査で構成されている場合，各下位検査の結果を図示したものをプロフィールと呼びます。知能指数や知能偏差値が所属集団内での個人の相体的位置（個人間差異）を知ろうとするための表示法であるのに対して，プロフィールはある個人がどの面で優れており，どの面で劣っているか（個人内差異）を知ろうとするものです。

10-8 結果の解釈

集団知能検査に限らず，すべての検査について言えることですが，まず，概括的な結果をながめた後，細かい部分へと進みます。結果について解釈するに当たって検査結果の数値だけでなく，回答された検査用紙も手元に置くことが必要です。集団知能検査ではまず，知能指数（IQ），あるいは知能偏差値によって個人の同一年齢集団内での相対的位置を知ります。次に，プロフィールによって個人の知能の特徴を知ります。プロフィールは水準（全体的な位置，知能指数や知能偏差値で代表されます），形（どの下位検査が得意でどの下位検査が不得意かということを知ります），スキャタ（いくつかの下位検査結果の散らばりの大きさです。下位検査Aがもっとも得意で下位検査Bがもっとも不得意な2人がいても，一方の人は下位検査A，B間の偏差値の差が10でもう一方の人は30であるとすれば，この2人の知能の特徴は異なっていると言えます）の3要素から構成されていますので，これらに注目して結果を解釈します。

知能検査を実施して得られる知能偏差値や各下位検査の偏差値といった数値を解釈する際，測定誤差を考慮する必要があります。検査の標準化の段階で信頼性が高まるように（言い換えれば，測定誤差が小さくなるように）作成者は努力しますが，測定誤差をなくすことはできません。知能検査は心理検査の中では信頼性が高い方に属しますが，身長計や体重計に比べると低くなります。ある個人のある測定時点での知能指数と3か月後の知能指数との差が5程度生じることはそう希ではないのです。各々の下位検査の信頼性は検査全体の信頼性よりも低いので，プロフィールの解釈にも限界があります。

ある下位検査の成績が他の下位検査に比べて低い場合，その理由として，その下位検査で測定されている能力が低いこと以外に，その下位検査の回答方法がわからなかったこと，ページをスムーズに開けなかったことなどが考えられます。これらいくつかの可能性の中から正しい推論を導き出すためには検査時の観察結果とともに項目への回答ぶりをみることが必要です。

　人は単独で生活していることは希であり，ほかの人との関わりの中で生活しています。したがって，集団知能検査の結果に基づいて個人を理解しようとする時も，その個人が日常，いかなる人々と関わっているかを考慮する必要があります。例えば，知的に平均的な発達を遂げているある子どもの遊び仲間が知的発達の進んでいる子どもばかりであるとします。遊び仲間はすでにじゃんけんを使った遊びができるのに，その子どもはまだじゃんけんのルールが理解できないために遊びに参加できないということがあり得るのです。

10-9　検査用紙，手引きの管理

　知能検査を実施するに当たって，知能検査の問題はどの被検者にとっても同程度に見慣れたものであることが前提にされています。したがって，検査用紙や手引きの管理には十分留意して外部に出回らないようにする必要があります。

10-10　効用と限界

　集団知能検査は個人知能検査に比べて短時間に多数の被検者に実施できるという利点があります。したがって，集団知能検査は個人知能検査を実施する前のスクリーニングテストと位置づけられることがあります。しかし，集団知能検査は個人知能検査とは異なる知能理論を背景にして作成されていることが多いので，単にスクリーニングテストと位置づけるのは誤りでしょう。また，集団知能検査は個人知能検査に比べて検査者が検査の実施や採点に熟達するまでの時間が一般的に短いことも利点です。しかし，これは集団知能検査の実施に当たって熟達していなくてもよいと言うことではありません。十分に熟達しておく必要があります。

　集団知能検査には次に述べるいくつかの問題点，限界があります。まず，得られる情報が個人知能検査と異なります。個人知能検査は個人に対する観察が細やかにできるので結果の解釈をする上での手がかりが豊富です。また，個人知能検査では制限時間を設けた速度検査と制限時間を緩和した力量検査が実施されま

す。これに対して，集団知能検査では原則的に速度検査のみとなりますので，測定する能力に偏りが生じるおそれがあります。

集団知能検査か個人，知能検査であるかを問わず，知能検査が人間の知的能力のすべての領域をカバーしているわけではないことに留意しなければなりません。ギルフォード(1967)やトーランス(Torrance, P., 1962)に代表される創造性(creativity)検査は知能検査では測定できない知的能力を測定しようとする試みの一つです。

知能検査はある項目に正答したか否かを分析の出発点にします。したがって，問題解決の過程が分析できないという点も問題点として挙げられます。

小学生や中学生では学校教育における知的教科の成績と知能検査との相関は高くなります。そこで，ある子どもの知能検査の結果が低くて学校における知的教科の成績も低い時，「これは当然の結果だ」ということでその子どもへの教育的努力を怠ったり，また反対に知能検査の結果は高いのに知的教科の成績が低い時，「こんなはずはない。がんばれ。」とむやみに叱咤激励するといった態度は短絡的です。

■ 引用文献

Chapma, P.D. 1988 *Schools as Sorters Louis M.Terman, Applied Psychology, and the Intelligence Testing Movement,* 1890-1930, New York University Press. (菅田洋一郎・玉村公二彦監訳 1995 『知能検査の開発と選別システム―応用心理学と学校教育―』 晃洋書房.)

Guilford, J.P. 1967 *The Nature of Human Intelligence.* McGraw-Hill.

Lenon, R.T. 1985 Group test of intelligence. In B.B.Wolman (Ed.) *Handbook of Intelligence.* 825-845, John Wiley & Sons. (杉原一昭訳 1995 『知能心理学ハンドブック(3)』 94-118, 田研出版.)

佐野竹彦 1974 知的能力の時代差．教育心理学研究, **22**, 110-114.

Thurstone, L.L. 1938 *Primary Mental Abilities.* University of Chicago Press.

Torrance. P. 1962 *Guiding Creative Talent.* Prentice-Hall. (佐藤三郎訳 1966 『創造性の教育』 誠信書房.)

11 章 K式発達検査

11-1 はじめに

　K式発達検査とは，0歳から12, 3歳までの乳幼児および児童を対象に，精神発達測定を目的としてわが国で作成された検査であり，標準化を行った京都市児童福祉センターの頭文字Kを冠しています。本格的な項目作成と標準化は，昭和25年(1950年)頃から始まり(嶋津，1954)，「新版K式発達検査」(嶋津，1980, 1985 以下K式発達検査と呼ぶ)が発表されてから，乳児期検査項目を中心に改訂作業(生澤，1988)が継続されて，今日に至っています。

　K式発達検査は，発達査定の基本的概念をビネーら(Binet, A. & Simon, T., 1908)にならっています。発達スクリーニングというよりは，「発達過程の精密観察用に作成された」検査です(嶋津，1985)。本検査では，子どもの精神機能と身体発達を該当する月齢項目で測定し，領域別および全体発達を発達指数によって表わす方法を採っています。結果は，当該児童の発達遅速の判定に役立つとともに，発達プロフィールによる発達障害の早期発見を可能にしています。

　以下では，K式発達検査の由来と実際に触れ，本検査を発達臨床現場で用いる場合の効用と課題について，事例を示しながら述べます。

11-2 K式発達検査とは

(1) K式発達検査の基礎概念

　K式発達検査の起源は，ビネーらの検査(Binet & Simon, 1908)にさかのぼります。ビネーらの検査は「発達遅滞児」を識別し，より適切な教育環境を子どもたちに与える目的で作成されました。子どもの教育可能性を探り，当該児童の発達段階に即した教育実践を目指す精神は，90年後の今日，「発達臨床心理」の基本姿勢の中に受け継がれています。

　ビネーが活躍した当時，人の精神作用は基本的感覚能力と呼ばれる一定の精神機能で代表され，その測定によって発達段階を把握できると考えられていまし

た。これに対してビネーは，高等精神作用を「良識」，「順能力」，「判断力」，「理解力」などからなる統合的全体と理解する態度を貫きました。そして精神測定の新たな考え方を具現化するために，年齢軸による精神発達の記述を試みました。各年齢に適切な問題を考案し，加齢による応答変化から「知能測定尺度」を得て，年齢単位の基準(精神水準)で精神発達を記述する方法を案出したのです。

(2) K式発達検査の由来

　ビネーらの検査が，その後の知能検査および発達検査の発展に寄与した点は，第一に，個人の精神作用が複合領域からなる総合的なものであることを示した点，第二に，発達測定の尺度として年齢軸を用いることの有効性を示した点といえます。K式発達検査作成の際に基本的概念となった「機能別(領域別)」および「月齢級別」の発想は，この2側面から導き出されたのものといえます。

　ビネーの検査以後，ビューラーの小児検査(Bühler, K., 1932)や，ゲゼルらの発達診断学(Gesell, A., 1941)などが発表され，ビネーの知能測定尺度の対象児童より，さらに幼若な児童を対象とした精神測定の道具が発達していきました。

　このうちビューラーは，就学前の子どもの精神活動を心身両面の6領域に分け，年齢尺度によって発達評定する方法を提唱しました。6領域とは，(1)感覚受容，(2)身体運動，(3)社会性，(4)学習，(5)材料処理，(6)精神的生産です。各領域の問題は月齢級ごとに設定され，暦年齢と発達年齢の比率から，領域別値および全体値としての発達指数が得られるとともに，プロフィールから発達の概略を一目で理解しうるよう工夫されていました。

　他方，ゲゼルは乳幼児の行動発達と神経成熟の関連を重視し，発達障害の早期発見を目ざして，5領域の行動発達を鍵年齢で評価する方法を用いました。ここで5領域とは，(1)適応行動，(2)粗大運動行動，(3)微細運動行動，(4)言語行動，(5)個人-社会行動を指します。ビューラーの発達検査が，月齢級の当該母集団との相対評価を行うことを重視したのに対して，ゲゼルはあくまでも絶対評価を重視し，一定期間に順序だって成熟していく発達ポイントの通過ぐあいを重要と考えました。児童福祉や母子保健の充実，発達障害の早期発見に仕事の中心を置いた彼は，査定結果をビューラーのように指数で表さずに，彼独自の尺度(「成熟尺度」)を用いて，個々人の能力の発達をきめ細かく査定することを試みました。ここでは，準備されたチェック項目の内容はより精緻化されたものとなり，例えば0歳児の粗大運動領域では，仰臥位，座位，腹臥位で細分化された項目が設けられ，その基準と対照した結果を年齢尺度で表せるよう工夫されました。

　ビューラーやゲゼルに代表される発達観の相違は，一つには当時盛んであった

発達の環境優位説、あるいは遺伝優位説の論争の反映とみることができますし、二つには、発達臨床現場で発達の相対評価を重視するか、発達の偏りの早期発見を重視するか、という立場の違いとみることもできます。これら二つは、当然ながら、いずれも発達臨床査定における基礎的枠組みとして重視されるべき観点といえます。

ビューラーやゲゼル以降、二つの流れを汲みながら、さまざまな発達検査が考案されてきました。キャッテルら(Cattell, L. P., et. al., 1940)やベイリー(Bayley, N., 1969)の発達検査などが有名ですが、わが国でもベビーテスト(古賀、1967)や乳幼児精神発達診断法(津守ら、1961、1965)などが発表され、臨床現場で利用されるようになりました。環境と遺伝の相互作用を重視する発達観が一般的になった現代では、これら双方の利点を生かした新たな発達検査の発展が望まれ、ビューラー、ゲゼル両方の検査の流れを取り入れた発達検査の作成が必須となりました。K式発達検査は、まさにこうした流れの統合という形で実現した発達検査であり、発達の相互作用説を基本に置きながら、臨床現場で求められる二つの査定目的に適うよう工夫された、新たな発達検査と理解してよいでしょう。

発達臨床の現場におけるK式発達検査の有用性は、発達障害の早期発見で発揮されており、精神発達遅滞を初めとして、自閉傾向児、言語発達遅滞などの早期発見に役立っています(嶋津、1985)。児童相談所での措置判定の基礎資料として、K式発達検査の結果が利用されているのもその一つの証しといえましょう。

11-3　K式発達検査の実際

(1) 検査の特徴

K式発達検査は、子どもの発達を大きく三つの領域に分類して査定し、領域別発達値とそれらを総合した全体発達値を得ます。3領域321項目(参考項目として他3項目)が月齢級の位置に配され、その通過の可否をもって発達を判定します。これらの項目の大半はゲゼルの発達尺度から取り入れたものであり、加えてビューラー(1932)やピアジェ(Piaget, J., 1936)の発達項目も参考にしています(嶋津、1985)。

ここで3領域とは、「姿勢・運動 postural-motor, P-M」「認知・適応 cognitive-adaptive, C-A」「言語・社会 language-socialr, L-S」をいいます。各地域ごとに検査項目が下位分類され、月齢級ごとの標準反応が記録用紙に印刷され

ています。例えば,「姿勢・運動」領域の0歳代では,腹臥位,仰臥位などの月齢相当姿勢における加齢発達の状況が記され,指示された姿勢を用いた発達チェックが求められています。1歳代以上での座位姿勢では,例えば折り紙や積み木を用いて,月例級ごとの正反応が緻密度を増しながら配列されています。こうした検査項目を用いて,当該年齢標準反応の通過率との相対比較を行っていきます。

項目配置は,現状では検査手続きによる類似項目の配置,すなわち形式分類となっていますが,作成者(嶋津,1985)の意図としては,精神活動の類似項目による配置,すなわち実質分類を最終目標にしており,検査項目の充実や分類変更など,いくつかの課題解決がすすめられています。こうした地道な努力を続けながらも,K式発達検査の発表をもって,発達検査としての一応の完成表明がなされ,現在では多くの心理臨床現場において有効な発達検査として受け容れられています。保健所での1歳半健診や3歳児健診,児童相談所での発達検査など,日常広範囲の臨床現場で用いられています。

K式発達検査は,年齢および発達様態に応じて,第1葉から第5葉のいずれかの検査用紙を用いて行います。それぞれの該当年齢は第1葉(0:1〜0:6),第2葉(0:6〜1:0),第3葉(1:0〜3:0),第4葉(3:0〜6:6),第5葉(6:6〜14:00)です。このうち第2葉までは,仰臥位,腹臥位,座位,立位姿勢による観察,第3葉以降で主に座位での査定を中心に行います。

幼若年齢ほど,検査状況や検査姿勢は座位以外の様態を含むため,心身の統合的発達の著しい乳児期の発達検査の実施に際しては,検査者の臨床経験による技法習熟は必須です。その他の基準となる検査法の遵守,評定のしかた,結果の出し方や,検査用具の正しい提示法などの詳細は,検査の解説書(嶋津,1985)にゆずります。

初心者の場合は特に,検査法の細部に至るまで,解説書を丹念に読んで身につけることが必要です。対象事例ごとに指示や検査法を変化させることは,結果の数値に直接反映するものであり,厳禁と心得てください。「検査者の与える指示や教示は,被検児の応答を引き出すために考案された,客観的で意図的な刺激」(嶋津,1985)であり,その刺激に対する子どもの反応を正確に観察・記録することが検査者の基本姿勢となります。

幼若児を対象とした発達検査においては,検査者や場の雰囲気に対して,対象児は非常に敏感に反応し,期待する検査実施が困難な場合が多くあります。初心者の中には,検査法を遵守することと,ラポール形成のために対象児と個別に関わることの二つの態度が,一見相矛盾する要件のように受け取る向きもあります

が，乳幼児の発達臨床検査においては，いずれも重要な条件と心得て，それらのバランスを保つよう努力することが肝要です。実践に際しては，ラポール形成に腐心しつつ，なお検査法は遵守するという基本姿勢を常に心がけるよう特記しておきたいと思います。

(2) 検査の実践例

K式発達検査が，乳幼児期の発達遅滞や発達障害の早期発見に有効であることを先に述べました。ここでは本検査を実際に行った筆者の自検例をもとに，K式発達検査の実際について述べます。

事例 a 本事例は在胎週数29週，生下時体重900gの低出生体重児（男児）の発達をフォローアップしたものです。極小未熟児のキャッチアップに関する縦断的研究の一環（松島，1988）として，両親，医療関係者，保健所などの協力のもとで資料収集が行われました。生後5年間にわたる査定のうち，1歳半，2歳半，3歳半（それぞれ修正年齢はここから3か月差し引いた月齢になる）の発達指数（表11-1）と，生活年齢3歳半における検査項目の通過状況（図11-1）を示しました。

表11-1に見られるとおり，生活年齢（出生時を起点とした年齢）における発達指数は，加齢に従って発達遅滞傾向が増大しました。年齢を矯正年齢（受胎時を起点とした年齢）に修正して，キャッチアップを見たところ同様の下降傾向を示し，修正月齢においても2歳代以降に発達遅滞が明らかとなりました。修正年齢による領域別の発達指数を見ると，1歳前半では3領域とも90以上を示したものの，2歳前半には3領域すべてが境界値の範囲に入り，3歳前半には認知適応

表11-1 生活年齢における発達指数の推移

年齢 領域	1歳半	2歳半	3歳半
姿勢・運動 P-M	87	67	100
認知・適応 C-A	77	68	57
言語・社会 L-S	82	83	69
全領域	80	72	67

11章　K式発達検査　　　　　　　　　　　　　　　　　　　　　　　　　223

図11-1　3歳半におけるK式発達検査の結果

年齢	1:0超～1:3	1:3超～1:6	1:6超～1:9	1:9超～2:0	2:0超～2:3	2:3超～2:6	2:6超～3:0	3:0超～3:6
姿勢・運動 (P-M)	+ 歩く2:3歩 T12 + 片手支持登る T16	+ 片手支持降りる T17	+ 手すりで登降 T18	+ 両足跳び T13	+ 飛び降り T20		+ 交互に足を出す T19	+ ケンケン T14
認知・適応 (C-A)	+ 積木の塔 P20 - 丸棒例後½ P68 - 瓶から出す P52	+ 積木の塔3 P21 + 円板回転 P37	+ 積木の塔5 P22 + 角板例後½ P69 + はめ板全例無 P74 + はめ板回転¼ P75	+ 積木の塔6 P23 + 角板例前 P70 + 形の弁別I½ P81	+ 積木の塔8 P24 + 形の弁別I½ P82 + 横線模倣½ P102 + 縦線模倣½ P103	+ トラックの模倣 P25 - 形の弁別II⅛ P83 - 折り紙I P78	+ 家の模倣 P26 + 四角構成例後½ P88 - 円模写½ P104 - 折り紙II P79 - 十字模写例後½ P105	+ 門の模倣例後 P27 - 形の弁別II⅛ P84 - 折り紙III P80 - 人物完成³⁄₉ P110 - 十字模写例前⅛ P106
	- なぐり書き例前 P10 + 包み込む P65	+ 予期的追視 P67 + 2個のコップ¾ P97	+ 円錯画模倣 P101 + 入れ子3個 P76 + 3個のコップ¾ P98			+ 入れ子5個 P77 + 記憶板¾ P113		- 重さの比較例後½ P85
言語・社会 (L-S)	+ 指差し行動 V30	+ 語彙3語 V45 + 身体各部 V31 + 絵指示	+ 身体各部 V27	+ 絵の名称1⁄₆ V32	- 2数復唱½ V1	+ 大小比較³⁄₆ V8 + 絵の名称I⁵⁄₆ V33	+ 3数復唱½ V2 + 長短比較³⁄₆ V9 + 絵の名称II³⁄₆ V34 + 絵の名称II⁵⁄₆ V35 + 姓名 V37 + 性の区別 V38	- 短文復唱1½ V6 - 4つの積木½ V13 - 数選び3 V16 - 美の比較³⁄₆ V10 + 色の名称³⁄₆ V40 - 了解1½ V48

と言語社会領域の発達指数がさらに低下して，発達遅滞の度合が大きくなっていることがわかりました。つまり，姿勢・運動領域は3歳代にキャッチアップを示したものの，認知・適応領域と言語・社会領域は，2歳頃から遅滞が明らかとなったのです。

図11-1の内容分析によれば，ピアジェの第三次循環反応までの発達が見られるものの，長期記憶，延滞模倣，抽象機能などに問題の生じていることがわかります。言語発達も語彙3語の通過後，絵カード命名は可能ですが，長短の概念取得，数の理解などで未通過が見られ，性別認識も未通過でした。

こうした検査結果をもとに発達診断を行い，心理的発達援助の方針を立てた上で，それらを養育者にわかりやすく伝達することが心理臨床家の役割となります。

一般に乳幼児期の発達査定は，発達領域のどこに，どのような問題が存在しているのかを診断することが第一の目的であり，それによって当該児童の現在の発達状態を理解し，発達援助をどの側面から，どういった技法で行うかを検討するのが第二の目的となります。1歳半や2歳段階で発達指数に遅れが認められた場合には，発達のキャッチアップの可能性を信頼しつつ，同時に環境調整や育児相談での発達臨床カウンセリング(松島，1997)などの心理的援助を実施することも必要です。

この際，遅滞そのものを強調して養育者を困惑させたり，不安感や嫌悪感を生じさせることは，心理臨床家の基本的姿勢としては禁忌です。臨床家の姿勢としては，(a)検査での子どもの反応(現象)の意味を発達的筋道を話しながら，相手に理解してもらうこと，(b)相対的に遅滞している部分がある場合には，どのようなか関わりをすることが，子どもにとって無理のない発達援助になるかを理解してもらうこと，(c)実際の技法に関する内容を話し合い，ともに実践していく連帯感を育てること，などが基本的に大切です。

(3) 検査項目の発達的意味の検討

早期発見の機能に焦点を当て，乳児期の項目にしぼって考えた場合，本検査では3領域のうち認知・適応の項目の充実が際立っており，言語・社会領域あるいは対人関係の発達に関する項目は相対的に少なく，情緒発達障害や対人関係障害の早期発見に課題を残しています。

他方，既存のK式発達検査そのものの項目利用について工夫していくことは，臨床現場における時間的，経済的制約という現実への対処から必要と考えられます。次に示すのは，「言葉の遅れ」を指摘された乳児の検査結果を分析し，

対象児の対人発達と言語発達の関連を明らかにして，本検査の項目のうちポイントとなる項目を検討したものです（角・松島，1987）。

事例b 保健所の1歳半健診で，言葉の遅れを指摘された男女74人を対象に，K式発達検査を施行し，発達の領域間の相互関係，各領域の項目別通過率，男女差を比較検討しました。言葉の発達的前提とされる「可逆の指さし」をキー項目として，その通過・未通過を見ると，男子57名中53名，女子17名中5名に未通過がみられました。可逆の指さしはK式発達検査でいえば，「身体各部」および「絵指示」の項目で，検査者から尋ねられた当該対象を指さすという行為で判定されました。この可逆の指さしが未通過となった子どもに関して，他項目の通過状況を見ると，通過群に比べて未通過群では，「はめ板」「入れ子」「角板」など，抽象化を必要とする項目の合格率が相対的に低いことがわかりました。

こうした基礎研究を通して，各項目の内蔵する発達理論的意味の理解が可能になっていきます。それに基づいて検査者は，項目の発達的意味を自問しつつ，さらに精度の高い観察記録を心がけるようになるでしょう。こうした作業を繰り返すことによって，今後，発達診断としてのK式発達検査の臨床的意義は，よりいっそう高まるのではないかと考えます。園原のいう，「検査の整備がすすむほど，発達指数の算出をもって，その子の発達的理解はなれりとする誤謬がいっそうはびこりやすい。発達検査は発達の様相に迫る一つの手段であり，発達検査からむしろ問題が始まる。それは一人一人の子どもの発達的理解にとって，また発達の基底構造の解明に向けての新たな出発である。発達臨床と発達の基礎研究の双方に対して新K式検査がより深い問いかけを提起してくれ，それによってまた，臨床と基礎学という発達研究に不可欠な二つの営みが，そこで激しく切りむすぶ場になってくれることを切に期待する。」（嶋津，1985）という言葉は，発達臨床に関わる人すべてにとっての原点と思われます。

11-4 他の発達検査との併用について

検査記録用紙の5葉の年齢範囲を先に示しましたが，第1葉，第2葉がそれぞれ半年ずつ，第3葉が1年半，第4葉が3年間，第5葉が6年間を対象に含んでいます。このことからもわかるように，本検査の項目は，乳幼児期を中心に構成されているとみてよいでしょう。これは本検査の作成経緯で模範とした欧米の検査が，乳幼児検査を中心としていることと符合するものです。わが国の発達臨床の現場においても，児童期に入るとWISC-Ⅲ（日本版WISC-Ⅲ刊行委員会，

1998)などの利用率が高まることなどを考え合わせると、本検査が就学前期の発達検査として有効であると理解できます。

乳幼児期の発達については、K式検査以外にも、わが国独自の検査を含めて、複数の検査が利用されていますが(小島ら、1973)、それらの特徴を理解しテストバッテリー構成に役立たせることは、発達臨床診断の基本です。

乳幼児発達検査のバッテリーを組む場合には、(a)対象児への直接検査、(b)観察、(c)親への問診(家庭での記録を含む)、の大きく3領域から構成することが望ましいと考えられます。

直接検査は、臨床場面において、標準化の手続きを経た検査用具と手続きを用いて行う統制検査を指しています。K式発達検査をはじめ、先に述べたような内外の諸検査がありますが、その中のいずれを用いるかは、総合判定を目的としているのか、あるいは身体発達中心、認知発達中心、対人社会性中心などの特定領域の精査を目的としているかによって、検査者が選択する必要があります。

観察は来所時から退室に至るまでの、あらゆる情報を対象とするものであり、統制された手続きや刺激を用いることなく、むしろ自然体の中での対象児と養育者のようすを記録することに意味があります。検査施行時における観察記録も、重要な役割を果たします。情緒状態や、未通過の場合の反応、養育者や検査者との対人的関わりなどは記録ポイントです。例えば、極度の人見知りの恐怖反応のために検査不能であった場合や、「思考実験期」(ピアジェの第三次循環反応期；Piaget, 1936)において、積み木をポイ投げばかりして積み上げる反応をしない場合には、記録上は「-」となりますが、こうした反応を記録しておくと、検査全体の診断を行う際の解釈事項として、副次的に役立つものとなります。

子どもからの直接的情報と並んで、養育者からの情報も有効な資源となります。発達問診の代表的なものに「乳幼児精神発達質問紙」(津守ら、1961、1965)などがあります。家庭でのありさまを問診することによって、検査室での限られた情報を補足することは、検査者にとって有用であると同時に、養育者にとっても質問項目に答えながら子どもの行動状況を自覚的に把握する契機となり、発達段階への注意を促すチャンスとなります。発達臨床現場では、それぞれの現場での時間的制約によって、十分な問診ができない場合もありますが、そこでのやりとりを通して養育者と心を通わせるよう心がけたいと思います。そうしたとき初めて、心理臨床家と養育者とが共同して、子どもの発達促進という仕事に携わっているのだ、という連帯感を強めることにもつながっていくからです。

参考文献

Bayley, N. 1969 *Bayley Scales of Infant Development.* The Psychological Corporation.

Binet, A & Simon, T. 1908 Le developpement de lintelligence chez les enfants. *Psychologique*, **14**, 1-94.

Bühler, K. & Hetzer, H. 1932 *Kleinkindertest:Entwicklungstests vom 1. bis 6. Lebensjahr.* Barth.

Cattell, Psyche 1940 *The measuremt of intelligence of infants and young children.* Psychological Corporaton.

David, W./ 日本版 WISC-Ⅲ刊行委員会 訳編著 1998 『日本版 WISC-Ⅲ知能検査法』 日本文化科学社.

Gesell, A. & Amatruda, C.S. 1941 *Developmental diagnosis:Normal and abnormalchild development. Clinical methods and pediatric applications.* Paul, B. Hoeber. (佐野 保・新井清三郎 訳 1958 『発達診断学――小児の正常発達と異常発達』 日本小児医事出版社.

生澤雅夫 1988 新版K式発達検査の拡張と精密化の研究, 昭和61・62・63, 平成元年度科学研究費補助金(一般研究A)研究成果報告書.

古賀行義 1967 『M.C.C.ベビーテスト』 同文書院.

小嶋謙四郎 他 1973 『小児の臨床心理検査法』 医学書院.

嶋津峯眞・生澤雅夫 1954 乳幼児発達検査作成の試みⅠ. 心理学研究, **25**, 30.

嶋津峯眞ら 1980 『新版K式発達検査実施手引書』 京都国際社会福祉センター.

嶋津峯眞 1985 『新版K式発達検査』 ナカニシヤ出版.

角 桂子・松島恭子 1987 ことばに遅れのみられる一才半児のK式発達検査の結果について―男女差の検討―. 大阪市立大学生活科学部紀要, Vol.34, 223-230.

田中正人・田中杉恵 1982 『子どもの発達と診断(2) 乳児期後半』 大月書店.

津守 真・稲毛教子 1961 『乳幼児精神発達診断法 0歳～3歳まで』 大日本図書.

津守 真・磯部景子 1965 『乳幼児精神発達診断法 3歳～7歳まで』 大日本図書.

松島恭子 1988 低出生体重児(在胎32週未満児)の精神発達と運動発達―生後5年間の縦断的研究―. 昭和62年度文部省科学研究補助金奨励研究成果報告書.

松島恭子 1997 『ダウン症乳児の親子心理療法』 ミネルヴァ書房.

Piaget, J. 1936 *La naissance de lintelligence chez lenfant. Delachaux et Niestle.* (谷村 覚・浜田寿美男 訳 1978 『知能の誕生』 ミネルヴァ書房.)

12章　風景構成法

12-1　はじめに

「風景」とは，風光，景色の合体した言葉です。風光とはむろん，風と光であり，風光明媚（かぜひかりめいび）という言葉がありますが，これは「山水の景色が秀れて美しく，人の心を引くこと」の意味だと『広辞苑』にあります。景色とは，「山水などのおもむき，ながめ」であることは言うまでもありません。

「風景とは，自然と人間の長い共存の歴史の中で形成された時空間の醸（かも）し出す視覚的交響曲である。そこには，あらゆるものがあり，巨視的に見れば大自然と人工との地史的調和があり，微視的にみれば人間の醜悪さが目につくこともあろう」とかつて私も書いたことがありますが，人は古来，自然の風景を愛し，幾多の風景画をものしてきました(注1)。

さて，一方，描かれた風景画を一枚見ただけで，その人の内的世界を象徴的にうかがい知り，ひいては，その人の人となりを診断することも可能である，というのは，考えてみればまことに不思議なことです。一枚一枚無造作に描かれた風景画が，描いた人物を深く知れば知るほど，その人のある側面を実にみごとに語っていることに気づかされていくのですが，そのたびに，深い感動とある心地よい驚きを禁じ得ません。

筆者の敬愛してやまない，世界に誇ることのできる，日本の生んだ天才詩人にして作家の宮沢賢治は，その詩集や膨大なイーハトーヴ童話群の中で，幾多のこころ動かされる風景描写を試みていますが，彼はこれを「心象スケッチ」と呼んで，彼の代表詩集『春と修羅』では，それを「詩」と同格の表現として使っています(注2)。

同じく，わが国が生んだ天才精神療法家の中井久夫の創案(1969)になる「風景構成法(The Landscape Montage Thechnique)（以下 LMT と略記）」が，そのまま描いた各人の「心象スケッチ」であることは，ひとたびこの方法を用いて人のこころに触れた者は等しく同感されることと確信します。

とりわけ，LMT による風景画の場合，そのアイテムの順番とそのアイテムの

数とがきちんと決まっている(①川，②山，③田，④道，⑤家，⑥木，⑦人，⑧花，⑨動物，⑩石)だけに，他者のそれとの比較研究が可能となるため，優れて診断的，予後予測的な側面をも兼ね備えた人格診断の資材となりうるわけです。ここでは，「診断と見立て」という本書の性格上，いくぶん殺風景な文章にならざるをえませんが，この方法と筆者の関わりの歴史の中でこれまで取った約4000 枚の LMT の中から，筆者なりに印象の強かったいくつかの知見を紹介して，この努めを果たしたいと思います。

12-2　いくつかの臨床アセスメントの実例

　さて，以下に記載するのは，筆者の風景構成法との約4半世紀にわたる付き合いの中で，筆者が体験したもののほんの一例です。

(1)　中井のいう「H 型」の一例：破瓜型分裂病，男，57 歳

　中井久夫が LMT を案出し，精神病者に施行して，まず，ご自身が驚いたのが，分裂病のサブ・タイプの弁別力でありました。たった1枚の風景画を描くだけで，分裂病のサブ・タイプを識別するのです。ここに揚げた例は，ごくふつう

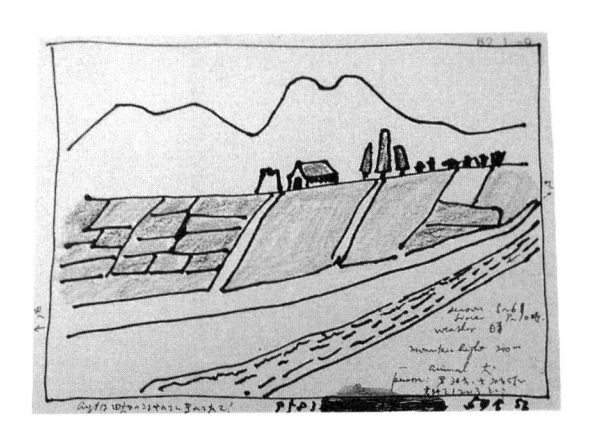

図 12-1　[遠くに連山をなす山並がただ1本の線で描かれ，彩色はされていない。その下に，1本の線が引かれ，それが，家や木や，人や花や動物や石など，先の山と，田と川と道とを除いた他のすべてのアイテムをすべて乗せた形となっている。いわゆる，「遠景化現象」である。そして，そのこちら側に，田，道，川が見えるが，近景も，彩色はない。彩色されているのは，家の屋根の紫と，木の深緑，そして，田の，深緑，黄緑，山吹色の3色だけである。]

の症例であって,特に選び出したものではありません。筆者が,たまたま,関わった,ある入院破瓜型分裂病者の描いたLMTです(図 12-1)。

「遠景化現象」とは,人や家や動物など,葛藤をはらんだものを,できるだけ遠くに配置することで,葛藤からフリーになる巧妙な技法(といっても無意識の作用なのであるが)です。手元も,また最遠部も,彩色がなされないのは,やはり葛藤から遠ざかるのと,エネルギー・レベルが低いための省略法(Janet, P. の言う心的水準の低下の兆候)とも考えられ,同時に,軽い離人症状の存在が推察されます。H型の特徴の一つは,各アイテムの大小の比率は保たれることであり,また,枠線にできるだけ触れないように注意深く描かれることであるが,本例では,3か所ほど枠に触れているかに見えます。実は,描いた本人自身は直前で止めたのに,サインペンがまだ新しく,液があふれ出たための結果で,ふつうのものだったら,きちんと1mmほどすき間が空いていたはずです。

(2) 中井のいう「P型」の一例:妄想型分裂病,男,58歳

同じく,中井のいう「P型」の一例を示します。これも特に選んだわけではなく,入院患者さんにごくふつうに見られる症例です(図 12-2)。

図 12-2 [川と山までは普通に描かれていたが,田の段階で,川を横切って,川と重なって描かれ,さらに彩色の段階で,赤く塗られた(ヘテロクロマチスム)。道は川の両岸のそれはいいとしても,不思議にも,川をまたいで,三角状に描かれた。家は道と田の一部の上に重なって描かれ,二階建ての豪壮な建物である。木は,赤いのと,緑のとが,いずれも山に重ねて描かれ,左の赤い方のは,下に雲状に土が付いている。もっとも奇妙なのは,人はメガネを掛けた顔だけで,半分が家と重なっており,動物は象が右下に描かれた。付加では太陽が人の右上に輝いている。]

12章　風景構成法　231

　P型の最大の特徴は，H型と異なって，各アイテムの大小がメチャクチャであり，人の顔が家より大きかったり，象の方が人より小さかったりすることであり，また，アイテム同士の重なりを一切いとわぬことなのです。各アイテムそれぞれにも，不思議な独特な表現が見られ，かつ，しばしば，本来の色とは異なった，ヘテロクロマチスムが見られます。本例は，典型的な妄想型の分裂病者でした。

(3)　「枠の外の極小空間からの橋渡し」に分裂病者の治療可能性を見る

　風景構成法を幾多のクライエントの方々に試みてきた中で，筆者にもっとも鮮烈な印象を与えたのは，以下に記載する22歳の破瓜型分裂病の男子によるものでした[図は省略：(文献1)を参照して下さい]。

　　　[彼は，筆者の述べる各アイテムを，ことごとく画用紙の左下隅の，筆者が最初に施した枠と画用紙の端との間の，わずか1cm²もあるかないかの，ごく狭い空間に，小さく，その形態は損わず，実に丹念に，細心の注意を払って，しかし，おどおどと描いていった。アイテムを口にする筆者は，「えーっ，こんな狭い空間に……」と絶句し，驚きでしばし声も出なかったが，描かれていくうちに，彼が，ほとんどまさにその絵のごとく，社会空間から疎外されていることを深く了解していったのだったが，最後に，付加段階で，彼は小さいながらも，橋を，枠の角に，彼の描いた風景の存在するその小さな空間と，画面の殆どを占めながら，真っ白なままの内空間に橋渡ししたのである!! そして，彼はいまにも消え入るような小さな声ながらはっきりと，「先生，ボクもみんなと同じ世界にいたいのです」と述べたのであった。(注3)]

　実に，1枚のLMTをめぐって，切迫した時空間の中に真剣で微妙な息遣いと，かすかなこころのやりとりがあり，まさにそこにおいて，深い心理療法的時空間が成立していたのでした。ここで，老婆心ながらもう一言付言しますが，本書も「診断と見立て」と診断を先にしていますが，診断もそのクライエントのどの部分が弱く治療者が心して守らねばならないか，を見る上で極めて重要ながら，医学部の初診のように診断に重きをおきすぎた会い方は，必ず，彼らをより悪い状態へと傾斜させる可能性があります。よって治療可能性の方に目をおいたアセスメントがよりいっそう重要なのです。

(4)　「複数の地平」に乖離(かいり)現象の一証拠をみる。

　このところ，臨床場面でよく出会うのが，「乖離」を示す事例です。彼らの場合，臨床診断としては，「多重人格障害」なり，「遁走(とん)」や，「全健忘」なりの古典的形態を示したり，今風に言えば，「PTSD障害」を想定されたりすることが

図 12-3 ［緑のない禿山が二つ連山をなして右上方に描かれている（その山の麓が一つの地平を予想させる）。ところが，左方に，空中から突如滝が流れ落ち，そこから川が流れ，さらに橋を潜って，また流れ落ちる。つまり，三段の地平の変化が示唆されているのである。川も急流なのか，流れがよく変わるのか，それとも水量が急激にかわるのか，両岸にはびっしりと木が植えてある。右方には，家が，石垣と生け垣に囲まれて建ち，屋根裏部屋の窓から人が覗いている。土地は荒れており，家の近くにだけ花畑があるが，何もない真っ白な空間が目立つのも，いま一つの特徴だ。］

多いのです。いずれも，背後に，乖離を内包しているからです。筆者は，これをLMTで診断する一つの有力な手掛かりを見つけだしました。それは，二つないしは，それ以上の，つまり，「複数の地平」の存在です。つまり，通常なら，世界が1点からみられた構造をとるかぎり，地平は一つですが，LMT上，「複数の地平」が認められる事例に出くわした場合，筆者はまず，乖離の存在を疑ってみるのです。つまり，クライエントの中に複数の人格が存在するならば，そのそれぞれの視点から見える異なった世界がありうるわけで，その結果として「複数の地平」の存在が現わとなると考えるのです。

図 12-3 は，筆者が初めてお会いした際に，13歳でアノレクシアと登校拒否を示した女性でした。図の下に彼女の描いたLMTを叙述してみました。

(5) 大川を流れる椿の赤い花に，つげ義春の「赤い花」のテーマと，複数の地平に基底断層をみる。事例：32歳，女性。基底断層症候群

基底断層とは，Balint, M. のいう Basic Fault つまり，中井が「基底欠損」と訳したのに，筆者が，「基底断層」を充てた概念です。そこにおいて，欠損と

12 章　風景構成法　　　　　　　　　　　　　　　　　　　　　233

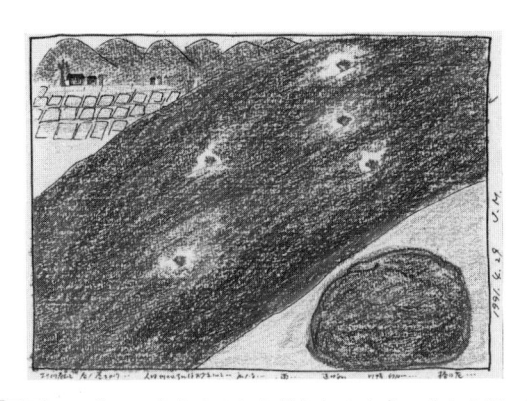

図 12-4　［画面の 3 分の 2 を占めるかと思われるように大きな深い群青色の川が，中央に，右上から左下に向かって流れており，川面には五つの赤い椿の花が流れている。山のふもと，田の尽きる辺りに，ごくごく小さな女の人が一人，左手に小首を傾げて，腰掛けており，足を水に浸けているようだ。右下三角部には大きな石が一つ，あぐらをかいているかのごとく，どっかと置かれている。左上の三角部には緑の山並みが六つの峰を見せており，山のふもとには藁葺き屋根の家が 3 軒立ち並び，木がやはり 3 本植わっている。その手前に，23 面の田が整然と並んでいるが，田にはまだ何も植わっていない。］

いうのは治療可能性を最初から拒否する響きがあり，もともと地層学でフォールトは断層と訳される言葉であり，断層した先が当座は見えなくて，一見欠損のような様相を示しても，実は地層のどこかに断層の片割れを残しているのであり，それをともに探していくことこそ治療的営為なのだ，というのが筆者の治療論です。

　さて，クライエントは 32 歳の女性であった。すごい美人で，友人の紹介でした。最近ずっと，いわゆる「実存的空虚」を感じるという主訴でした（図 12-4）。

　　彼女は inquiery に，「季節は春。昼下がり。（岸辺に腰掛けて，足を水に浸けているのは？）私かな…。（天候は？）雨。（道がないけど……）道はないの。（川幅は？）何十メートルも……。椿の花が，川面に浮いて流れているの。（椿？）死んだ人のような……。（石，それとも岩？）すごく大きいの。藁葺きの屋根のお家と鶏は，私の祖田の家なの。あのお祖田ちゃんはとってもいい人で，今も元気。あの祖田の子なのに，何で田があんな人になったのかわからないの・・・」と述べました。

　川を流れる「赤い花」に，つげ義春の「赤い花」を重ね合わせてイメージがダブりました。つまり，女性であることの証しと，その悲しさとに気づかされた女

性の話です。

　正直言って、私は、彼女がこれを描くまで、彼女の情況がこれほどまでに大変な状況にあるとは、実は、思ってもみなかったのです。なぜなら、彼女は、身なりも立ち居振る舞いもとてもしっかりしているばかりか、かなりの美人で、しかも、極めて頭脳明晰であり、記憶力も抜群であったし、その響きのいい美しい声の語り口からも、さして問題を感じなかったからでした。ただ、話の内容だけは、「私、存在の意味がわからないし、生きてても何の意味もないと思うし、ほんのちょっとしたことで、足もとが崩れていくようにダメになっちゃうの。それに、怒りがこみあげてくると、どうしようもなく、まったくコントロールができなくなってしまうの……」と述べていたことだけが不可解でしが、これを見て、それらが一気に了解できたのでした。

(6)　「川と道の取り違え」現象にクライエントの危機状況の一端をみる。
　これは、アイテム段階で描かれた川が、彩色段階で道になり、逆に、道が川になる現象ですが、この記載についても、筆者はすでに発表しています。[図は省略、（文献3）を参照して下さい。]^(注4)

　事例は13歳2か月の女子中学生。3学期が始まってすぐ、学校の教師から連絡があり、「感情が激しく変わり、妙なことを口走る」と言われました。気分が落ち込み、「死にたい」と言い出し、誰もいないのに、「声が聞こえる」と言ったりするため、両親と来談しました。友人とのちょっとしたことから遊び仲間から外され、そのうちクラス全体から総スカンを食らい、なぐる蹴るのいじめを受け、さらに番長の命令で毎日番長の服を洗わされるようになって、その頃から、急に泣いたり、笑ったりしはじめ、罵声叱責を内容とする幻聴を訴えるようになった。

　幻聴は受診の前日には消えており、当日多少の抑うつ傾向はみられたものの、応答には奇妙さはなく、「友達とうまくやりたい、TVタレントになりたい、台本書きと歌が趣味」などと述べたことなどより、幾分知的水準の低さと、演技的人格障害とを基底とする心因反応と診断されました。以下にLMTの施行状況を再現してみます。

　　　川：「どない描くんやろ。こないだ国語のとき描いたわ。……空想して、それしか描けへん」と言いつつ、下縁に接して三本の波状線を描く［これは、いわゆる「此岸なしの川」（山中、1984）^(注5)、これが彩色段階では茶、赤、桃、緑など7色を塗って、道になってしまったのが印象的］。山：盛り上がった乳房の

ような双丘をすっと描いた。右側が開いているのがちょっと気になる。田:「田圃なんて描けへん」reject。道:両方の山とも麓から天辺に向かってくねくねと蛇行状に,ほとんど同様のものを2本,ほぼ平行に描く[これらに彩色段階では水色を塗り,川に]。家:「家なんて描けへん」と言いながらも,右の山頂に1軒。窓も扉もなし。赤い屋根。木:「木の方がいいわ。……光ってる!」と言いつつ,球状冠(Kugelkrone)を描き,枝なしで,空間に葉(あるいは果実?)の点在するのを6,7個ずつ描き入れた。この段階ですでに光り輝くさまを現す点状のハロを描き足した。[彩色では,ピンクと橙色を塗り,「これ,かぐや姫に出てくるの……。男の人たちに命令しはんのの一つ,『鳳来の玉の枝』ゆうのや。その時,山とか川とか光っててん……」と述べたのが印象的。]人:当初,「人なんか描けへん」とrejectしたが,次の花:段階で,「人にしよ。花いやや……」と家の両側に,2人の stick figures を描きこむ(彩色せず)。動物:「難しいわ。……現しにくいし」とreject。石:無言で一つは川の中に下半分が浸っているものを右下に,一つは転がり落ちそうなのを左の山の右側に。addition:さっさっと両方の道の真ん中に,橋とおぼしきものを加え,「これだけ!」と言う。(これは?)「……あ,これ,道やったわ。」(気が付いた?)「何かおかしいな,と思ったんや。……私,よう間違うねんな」[彩色段階で,両方の川,本来は道だったもの,を渡る形の道を描き加え,橋(しかし,奇妙にも川の下を潜る形)としながら,こう語ったのが印象的。この部分が本稿で問題としている部分であり,奇しくもここで,逆の形ながら,「橋がけ」現象がおこり,現実復帰への橋渡しとなっていることが知られるであろう。]

すでに,LMTの描写の中に詳しく述べましたので,要点のみを記すことにしますが,本事例の最重要点は,「彩色段階における,川と道の取り違え」です。しかし,このケースの場合,その途中で気づき,橋を架けることで,意識と無意識とが再度交替して,現実に戻るきっかけをつかんだのです。この事例には後日談があり,2週後,来院した際にはだいぶ元気となり,ふつうの女の子らしいはつらつさも出て,ちゃんと登校も再開したと言うので,再度LMTを施行したところ,次のような具合となりました。

「こないだと一緒になるわ。思いつかへんもん。でも,こないだは川と道と間違えて恥かいたけど,恥ずかしかったから,今度は間違えへん。田圃も前は描かへんかったけど,描くわ。やっぱり動物は思いつかへん」と拒否。前回とほとんど同じ要素の構成だが,微妙に異なっている。それは,家が左に,木が右に移ったことであり,川は川,道は道ときちんと色彩もそれなりに塗られたことである。今回は小さいながら,左側の山の麓に田と花が描かれ,川には道に連動して橋が架かった。石は家の右と,田の畦と,川の右上に3つ。家には窓がつき,煙突に煙が出て,雲が3つ付加されて,生活反応がみられた。前回気になった,山の右側の開いた部分は閉じられていた。

さて、この、筆者の言う、「川と道の取り違え」現象と、川の下を道が潜る形の、「逆橋」現象(山中, 1999)の意味であるが、筆者は以下のごとく記載したのでした。

　　[さて、この症例において、2週間をおいて描いた2枚のLMTの比較は、大変に興味深いものでした。それは、結論的に言えば、「川と道の取り違え」現象と、「橋の(川の下を潜るような)奇妙な架かり具合」が修正され、普通の状態に戻ったことと、それに応じての「左右の反転」および「開いた空間の閉鎖」です。臨床的には、前者の段階ではまだ「無意識優位」のサブ・サイコティックな状態にあり、後者では、「意識優位」の正常状態にあったことと、これらの所見とを突き合わせてみれば、その意味するところは自ずからはっきりするでしょう。筆者が、LMT上、「川と道の取り違え」と「橋の奇妙な架かり具合(川の下を潜る橋)」を診断学的な指標として取り上げる所以(ゆえん)です。(同じ反応を、軽躁状態からの回復過程に示した事例もあり、転換ヒステリーの事例でも、「川と道の取り違え」現象が見られた)。かつ、「左右の反転」現象は、ユングのいうエナンチオドロミア(エネルギーの逆転)の例として、「無意識」優位から、「意識」優位への(あるいはその逆もありうる)「展開点」の指標として取り出すものです。(このことは箱庭療法においてはよく現れてきます)。](注6)

　この現象は、非定型精神病、境界例のミニマルサイコーシスの段階、転換ヒステリー、軽躁状態からの回復過程などにおいて観察されましたが、いずれも、無意識と意識の反転現象ととらえることが可能でした。(なお、一例だけでありますが、はじめ川のとき描いたのが彩色段階で木になり、アイテムのとき木だったものが川になった例がありました。彼は不登校(内閉神経症)の小学3年の男児であるが、アイテムの動物段階で、蛇を描き、木をぐるぐる巻にしていました。)

(7)　川の中に石をおいて対岸にいく足がかりを得た登校拒否女子中学生。
　クライエントは、13歳女子。いわゆる登校拒否、私の言う、「思春期内閉症」(注7)の少女でした。彼女は、外から見れば何一つ問題のない、幸福な中流家庭の子女で、彼女自身頭も風采(ふうさい)もよい、成績のよい中学生でしたが、学校の方針に従えず、深く内閉していて、ふとしたことから、私のところにやってくることとなったのでした。
　当初施行したLMTでは、図12-5の上図のようでした。

　私のところに通い初めて、5カ月後のLMTでは、図12-5の下図のようになりました。

図 12-5(上) ［中央に流れる川に，対岸と此岸は大きく隔てられて，田は遠くの山の麓に，とって付けたような張り付いた状態であり，道も遠くの山の中腹にあって，家には通じていず，その家は山頂に孤立し，対岸にはお花畑に花が咲き乱れているが，そこに通えるのは，鳥のみ，という状態であった。］

図 12-5(下) ［川は左上から中央下に向かって大きく流れ，川のほぼ中央に，石がある。その石の近くの両岸には，道ができ，左岸は家に向かう道と，山に向かう道。右岸は隣村に向かう道となっている。石は，その両岸の道をつなぐ，中継点のように見える。］

　川の中央に現れた石は，あたかも対岸につなぐための飛び石のようですが，私には，これは治療状況によって，やっと，対岸に渡る態勢を整えたかのように見えました。それまで，完全に孤立していた彼女が，勇気をもって，対岸に渡る心積もりを整えた，と見えたのです。登校拒否とは，イニシエートできない状況とも考えられるので，その治療とは，そのイニシエーションを可能にすべく，着々と内的態勢を整えていくことでもあると考えられるので，その意味で，これは興味深い所見でした。

⑻ 「星と交信する」サインに登校拒否の真の理由を知る。

　次いで，やはり鮮烈な記憶の残っているのは，ある地方の児童相談所で出会った13歳の少年です。彼は，問題行動としては，ごく普通の「登校拒否」として来談したのでしたが，彼の描いた風景は実に印象的でした。

　なぜかと言えば，まず，それが夜の風景だったからです。私がこれまで接した風景構成画の中で，「夜」という時間を選んだ人の数は，そんなに多くはありません。しかし，ほとんど皆無かというとそうでもなく，ときどきながら散見することがあります。そういう人は，たいていその直前に，大きな心的体験をもった人が多かったのです。

　さて，彼の風景構成画を叙述します。[図は省略，（文献1）を参照して下さい]

　　「川は右上から左下に真っすぐ流れ，道は左下の空間で川に交差した形で交わるが，橋がない。左下約4分の1の空間を占めて田圃が整然と描かれるが，印象的だったのは，あぜ道にいちめん真っ赤な彼岸花が咲いていることだ。左上に遠く二つの山が描かれ，その下に家が1軒あるが，ドアは閉まっている。彩色の途中段階で，彼はやおら群青色のクレパスをもったかと思いきや，それまで丹念に塗っていたほとんど全画面を塗りつぶしてしまったのだった。わずかに群青を塗り残された空間は，屋根の上の1点と，その真上の空の1点と，家の窓と，右上にこの段階で加わった月のみである。いま列記した四つの空間はすべて黄色が塗られたために，これら4点は，画面の中で特に目立った。先に触れた彼岸花の赤はかえって夜の闇のなか不気味に光り，それらは皿の色にすら見える。動物はキツネで川近くのあぜ道に立ち，人は窓に影として描かれているのみだ。」

　屋根の上の1点の穴について聞いてみると，彼は次のように答えました。

　　「僕の母さんは，僕が学校へ行ってる間に，裏の納屋で首を吊って自殺しました。屋根の穴は，それ以来，星になった母さんを見るためにあけたのです。」

　母の自殺の日の翌日から，彼の登校拒否が始まっています。父親について尋ねると，もうずいぶん前からぶらぶらしているのみで，仕事がまったく手につかない，とのことです。母の自殺はそのこととも大いに関連があるでしょうが，最近の父親の言動はおぼつかなくて，後追い自殺もしかねぬ状況のようでした。私の判断では，彼の登校拒否は，いわゆる彼の内的な自己像の未成立云々よりも，「父親が後追い自殺しないように見張っている」状況だったのではないか，と推測したのです。

12-3 おわりに

　ここに八つの事例をあげ，うち五つに図をつけて，LMTにおける筆者のアセスメントと治療の取っかかりの実例を示しました．LMTは今後もどんどん発展する優れて治療的かつ鋭敏なアセスメント手段であることを示しました．

■ 注および文献

注1）　ならびに文献1）　山中康裕　風景構成法に関する2，3の興味ある知見．山中康裕編　1996　『風景構成法その後の発展』　岩崎学術出版社．

注2）　例えば，『春と修羅第一集』の中の「風景観察官」という詩の中で次のように詠っている．「あの林は／あんまり緑青を盛り過ぎたのだ／それでも自然ならしかたがないが／また多少プウルキインの現象にもよるやうだが／も少し雲から橙黄線を送ってもらふやうにしたら／どうだらう……」．あるいは，同じく，「岩手山」では，「そらの散乱反射のなかに／古ぼけて黒くえぐるもの／ひしめく微塵の深みの底に／きたなくしろく澱むもの」．あるいは，同じく，「風林」では，「ここには草があんまり粗く／とほいそらから空気を吸ひ／おもひきり倒れるにてきしない／そこに水いろによこたはり／一列生徒らがやすんでゐる……」など，どれをとっても心象風景が詠み込まれている．

注3）　ならびに文献2）これはすでに，「芸術療法における箱庭療法と風景構成法の関連」と題して，「IMAGO」誌，1991，Vol.2-3号の78頁に発表してある．

注4）　ならびに文献3）まず，山中康裕　意識の階層構造に関する臨床心理学的研究－意識と無意識の反転を示すsignについての若干の考察．昭和57，8年度文部省科学研究費補助金(一般研究A)研究報告書(課題番号5741003), 代表者 河合隼雄，1984年に発表し，ついで，前掲書(註1)に再録した．

注5）ならびに文献4）　山中康裕　風景構成法事始め．山中康裕 編　1984　『風景構成法（中井久夫著作集別巻）』　岩崎学術出版社．

注6）　山中康裕　前掲書(注4)のp62-63からの部分引用．

注7）　山中は不登校を中核とする一群の閉じこもりの少年たちと治療論をも内包して思春期内閉神経症ととらえている．

文献5）　山中康裕　思春期内閉．中井久夫・山中康裕　1978　『思春期の精神病理と治療』岩崎学術出版社．

13章 バウムテスト

13-1 バウムテストの概要

　バウムテストはドイツ語圏のスイスでコッホ(Koch, K.)が1949年に発表したので，ドイツ語の"木"である"バウム"を呼称としています。同年に，アメリカではバック(Buck, J. N.)がHTP(家-木-人)法を提出しました。日本語にするなら樹木画でしょうが，コッホは実のなる木(Obst-baum，果樹，果物の木)という教示を採用しましたので，日本では一般にコッホの流れを汲むテストを指すときは，バウムテストと呼ぶ習慣であります。なお，スイスは寒冷地なので，ただ木と教示したのでは，コッホによれば，樹形の単純な針葉樹が多くなりすぎるので，果樹としたといいます。また，子どもの被験者には，当地での代表的果樹である「リンゴの木」と教示してもよいといいます。つまり，コッホは，どんな種類の木が描かれるかを限定してでも，ある程度以上，複雑な樹形が描かれることを期待していたわけです。

　日本への導入は1960年頃からですが，その後，急速に広まって，実施の簡便さもあって，さまざまな臨床現場でもっともよく使われる心理テストの一つとなっています。日本語教示では「実のなる木」としたので，果物屋さんの店頭を飾る各種の果実の木に加えて，いろいろな実のなる木々が描かれます。これはこれで，地域性を反映したりもしておもしろく，また，選ばれる樹主に意味がありうるのですが，結果の解釈に微妙な影響もあります。

　バウムテストは描画を用いた心理テストなので，人物画などを含めた描画検査の一種です。そして，人物画が発達検査として出発し，性格検査としても利用されていったように，バウムテストも特に子どもに実施するときには，発達的側面と性格的側面がからみ合った結果となります。さらに絵の巧拙が，どうしてもある程度結果の印象を左右します。あらゆる表現において，知的発達，技巧，性格，その時点での状態像などが総合的に影響し合うのはやむを得ないのですが，描画の場合には，とりわけ経験などによる巧拙が現れることは注意しておくべきでしょう。もっとも，これも単に欠点ではなく，「下手なので」とためらう被験

者に許容的に接することで，よい関係をつくるきっかけともなりえます。

　しかしながら，非言語的な，イメージ表現型(図像的・心象的)のテストなので，広範な実施可能性があることは大切な特徴です。また，結果の解釈においても，一見して非常に印象深い描画となっていて，テスターや解釈者の感受性の問題でもあるのですが，心に強く残ることがあります。イメージ(心象)の長所です。心理療法の流れの中で，徐々に「木」が成長してゆくようなこともあります。描画主題としての木は，生きて成長し，時に風雨にさらされ，人との交流が生ずることもあって，人のあり方が象徴的に投影されやすいのです。表現上もかなり難問でもあります。さまざまな人が，極論すればすべて違うさまざまなバウム画を描きます。読み取りに注意すれば，多くを語ってくれるはずです。

13-2　バウムテストの実施法

　心理テストの「正しい」実施法は，被験者の役に立つように用いることです。理想論ではありますが，人と人とがテストを介して接することで，よりよい対人的交流へと開かれてゆくように用いるべきです。

　くれぐれも人の心を傷つけるような使い方をしてはなりません。したがって，テスターの責任において，テスト場面での被験者の状態に応じて，実施法も柔軟にあるべきでしょう。もっとも，心理テストは情報の相互利用のための物でもあります。テスターたる者は，傷つきやすくも大切な心の専門家として，個別性，主観性，共通性の相克の中で，責任あるふるまいをしなければなりません。バウムテストのように道具立ての少ないテストでは，テスターの雰囲気から態度，言動の影響は大きいのです。形式的な実施法も簡単なのですが，例えば誰でも写せる簡便カメラこそ，すてきなスナップ写真を写すには，カメラマンの腕がもろに問われると表現しておきます。

　さて，一般的に，用紙はA4の上質紙，4Bの鉛筆，消しゴムがコッホの原法です。細かなことをいえば，鉛筆がよく削ってあるか，先が丸くなっているかでも，少しは違います。用紙も，厚い画用紙とケント紙では多少違います。不安定とも鋭敏ともいえます。人は場面によって変わる面もあれば一貫した面もあります。用紙という縁どられた表現空間に，描画という行動をし，筆跡を残すのです。

　個別法も集団法も可能です。個別法では，バウムテスト単独の場合として，まず場面設定をします。「これからちょっとした心理テストをしてもらいます。この紙，鉛筆，消しゴムを使ってください。よろしいですね」，用紙の渡し方で

も，方向に限定を加えたりします。このあたりで，「苦手です，下手です」とかのためらいが口にされることが多くあります。許容的な受け応えが望ましいのです。次いで，「では，実のなる木を1本描いてください」ここから書き始めるまでの時間や総所要時間を，それとなく測ります。集団法でも，描画課題を告げた後は，質問を認めない方がよいです。ストップウォッチで圧力を掛けるのは，負荷試験でしょう。おおよその筆順や，途中でのためらい，態度，描画中の雰囲気なども，冷たすぎないように，観察しておきたいと思います。1対1の心理テストは，結果に加えて，特定の条件下にある被験者の行動観察でもあります。また，テスターは描画を見守るだけであっても，雰囲気の相互作用という形で影響を与えています。批判的批評的テスターは描画を萎縮させてしまったりもします。「視覚的共感」に心がけて，いかに妙なものでも病理的なものでも，「こう描くしかないのだなぁ」と受容的にいたいものです。一方で細かに観察しながら，一方では共感的に。

描画後には，「何か説明がありますか。」と聞きたいものです。このほかにいろいろと，描画後質問をする方法もあります。うまく展開すれば，非言語的な描画と言語的説明が補い合うこともあります。描かれた木の未来を，「これから，どんなふうになりますか」と尋ねたところ，「虫に食われて……枯れる」と悲観的な予後が予想されることもあります。もちろん，質問が次のテスト機会に，余分な影響を与える危険もあります。

バウムテストにも，さまざまな変法があります。2本，3本を1枚の紙に描かせたり，描画を繰り返したり，特定の樹種などを指定したり，利き手でない手で描かせたり，の試みがあります。枠づけ法もあります。色彩を用いるのもあります。横田ら(1999)は次のように述べています。

> サインペンとクレヨンの単独，併用を比較していて，おもしろいです。分裂病者に実施して，単独だと鉛筆画でもよく生じますが，開きっぱなしの樹端のままになってしまうのに，併用にすると，鉛筆画の次に採色するときのように，色を塗ることによって，幹が幹らしく充実して，印象としてのフォームレベルが上がります。心理テストは，ある意味では心の傷を見せてもらうわけですが，後で色を塗ることで「包帯」を巻けるらしいのです。ただし，クレヨン単独では，色彩による動揺と線の不鮮明さの影響で「整合性」が下がるともいいます。色鉛筆，サインペン，クレヨンと，手の感触も含めて，色彩の感情刺激度は上がるでしょう。やはり一筋縄ではいきません。心理テストは，常に被験者にとって，ある程度は負担となり，このいささかの負担がずいぶんと重荷になりうる人たちがいるのです。もちろん，「触らぬ神に祟りなし」と放置すべきだ，というわけではありませんので，念のため。

13-3 バウムテストの解釈

　解釈は常に共感的解釈でありつつ，標準化も必要とします。被験者の，しばしば非常に苦しい日々を生きる人の，主観的世界を他人が知ろうとするのですから，共感的であろうとする姿勢は基本であり，本質でもあります。「客観的」という言葉さえ乱暴に響きます。しかし，テスト研究の用語では，評定者間の一致度，共有性の確立は不可欠です。多くの評定，SD法の研究が大切なところです（石谷，1998；横田，1999）。日常的な言い方として，主観的独断にならないように，心理テストの勉強は，広く心理学においても，複数でなすべきでしょう。

　さて，結果としてのバウム画は，その被験者とそのテスターのその場面での，一つの相互的な表現行為として完成しています。例えば，いかに「中断的」な描画でも，そこではそのように終わるのがふさわしかったのです。解釈では，まずこのような場面の中での結果を考え，バウム画自体もシンボル的にも構成的にも，表現しつつ隠すものとして，隠しつつ表現するものとして，「完成体」として読んでゆく必要があります。

　まず，1枚の描画は，必ずしも人格の全体を表現していないことに注意したいと思います。先の比喩で，スナップショットとしたゆえんです。ずいぶんいい加減に，拒否的に，熱心に，必死で，描画はなされます。描画中の言動や態度から，バウム画自体からの推測によっても，被験者の描画態度を推測し，バウム画がその人の心のどのあたりを表しているかを位置づけなければなりません。これを「結果の評価」と呼びます。人は，テスト場面への反応として，表面的にも描画をなしうるのであり，身を守る権利もあるのです。きわめて簡略なバウム画も，その状態像から見て，そうとしか描けないときは意味は重いし，拒否的なためにそうなったときは，まったく意味が違って当然でしょう。

　次に解釈は全体の印象とも呼ばれる，より全体的・総合的なものを出発点とし，大→中→小と，より細かな部分を読み込んで，最後には総合的で全体的な，複層的な人物像を描いていきます。特定の描画指標にこだわりすぎてはなりません。表13-3に示した，例えば，上ほど太い幹であってさえ，冗談風であったり，デザイン的であったりすれば，ゲシュタルトの崩れ，病理的のサインとするわけにはいかないでしょう。写実的な描画の中の幹の傷と省略画風の中のそれでも，まったく意味は違います。個々の指標は全体の中で意味の重心を変えるのです。

　描画の解釈で中心をなすのは，視覚的な均合の感覚です。決してこの指標はこういう意味がある，という暗記的な知識ではありません。例えば，大きすぎる，

図 13-1　冠型の幼児型と成人省略画

　小さすぎると評するためには，感覚としてこれくらいが，その年齢などにおいて平均的だとわからなければなりません。しかも，それは描線や描き込まれた要素の量などとも関係するのです。面積計で ○○ cm^2 が平均と定義するのでは足りません。まさに主観的感覚として，それを共有性のレベルまで訓練してゆく必要があります。

　つり合いには，このほかにも位置と方向，要素間（幹と枝や葉，実の大きさや数），左 - 右，上 - 下，安定操作などがあります。これらは年齢的に発達変化してもゆきます。このうち，興味深いのは上 - 下のつり合いです。幼児では幹の割に樹冠部が小さいですが，これは徐々に樹冠部が大きくなっていき，思春期・青年期の描画の写実期には，比率的に最大となり，成人省略画期では，やや幹が大きくなります。幼児の目には幼児型の方がバランスがよく，おとなの目では おとな型の法がつり合いがよく見えるのです（図 13-1）。幼児では視覚的質量の分節化がまだすんでいないので，幹も樹幹も大きさに差がない方がよいのです。おとなは，幹は詰まって堅く重いので，小さくても より軽く大きな樹冠とつり合って見えるのです。そのほかでも，それぞれの描画は，それぞれの描画者にとって，ある種の内的必然性をもって描かれています。そのつり合い感覚を共感的に理解してゆくのです。

　空間象徴も大切です（図 13-2）。だが，ここでも，こういった図式を公理のごとく当てはめるだけではなりません。例えば，割とある極端な位置として，左上の隅に小さく描かれるバウム画があります。左上だから傍観者的だ，では共感的理解といえません。用紙上で三次元的な描画がなされると，上方ほど遠いのです。遠ければ小さくなります。また，上方のうちでも，中央や右の上方は視線を

13章 バウムテスト

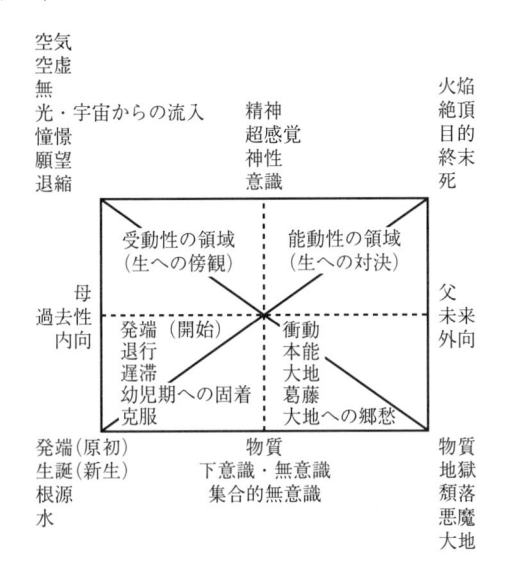

```
                空気
                空虚
                無                              火焔
                光・宇宙からの流入    精神      絶頂
                憧憬              超感覚      目的
                願望              神性        終末
                退縮              意識        死
            ┌─────────────┬─────────────┐
            │ 受動性の領域  │ 能動性の領域  │
            │ （生への傍観）│ （生への対決）│
       母   ├─────────────┼─────────────┤   父
      過去性│ 発端（開始） │ 衝動         │ 未来
       内向 │ 退行         │ 本能         │ 外向
            │ 遅滞         │ 大地         │
            │ 幼児期への固着│ 葛藤         │
            │ 克服         │ 大地への郷愁 │
            └─────────────┴─────────────┘
       発端（原初）     物質          物質
       生誕（新生）   下意識・無意識   地獄
       根源          集合的無意識    頽落
       水                            悪魔
                                    大地
```

図 13-2 グリュンワルトの図式

集めやすいのです。左の上方が1枚の用紙の中でももっとも遠いのです。解釈をしようとする者は，このような用紙上の位置の微妙な感覚的な差を感じ取りたいものです。

　また，描画姿勢を見ていると，同じように左上隅に描くのでも，描かれている人からも遠く描く人がいます。描かれているバウム画も，その人自身（の一部）とすると，自分で自分を突き放して，自分自身に対しても傍観者的になっているのです。逆に，上体をかぶせて，描いている部分を見せないようにして，用紙もなるべく見せないように描く人もいます。最後には，可能な限り自分を見せまいとして，小さく，いわば引きこもり状の自己像としての左上のバウム画が残ります。手で囲うようにして用紙の下部に小さく描くこともありますが，これでは空白部分がすべてテスターの目に曝されてしまいますし，下部は地面ともなって，上部は木を成長へと「強いる」ことにもなります。下部の方が，テスターにも大空にも開かれてしまっているのです。左上隅は，突き放しつつ隠す，テスターを代表とする他者との関係も避けて，引きこもりの場所なのです。描画中の観察やつり合いの感覚，共感的理解を結びつけたいものです。もちろん，さらにアレコレ考えられるでしょうし，時には矛盾する仮説も併立しえます。解釈は，あらゆる理解が独断的とならないために，作業仮説としての側面を残すべきでしょう。「このようにも考えられるのではなかろうか」と。

表 13-1 増加指標

	幼稚園		小学校						中学校		
	少	長	1	2	3	4	5	6	1	2	3
全二線枝	○	○	○	○	○	○	○	○	○	○	○
葉	+	○	○	○	○	○	○	○	○	○	○
地平線	+	+	○	○	○	○	○	○	○	○	○
はみ出し	+	+	+	○	○	○	○	○	○	○	○
根	++	+	+	○	○	○	○	○	○	○	○
枝三段以上	++	++	+	○	○	○	○	○	○	○	○
枝はみ出し	++	++	++	+	○	○	○	○	○	○	○
一部一線枝	+	+	+	+	+	○	○	○	○	○	○
幹上縁出	++	++	++	+	+	+	○	○	○	○	○
枝立体	++	++	++	+	+	○	○	○	○	○	○

++：5％以下，　+：5〜15％，　○：15％以上

表 13-2 減少指標

	幼稚園		小学校						中学校		
	少	長	1	2	3	4	5	6	1	2	3
実・葉なし	−	−−	−−	−−	−−	−−	−−	−−	−−	−−	−−
枝なし	○	−	−−	−−	−−	−−	−−	−−	−−	−−	−−
枝が根元まで	○	−	−−	−−	−−	−−	−−	−−	−−	−−	−−
幹下直	○	○	−	−−	−−	−−	−−	−−	−−	−−	−−
全一線枝	○	○	−	−−	−−	−−	−−	−−	−−	−−	−−
枝先直(全)†	+	○	○	−	−−	−−	−−	−−	−−	−−	−−
直交枝	○	○	○	○	−	−−	−−	−−	−−	−−	−−
幹上直	○	○	○	○	−	−−	−−	−−	−−	−−	−−
直交分枝†	+	+	+	○	−	−	−	−−	−−	−−	−−
枝先直(部)†	+	○	○	○	○	○	○	−−	−−	−−	−−
倒置	○	○	○	○	○	○	○	−	−	−−	−−

†：山型の発達，　+：増加中で15％以下，　○：15％以上，
−：5〜15％，　−−：5％以下

　発達の理解では，いろいろな年代の多数の描画を見て，イメージ的・図像的に発達プロセスをつかむのが望ましいのです。ただ，それでは他人・先人の経験が生かせないので，青木(1986)の増加指標(表13-1)，減少指標(表13-2)を紹介しておきます。初めはまったく木らしきものが描けなかったのが，より分節化した要素が描けるようになり，より複雑な表現が可能(増加指標)となっていきます。

ただし，画家であってさえ，限りなく複雑な生命体である樹木を完全に描けるようなことはありえません。おとなと子ども，正常な人と病者の差は，同じく不完全な描画のうちでの，程度の差にすぎないものです。そして老齢となれば，誰もが最後には描けなくなります。減少指数としたうちの山型の発達とは，一度そういう表現が可能となって，別の表現に置き換えられたりして消えていくものですが，長い目で見れば，人は描けなかったものを何らかの形で描けるようになり，やがて描けなくなっていくのが自然な姿でしょう。

もっとも，小学生段階での山型の発達とは，例えば，直交分枝（表 13-2）では，初めは分枝そのものが描けていないので，分枝があることがプラスなのであり，やがて直角でなく，より鋭角での分枝が描けるようになって，消失してマイナスになってゆくのです。

なお，バウム画は思春期以降，非常に多様となっていくので，中年期や老年期のものも興味深い研究はありますが，このような一つの表にまとめてしまうのには無理があります。発達は初期ほどに共通でくくりやすく，徐々に個別化していくものなのでしょう。

病理の読み取りは，このテストの実際的利用ではもっとも重要なことでしょう。ただ，とうてい説明し切れませんし，1枚の描画を特定の診断名と対応させ

表 13-3　各種の個別指標

丁寧さの指標	・陰影，消しゴム，重ね書き，塗り	
	・実・葉の高い形態水準（葉脈を入れる，支脈，鋸歯）	
	・細かな枝別れ	
	・幹の表面の模様	・その他
不安指標 （緊張感，イライラを与える，陰気な感じ）	・幹の不連続	・傾斜像
	・部分強調	・一筆書き
	・紋切り的表現	・傷，切り跡
	・浮き上がり	・その他
ゆがみ指標 （形の崩れ，乱れ，奇妙さ，不均合，不格好）	・上ほど太い幹	・枝の不統一
	・先ほど太い枝	・幹や枝のズレ
	・均り合わない葉や実	・空間倒置
	・膨み，くびれ	・枝の奇妙な折れ，曲がり
	・メビウスの木	・その他
貧困指標	・一線幹	・小さい（高さ1/2以下，幅が狭い）
	・全一線枝	・弱い筆圧
	・極端な省略	・その他

るには，もとより無理がありますし，きわめて簡略に済ませることにします。もちろん，各種の診断名群間の，そして対照群との比較研究は多数あって，その知識はバウム画を通じて人間を理解してゆく上で，とても大切であることはいうまでもありません。ただ，ここでは表13-3(青木，1986)を紹介しておきます。おおよその適応度として，丁寧さの指標は，少し神経質から神経症のあたり，歪み指標は神経症から精神病のあたり，不安指標は中間です。貧困指数として，心的エネルギーの低下のバウム画への現れを別枠にしたのはまったく一時的であれ，内因性うつ病であれ，エネルギーが低下してしまうと，バウム画上では判別しにくいからです。臨床においても，特定の1テストで決定するのはむちゃであり，問診や身体的検査まで含めて，総合的に判断すべきでしょう。それさえ確定診断としてでなく，作業仮説としてです。

　また，判断の難しさの例として，言葉でなら定義しやすい傾斜像が挙げられます。角度で決めようとしても，どこをどう測るか難しいので，解釈者10人中10人が傾いていると主観的に判断するギリギリのものと，逆に全員が傾いていないと判定するものとの間に，微妙な移行があります。仮に練習帳を作るとしても，それでも幹の基部以外の要因も深く関わっていますので，きりがありません。ある人の主観を，一度描画として固定されたものであれ，他人が共通に判断するのは大変なことなのです。もちろん，一致度としては十分に信頼性を証しうるのですが。

　バウムテストも，人が人をなるべく「正しく」知ろうとする試みの一つとして，十分に扱いがたい面をもっています。そして，だからこそ，おもしろいテストなのです。広く使われ，かなり研究も進んでいるのですが，人がその複雑性を喪わない限り，いつまでも完成にはいたらず，これからも育っていくでしょうし，そうでなければなりません。

■引用文献

青木健次　1981　空間象徴の基礎的研究．芸術療法研究, **12**, 7-13.
青木健次　1986　バウムテスト．家族画研究会編　『臨床描画研究Ⅰ』68-86, 金剛出版．
石谷真一　1998　バウムテストにおける検査者の視覚的印象の活用について．学生相談研究, **19**, 1-12.
横田正夫ら　1999　精神分裂病患者の彩色樹木画の検討Ⅰ, Ⅱ．精神医学, **41**, 405-410；469-476, 医学書院．

14章　人物画テスト

14-1　はじめに

　人物画テストは知能検査でしょうか，性格検査でしょうか。ためしにこんな問いかけを，皆さんのまわりにいる心理学の先生たちにぶつけてご覧なさい。きっとさまざまな答えが返ってくるでしょう。ある先生は「知能検査あるいは発達検査だよ」とおっしゃられるでしょうし，別の先生は「投影法の性格検査にきまっているじゃないか」といわれるかもしれません。先生によっては「そのどちらもだけど，あんまり使われていないかなあ」と言われるかもしれませんし，中には「HTPの中に吸収されちゃったんじゃないの」と乱暴なことを言う先生もおられるかもしれません。人物画テストとは一体どんな心理検査なのでしょうか，そもそも人物画テストで何がわかるのでしょうか。とりあえず本章を読んだ方なら，こんなふうに応えることができるようになるでしょう。
　「なかなか難しいねえ……。」

14-2　人物画テストの誕生

　もし上記の問いを英語で聞かれたなら，実は答えは簡単です。日本語では「人物画テスト」とひとくくりに呼ばれていますが，英語ではDAM (Draw-A-Man test)とDAP(Draw-A-Person test)の2種類があって，前者がグッドイナフ(Goodenough, F.L.)の考案した知能検査，後者がそれを性格検査として用いようとしたマッコーバー(Machover, K.)の発案によるもの，と区別されているからです。つまり「DAMは？」と問われれば，それは間違いなく知能検査であり，「DAPは？」と問われれば性格検査だということになります(後で述べますが，この他にHFDという言い方もあります)。
　まず，知能検査としての人物画テストの創始者であるグッドイナフ(グッデナフ，グデナフなどさまざまな紹介のされ方をしていますが，本当のところは不明なので，グッドイナフということにしておきます)は，1926年に『描画による知

能の測定』という著書のなかで,「児童に一人の男性を描かせると, その絵から知能がわかる」と高らかに宣言しました。というのも実はそれまでに, 英国のクック(Cooke, E. 1885)を始めとして多くの研究者が, 児童の発達と絵の変化に一定の関係があることを認めていたからでした。こうした彼の主張は全世界で広く受け入れられ, わが国でも1944年には桐原葆見が, 1965年には小林重雄・小野敬二が, 知能検査として人物画テストの改訂・標準化を行いました(本当は日本でもグッドイナフとほぼ同じ時期, 1927年に丸山良二が人物画をもとにした「幼児の智能の測定」という報告を行っているのですが, グッドイナフほど総合的・組織的な研究ではなかったので, 残念ながら後に顧みられることはあまりなかったようです)。

一方, マッコーバー(1949)は長年の精神病者の描画経験から,「個々の描画作品を入念に調べることは, 単に被験者の知能水準を知るのみでなくてもっと豊かな臨床的所見をそこから得られる」と述べて, 人物画には描画者の知能ばかりでなく, 性格も投影されると主張しました。彼はもっぱら精神分析理論に基づく仮説をたてて, たくさんの調査検討を行ったとされますが, 統計的な資料やデータを残すことはありませんでした。しかし恐らくはそのために, 後になって彼の仮説を検討しようとする多くの研究が世界中で活発に行われました。結果はそのほとんどが,「マッコーバーの仮説は統計的に指示されない」というものでした。1961年当時はアメリカの調査で, ロールシャッハ, TATについで第3位の使用頻度でしたが, 1983年には10位にまで落ち込んだのも, その辺に原因があるようです。

さて, こうした知能検査か性格検査かという二者択一的な立場とは違って, 発達的な側面も投影的な側面も両方を考慮に入れた総合的, 包括的な立場をとったのがコピッツ(Koppitz, E.M.)です。彼は「人物画HFD(Human Figure Drawing)は, 主として児童の発達水準とその対人関係——自分自身および「重要な他者」に対する態度——の反映である」と唱え, 30個の発達項目と, やはり30個の情緒項目を提唱しました。わが国でも岩井(1981)が, このコピッツの研究を受けて綿密な検討を行っています。

実はマッコーバーが人物画テストを紹介した前年の1948年, アメリカのバック(Buck, J.N.)は無口な9歳の少女が自分の描いた自由画を前に急に饒舌に語り出したという体験をもとに, 家と木と人をそれぞれ1枚ずつ描かせる性格検査HTPを発表しました。これはマッコーバーのDAPよりも先に発表されたのですが, バックのHTPがまず学会誌に掲載されたのに対して, DAPは単行本で紹介されたために, 人物画の方が先に世に広まるようになったのでした。けれど

14 章　人物画テスト

も上記の1983年の調査では，HTPはDAPを抜いて9位の使用頻度となっています。

　人物画テストの誕生とひとくちに言っても，それを何を測ろうとするどのような検査だとみなすかによって，誕生の時期は上に見てきたように20年以上も幅があります。ただし1905年に紹介されたビネーの知能検査，1921年のロールシャッハ・テスト，1935年のTAT，1952年のバウム・テストなどといった代表的な心理テストと比べても，同じかあるいはそれ以上の歴史を生き延びてきた貴重な心理テストであることは言うまでもありません。そうして後述するように今もなお，新たな視点からさまざまな研究が蓄積されているのです。

14-3　DAM について

　ではまず知能検査としてのDAMについて紹介していくことにしましょう。先述の通り，これはわが国ではまず1944年に桐原葆見が標準化しました。彼は鉛筆，もしくは単色のクレヨンで「男の子を前向き，頭の先から足の先まで，全部を一人書いて下さい」と教示する方法で子どもたちに絵を描かせ，グッドイナフと同じ方法で分析しました（その時に対象になった被検者は3300名にものぼります！）。その結果，3歳から9歳までの子どもたちの人物画の評定が，ビネー式知能検査の結果と良く一致することを見出し，人物画をこの年代の「幼年児童用」精神発達測定法として位置づけました。

　その後，小林重雄ら(1977)は3歳から9歳の対象年齢のちょうど真ん中に当たる6歳頃に，ビネー式検査との不一致が一番大きくなること，桐原の採点項目の順序が必ずしも発達順にしたがっているわけではないこと，性差が見られることなどの問題点を改善するために，さらにこのテストの改訂を試みました。彼らが行ったのは「人を一人描いて下さい。頭から足の先まで全部ですよ。しっかりやってね。」と二つ折りにした画用紙を縦長方向に渡し，鉛筆で描かせるという方法です。その際，両性を描かせるのですが，基本的には男性像を採点対象にします。今日，DAMとして広く用いられているのはこの小林らの改訂版で，初心者にも判定しやすい簡便な知能検査法として，児童相談所や知的障害者更正相談所などの公的福祉機関でよく用いられています（参考のために次頁の図14-1に5歳の女児の事例とその採点例を掲げておきます。なお，項目の採点の詳細は小林重雄著『グッドイナフ人物画知能検査・ハンドブック』　三京房，1977を参照して下さい）。

　小林らは標準化に際して，2歳11か月から13歳1か月までの1883名の幼児

＜テスト時の態度＞
　楽しそうに描くが，描線に揺れが見られ，特に顔の輪郭や腕を描く際に運筆が滞りがちになる。左手を隠すのは，本児の人物画の特徴である。

＜日常の報告＞
　妹の出生と同時に夜尿が頻繁になった。小学校入学時までは夜のおむつが取れず，現在も運動会や遠足などの行事が重なると，時々寝つきが悪くおもらしすることもある，とのこと。

＜テストの結果＞
IQ＝100 ＊MA／CA＝100 ＊8：1／7：6＝108

図14-1　7歳女児のDAMとその知能判定例

児童を対象としました。そしてさらにてんかん児，自閉症児，学習障害児，ダウン症児など，さまざまな子どもたちにDAMを適用した結果を報告しています（小林重雄；1988）。DAMは単に人物画を利用した知能指数を測定する道具ではなく，こうした広範な研究に裏づけられ豊かな内容を含んだ，幅広い適用可能性を持つ知能検査法であるということができるでしょう。

14-4　DAPについて

　さて，一方マッコーバーに代表される性格検査としてのDAPは，先述のHTPやコピッツのHFDに限らず，テイト（Tait, C.D. 1955）の身体の内部を描かせる人物画検査，ハマー（Hammer, E., 1958）の雨中人物画など，数々の発展を生み出す基礎になっています。また家族画や集団絵画でも，そこで描かれる人物は基本的にDAPの知見をもとに解釈されています。では以下に，マッコーバーのDAPについてその施行法から見ていくことにしましょう。
　DAPを施行する時はDAMと同様，鉛筆とA4サイズの紙を用意します。教示は「その紙の上に，一人の人間を頭の先から足の先まで，できるだけ上手に描

いて下さい」と言います。次に画用紙を裏返して，「今度は反対の性の人（1枚目が男性なら女性，女性なら男性）を一人，やはり頭の先から足の先まで，できるだけ上手に描いて下さい」と言います。そして1枚目，2枚目とも，それが誰であるかを描画終了後に質問します。DAMとの違いは，上記のように教示において「男の人」を「人間（人）」ということ，必ず男女両性を描かせること，そして描かれた人が誰であるかを確認する，ということだけです。このあたりが両者の違いをわかり難くしている理由かもしれません。ただし，DAPの場合はそこから性格を読み取ろうとするわけですから，検査者との関係がより重視される傾向があります。基本的にDAMの場合は，検査者はできる限り一歩下がった観察者としての役割をとるよう要請されますが，DAPでは特に描画後に質問をするなどの積極的な関与が許されています。マッコーバー自身，「この人物について，彼が小説あるいは劇中の人物であるかのように一つの話を作りましょう」というPDI (Post Drawing Interrogation；描画後の質問)を勧めてさえいるのです。こうした検査者のテストへの姿勢の違いは，いきおい観察の仕方にも大きな影響を及ぼすことになります。検査者に対して「関与しながらの観察」が求められたり，「描かれた絵を，自分に対する贈り物として受け取る」姿勢が強調されるのも，DAPならではと言えます。

　それでは次に，マッコーバーの解釈仮説を見ていくことにしましょう。図14-2はマッコーバーの解釈仮説を空井(1986)が図式化したものです。ここで重要なことは，先述のようにDAPの各項目の解釈仮説が基本的に精神分析理論に裏づけられたものであり，しかも統計的な妥当性がないと批判されているということです。これは，必ずしもマッコーバーの解釈が無意味であるということを意味していません。むしろ描画解釈の際に陥りがちな，安直な1対1対応の解釈への戒めだと言えるでしょう。というのも，DAPは基本的に項目ごとに細分化してその特徴を議論するような見方をとらず，まずは全体を見渡して目に飛び込んでくる特徴に焦点づけるような見方をするのが一般的だからです（このような見方を「全体的印象の重視」とか「誘目性」と呼ぶこともあります）。そしてその時に目を引く部分についてのマッコーバーの解釈仮説は，なるほどと思わされることが少なくないからです。

　個々の身体部位についての解釈は，図14-2で示したものの他にも，例えばズボンのポケットに突っ込んだ手は自慰を示唆するだとか，非常に長い腕は達成や野心と結びついている，とみなされます。しかしそういった内容以上に，描画形式もまた重要な手がかりになります。画面のどこに，どんな大きさで描かれているか，筆圧や線の太さ，連続性はどうか，描画の順序は，姿勢は，視点はどこに

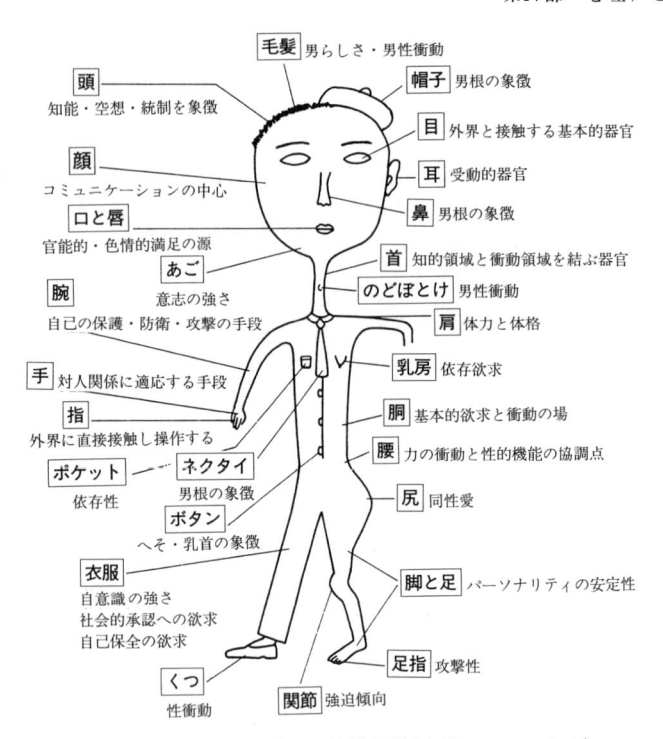

図 14-2 マッコーバーの解釈仮説（空井，1986による）

人物画各部位の解釈仮説：

- 毛髪：男らしさ・男性衝動
- 頭：知能・空想・統制を象徴
- 帽子：男根の象徴
- 目：外界と接触する基本的器官
- 顔：コミュニケーションの中心
- 耳：受動的器官
- 口と唇：官能的・色情的満足の源
- 鼻：男根の象徴
- あご：意志の強さ
- 首：知的領域と衝動領域を結ぶ器官
- 腕：自己の保護・防衛・攻撃の手段
- のどぼとけ：男性衝動
- 肩：体力と体格
- 手：対人関係に適応する手段
- 乳房：依存欲求
- 指：外界に直接接触し操作する
- 胴：基本的欲求と衝動の場
- ポケット：依存性
- ネクタイ：男根の象徴
- 腰：力の衝動と性的機能の協調点
- ボタン：へそ・乳首の象徴
- 尻：同性愛
- 衣服：自意識の強さ／社会的承認への欲求／自己保全の欲求
- 脚と足：パーソナリティの安定性
- くつ：性衝動
- 足指：攻撃性
- 関節：強迫傾向

表 14-1　人物画の形成分析 （深田，1986 より作成）

1．配置	・下方…現実的，具体的，抑うつ　・右寄り…知的欲求，内向 ・左寄り…衝動的，外向的　　　　・右下……一般に異常な領域 ・左上隅…著しい不安，退行，空想への耽溺
2．サイズ	・大…高エネルギー，攻撃的，躁的 ・小…低エネルギー，自尊心の低さ
3．筆圧，筆致	・強…積極的　・弱…消極的，小心　・輪郭の強調…自己防衛
4．抹消，打ち消し	批判力，優柔不断，逃避
5．姿勢	・座位…立てない　・後ろ向き…拒否
6．装飾	多いと不満，劣等感，男子の武器は力への希求
7．陰影づけ	葛藤の存在
8．シンメトリー	中央ラインの強調は依存，未熟， 固いシンメトリーは抑制，防御

置かれているか，陰影づけはどうかなど，注目すべき側面はいくつもあります。表 14-1 にその簡単なまとめを掲げておきますので，興味のある方はさらにマニュアルで確認して下さい。

　ところで，確かにマッコーバーの解釈仮説は問題指標にあふれているように見えます。とりわけ彼の，精神分析特有の性的な還元的解釈には，辟易したり反発したりする人が多いのも仕方がないように思えます。しかしもう一歩踏み込んで考えたとき，彼の解釈仮説の別の側面が見えてきます。これは筆者自身の体験とも重なるのですが，一般に精神病などの重篤な患者さんほど，日常生活や描画上に食欲や性欲といった一次的欲求が生々しく表現されやすい，ということがいえます。そして彼は自らの解釈仮説を「15 年以上にわたる精神病者の観察から生まれてきたものである」と，はっきり言明しているのです。恐らくはそのために，マッコーバーの解釈仮説は性格というよりもむしろ病的なサインとしての意味合いが強く出ているのではないかと考えられるのです(図 14-3 参照)。

図 14-3(a)　ある分裂病者(34 歳，男性)の人物画　　　**図 14-3(b)　同じ患者の家**

　(注)　図(b)から分裂病者に特徴的な空間構成の失敗は見られるが，描画能力自体は損なわれていないことがわかる。そこから図(a)の硬いシンメトリーやモザイク的構成が，とりわけ「人」に対する強烈な不安や不信，防衛的姿勢の表れだと解釈することができる。なお，この例では枠づけ法を用いている。

このことはDAPの効用と限界に直接結びついています。DAPは個々の身体部位に対応する性格といったようなものを想定した単純な性格検査ではなくて，先鋭化すれば特定の精神病理に結びつくような基盤的な性格を，精神病の人たちが描く人物画の諸特徴から逆に類推していこうとした性格検査です。したがってその有用性は，健康な人に適用する性格検査という方向から議論してもあまり意味はなく，むしろ先鋭化してしまった病理を多少なりとも性格のレベルまで押し戻そうとする時の方向づけをしてくれる性格検査とみなすべきであるように思います。つまり分類のための検査ではなくて，治療のために用いてこそその真価を発揮する検査だと言えるのです。

14-5　人物画研究の展開

　ここでは人物画テストのその後の展開に，若干目を向けてみましょう。まずDAMの最初の改訂版は，ハリス(1963)によって試みられました。彼は性差を考慮して男女両性を描かせること，評価項目を増やすなどの改訂を試みました。DAPについてはアブラハムが5歳から17歳の子どもたちを対象に追試を行い，子どもはまず自分と同じ性の人物を描くことを確認しました。その後，ベンダー・ゲシュタルト研究で有名なコピッツ(1968)が，発達的な側面と情緒的な側面の両方から人物画を検討することを提唱し，わが国で岩井(1981)がその追試を行ったことはすでに述べた通りです。オステリートとカンビエ(Osterrieth, P. & Cambier, A., 1976)は，人物画の発達過程について形式的な側面から徹底的に分析し，またカンビエ(1973)自身は6歳から11歳までの男子と女子で，描かれる男性像と女性像にはっきりとした性差が見られること，要するに男子は男子，女子は女子で，男性女性を表現するために何を取り上げるかが異なることを見出しています。著名な発達心理学者ワロンの血縁筋に当たるワロン(Wallon, P., 1990)も，人物画と動物画の発達の比較研究を行っています。これらとは若干流れが異なるのですが，先述のようにハマー(1958)は「雨中人物画」という人物画テストの応用を考案し，ストレス下に置かれた人がどのようにそれに対処しようとするかを見ようとしました。

　わが国における人物画研究は，もっぱら臨床場面，とりわけ病院での絵画療法の実践を通して得られた知見が中心になっています。例外的に早い時期に大伴(1956)がマッコーバーの追試をしていますが，その後の展開はあまり見られていません。臨床場面の研究としては，まず高江洲(1975)が慢性分裂病者に「自分の顔」や「全身像」，「他人と自分」といった課題画を描かせ，人物画を彼らの「間

合い」の障害という観点から論じています。また安藤(1990)は「人物二人法」という技法を紹介し，人物画に対人関係の要素を積極的に取り込もうとしています。石川(1991)は自殺兆候予告のサインとしての「未完成描画」を論じる中でリッチマン(Richman, J., 1986)を紹介し，「自殺の可能性をスクリーニングするには情報の収集・管理の面で，迅速かつ簡便な心理テストである人物画が優れている」という彼の言葉と，その「自殺サインリスト」を取り上げています。また石川(1997)自身は，人物画としての「棒人間」に注目し，人物画の発達上にそれが出現しないのに，精神分裂病の昏迷からの寛解過程に「棒人間」が見られたことから，「退行からの回復と子どもの発達段階を区別するものこそ，棒人間ではないかという大胆な推論」を行っています。これは改めて，人物画を発達的に見ようとする立場と臨床的に見ようとする立場の接点として，興味深い知見です。

14-6 改めて，人物画テストとは？

　冒頭に予告した通り，「人物画テストとは？」と聞かれ，「(いろいろ知ってるからこそ，とても一言では言えないよ) なかなか，難しいねえ……」と謎の微笑みを浮かべることができそうでしょうか。最後に人物画の解釈者の態度について，一言だけ補足しておきます。人物画の分析を行えば必ず体験することですが，部分部分は不安定であったり異様な形で表現されたりしていても，全体としては非常に安定感のある描画像があります。逆に全体に非常によくまとまっているにも関わらず，特定の部分が妙にこだわって描かれ，そのせいで不思議な不安感を醸し出しているような絵にも出会うことがあります。大切なのはさまざまな問題指標を見出す感受性とともに，(むしろこちらの方が重要なのですが)そうした問題を抱えているにも関わらず被検者を支えている健康な部分，いわばその人の生きるよすがとでもいったようなものを見つけ出す能力を検査者が持つということです。ハンドラー(Handler, L., 1985)は人物画の解釈を初めて習う学生を指導する中で，次のように示唆しています。「解釈者は絵に描かれた人物と同じ姿勢を取り，顔の表情さえ絵に描かれた人物と同じにすべく真似せよ。さらに解釈者は自分にこう問わねばならぬ，"このような絵を描くとしたら，今，私は何を考えているのであろうか？"と。」

■ 引用文献

安藤 治 1990 人物二人法 —— 他者表現の治療的機能. 日本芸術療法学会誌, 21 巻, 1 号, 46-54.

Buck, J. N. 1948 The House-Tree-Person technique : A qualitative and quantitative scoring manual. Journal of Clinical Psychology. Monograph Supplement No. 5. Brandon, Vermont. (加藤孝正・荻野恒一 訳 1982 『HTP 診断法』 新曜社.)

Cambier, A. 1973 Differentiation sexuelle et representation graphique. These de Doctorat (non publiée), Bruxelles, U.L.B. (In Wallon 1990).

Cooke, E. 1885 Our art teaching and child nature. *Journal of education*, **7**, 460-465.

Goodenough, F. L. 1926 *The measurement of intelligence by drawings*. New York, World Book Co.

Hammer, E. 1958 The clinical application of projective drawing. *Charles C. Thomas*, I, 11.

Handler, L. 1985 The clinical use of the DAP. In Newmark, C. (ed.) *Major psychological assessment instruments*. Boston, Allyn & Bacon.

Harris, D. B. 1963 *Children's drawing as measures of intellectual maturity*. New York, Harcourt Brace & World.

深田尚彦 1986 人物画テスト. 『臨床描画研究Ⅰ』 12-32, 金剛出版.

石川 元 1991 描画テストにおける「自殺サイン」の扱い方 『臨床描画研究Ⅵ』 121-142, 金剛出版.

石川 元 1997 マンガ的表現としての棒人間(stick man). 『臨床描画研究Ⅶ』 61-71, 金剛出版.

岩井 寛 1981 『描画による心の診断 —— 心の異常と正常をみるために ——』日本文化科学社.

小林重雄・小野敬二 1976 『グッドイナフ人物画知能検査ハンドブック』 三京房.

小林重雄 編 1989 『グッドイナフ人物画知能検査の臨床的利用』 三京房.

Koppitz, E. M. 1968 *Psychological evaluation of children's human figure*, New York, Grune & Stratton. (古賀行義 監訳 1971 『子どもの人物画 —— その心理学的評価 ——』建帛社.)

Machover, K. 1949 *Personality projection in the drawing of the human figure*. Charles C. Thomas. (深田尚彦 訳 1974 『人物画への性格投影』 黎明書房.)

小川俊樹 1991 心理臨床における心理アセスメント. 臨床心理学体系, **5**, 243-271, 金子書房.

Osterrieth, P. & Cambier, A. 1976 *Les deux personnages*. Bruxelles, Editest, Paris, PUF. (In Wallon 1990)

大伴 茂 1956 『人物画による性格診断法』黎明書房.

Richman, J. 1986 Figure drawings for the screening and monitoring of suicidal potential. In : Richman, J. (ed.) *Family therapy for suicidal people*. 86-199, Springer, New York.

空井健三 1986 人物画における男性像と女性像. 『臨床描画研究Ⅰ』 33-49, 金剛出版.

Tait, C. D. & Ascher, R. C. 1955 Inside of the body test. *Psychosomatic Medicine*, **17**, 139-148.

高江洲義英 1975 慢性分裂病者の人物画と「間合い」. 芸術療法, 6 巻, 15-21.

Wallon, P. *et al.* 1990 *Le dessin de l'enfant*. Presses Universitaires de France. (加藤義信・日下正一 訳 1995 『子どもの絵の心理学』名古屋大学出版会.)

15章 HTPテスト（家・樹木・人物描画検査）

15-1 はじめに

　HTP（House-Tree-Person）テストは，1948年にバック（Buck, J. N.）によって考案された課題描画法の一種であり，家・木・人をそれぞれの紙に描かせ，そこから自己概念や外界への関わり方などを見ようとするものです。

　描画法はパーソナリティ・テストの中では投影法の一つに分類されます。投影法として今日広く臨床場面に用いられているものとして，他にロールシャッハ・テストやTATなどが挙げられますが，ハマー（Hammer, E. F., 1953）はこれらの投影法と描画法を比較して，前者が与えられ存在している刺激をどのように受け止めていくかという知覚（imcoming）過程を重視するのに対し，後者は積極的に反応を構成していくパーソナリティの表出（outgoing）過程に重きを置くとしました。また，前者が言語を媒介しているのに対して，後者は言語を媒介としないため，パーソナリティのより深く，より原初的な，より未分化なレベルが引き出されると述べています。

　ところで描画法とひと口にいっても，何をどのように表現させるかによって，そこに投影されるパーソナリティの側面も微妙に異なってくると予想されます。その中でHTPテストは，家屋，樹木，人物という三つの課題を与えるため，単一課題の描画テストよりもパーソナリティのさまざまな局面に対し，より広範で総合的なアプローチが可能であると考えられています。実際には，たった1枚の絵から，実に多様な情報をうることも可能ですが，いろいろな課題に対する被験者の情報が得られるということは，確かに被験者をより多面的な角度から眺められるという点で有益であると思われます。

　家屋，樹木，人物の描画が，それぞれパーソナリティのどの側面を投影しているかについては，考案者バック（1966）は以下のように述べています。

　(1) 住居としての家屋画には，家庭生活や家庭内の人間関係に関する連想が表現されやすい。(2) 樹木画には，被験者の人生の役割，環境から満足を引き出す能力についての連想を刺激する。(3) 人物画は，特定の，あるいは一般的な人間

関係が投影されやすい。

またハマー(1953)は，人物画は比較的表層の心理 - 社会レベルの適応を示して変化しやすいのに対し，樹木画は基本的なより深い精神内感情と自己態度を示し，再テストなどでも変化しにくいと述べています。そして家屋画は樹木画と人物画の中間に位置するとしています。

高橋(1974)は，それぞれの描画の特徴を以下のようにまとめています。

(1) 家屋画は被験者が成長してきた家庭状況を表し，自分の家庭状況や家族関係をどのように認知し，それに対してどのような感情をもち，どのような態度を有しているかを示すことがもっとも多い。また被験者の精神・性的発達の程度と内容を知ることができ，さらに被験者の自己像と被験者が空想や現実に対してもつ関係なども知ることが可能である。(2) 樹木画は被験者の基本的な自己像を表し，被験者が自分自身の姿として，ほとんど無意識的に感じているものを示している。それはまた，被験者が心の平行状態についてどう感じているかを示し，被験者の精神・性的成熟の程度を表している。(3) 人物画は自己の現実像か自己の理想像を表し，自分にとって意味のある人や，人間一般をどのように認知しているかを表す。

一つの描画には人格のさまざまなレベルの投影がなされますが，一般的には人物画のように，人間に近いもの(あるいは人間そのもの)が描かれる場合は，人格の比較的表層，意識に近いレベルが投影されやすく，人から離れる度合いが高いほど意識とは遠くなります。したがって，より無意識的な，より深層レベルの投影が引き起こされやすいと考えられています。この考え方によれば，HTPテストにおいては，人物画がより意識に近いパーソナリティの局面をとらえられやすいのに対し，樹木画はより無意識的な，基本的な自己像が投影され，また家屋画はその中間に位置すると考えられます。ハマーや高橋の説は，基本的にはこの考えに沿っています。

HTPテストは，描画テストの中では樹木画とともに臨床場面で大いにその有用性が認められ，広く使用されています。またHTPテストのもつ豊かな可能性が着目され，さまざまな変法も開発されています。例えば，家・木・人に加えて，描かれた人物の「反対の性の人」を描かせるHTPPテスト(高橋，1974)，家・木・人を1枚の紙に描かせる統合型HTP法(S-HTP法)(三上，1995)や，同様に家・木・人を1枚の紙に描かせ，さらにそれに何か動きがあるように描かせる動的HTP法(K-HTP法)(Burns, 1987)，あるいはHTPにさらに動物を加えて描かせるHTP-A法(山中康裕による)などです。

15-2 HTPテストの実施法

(1) 用意するもの
B5判の画用紙3枚，HBの鉛筆2～3本，消しゴム。

(2) 検査の手順
　検査は基本的には個別に行います。これは描画への導入，描画中の被験者の様子の観察，描画後の質問などすべてを含めて，初めて有効な情報が得られるからです。しかし，個別テストの手順に準じて集団で行うことも可能です。

　用紙などの準備が整ったら，被験者にこれから描画を行ってもらうことを伝えます。その際，描画が苦手な人，上手・下手にこだわる人などで，テストに対する抵抗感や拒絶感を示す人があるので，絵の上手・下手には関係がないこと，自由に描いてよいことなどを伝えます。例えば「これからあなたに絵を3枚描いてもらいます。これは絵の上手・下手を見るものではありませんから，気楽な気持ちで描いてください。思ったとおりに自由に描いていただければよいのです。ただし，できるだけていねいに描いてください」等の教示を行います。

　次に最初の用紙を横にして渡し，「では，この紙に家を描いてください」と教示します。それぞれの描画について，教示を与えてから描き始めるまでの時間と，描き終わった時間を大まかでよいので記録しておきます。被験者から質問があった場合，例えば「1軒描くのですか？」「まわりも描くのですか？」「紙を縦にしてもいいですか？」など質問された場合は，「あなたが思うように描いてください」と答えてその質問を記録しておきます。この手順は他の描画のときも同様です。

　家屋画が終了したら，次に用紙を今度は縦にして渡し，「今度は木を1本描いてください」と教示します。その後の手順は家屋画と同じです。

　樹木画が終わったら，最後の用紙を縦にして渡し，「今度は人を一人描いてください。顔だけではなく全身を描いてください」と教示します。

(3) 描画後の質問（Post Drawing Interrogation: PDI）
　すべての描画が終了した後，おのおのの絵について質問を行います。この手順は，描かれた絵を解釈する際に，さまざまな情報を提供し，総合的に判断するためにきわめて重要です。また描かれた絵について話し合うことで，被験者とのコミュニケーションがとれるといった利点もあります。何を質問するかについては，考案者のバックは細かに規定しましたが，実際には検査者が指定するより

も，まず被験者に自由に連想してもらい，語ってもらう方がよいようです。しかし人によっては，まったく連想が浮かばない人がいるので，そういう場合は，こちらからある程度の質問を行います。何を質問するかは検査者にまかされますが，例えば以下のような点です。

a．家屋画　どこにある家なのか。まわりはどんな様子か（他の家や風景）。季節や天候。どんな人が住んでいるのか。どんな雰囲気か。思ったように描けたか（ここはこうしたかった，というようなところがあるか）。何かほかに付け加えたいものがあるか。

b．樹木画　何の木か。どこに生えているのか。どのくらいの大きさか。何年ぐらいたっているか，まわりの様子。季節や気候。どのような木か（元気か，枯れているか，など）。

c．人物画　男性か女性か。何歳くらいか。（絵の中で）何をしているのか。どんな職業についているのか。家族や友だちについて。健康か・病気か。この人を好きか・嫌いか。

15-3　HTP テストの解釈

　他の描画法における解釈と同様，HTP テストの解釈も，まず描画を全体的に見たときの直観的印象としての「全体的評価」，描画がどう描かれているかという「形式分析」，描画に何が描かれているかという「内容分析」という3本の柱からなります。

(1) 全体的評価

　描かれた絵を解釈する際にもっとも重要なことは，まず最初に描画を全体として眺め，直観的に感じる印象をとらえることです。絵の細部にとらわれず，全体として眺めたときに感じる素朴な印象，例えば緊迫した感じとか，うら寂しい感じ，エネルギーにあふれた感じなどは，意外に妥当性のあるものです。また，こうした印象は，被験者が意図的に描画を変えようと努めても，比較的変化せず安定しており，被験者の基本的な精神状態をとらえることができます。全体的評価は多分に直観的なものですが，描画の全体的なバランス，描画の大きさ，調和がとれているか，ゆがみがないか，かたいか・柔軟性があるか，統合性があるか，奇妙な印象を与えるか・いないか，などがその手がかりを与えてくれます。

(2) 形式分析

「全体的評価」とも強く関係していますが，描かれた内容に関係なく，描画がどのように描かれているかという点に注目すると，意外に被験者固有の傾向性が明らかになります。例えば，描かれたもののサイズ，位置，形態，描線の性質，筆圧，切断や陰影，省略の有無，パースペクティブ，消しゴムの使い方，過度の強調や歪曲の有無などです。

(3) 内容分析

「全体的評価」および「形式分析」を，H・T・Pそれぞれに行ったのち，家・木・人という違う課題に対して行われた個々の描画について，何が描かれているか，あるいは何が描かれなかったか，という「内容分析」が行われます。このうち，樹木画については，13章のバウム・テストの項と，また人物画については14章の人物画テストの項と重複しますので，ここでは家屋画の解釈についてだけ述べます。

先に述べたように，家屋画には現在の家庭の状況，過去にどういう家庭に育ってきたか，あるいは将来どのような家庭を築きたいと思っているかなど，被験者の家，または家族にまつわるイメージが投影されやすいのです。また家屋が外界から区別された一つの器としてとらえられることから，それは被験者の身体像が投影される，とも考えられています。

家屋画を解釈する場合，注目すべき点は，大きくいえば全体像と，屋根，ドア，壁，窓といった主要部分です。

a. 全体 主題，輪郭，パースペクティブ，距離など。

主題については，一般に個人の住宅が描かれることが多いようです。特殊な家を描く場合は，PDIが必要です。

輪郭は被験者と外界との境界（バウンダリーboundary）を示すことが多いといわれています。弱い筆圧による輪郭はバウンダリーが曖昧であることを示していたり，あるいは被験者が家庭というものに安定感をもちえないことを示しているかもしれません。また，過度の輪郭の強調は，バウンダリーが硬直化していて，可塑性がないことや，家庭の崩壊への防衛とも考えられます。

パースペクティブについては，一般に鳥瞰図は超越的な態度や優越感を，逆に下から見上げるような図は劣等感や押しつぶされそうな感じを表すとされています。

描かれた家が距離的に遠い場合，家庭から遠く離れて，家が親しみのあるものではないといった感情，あるいは拒絶感や引きこもりの傾向を示すことがありま

す．それに対し，近くに描かれた家は，被験者が家庭や家族を身近に感じていたり，被験者自身が他者に対して親しみ深い態度をもつと考えられます．

b．屋　根　屋根は，被験者の精神生活，特にその空想領域を象徴しているといわれています．屋根の全体に対する割合やバランス，屋根がきちんと描かれているか，おざなりであるか，壊れた部分やひび割れた部分があるか，ないか，などを調べます．また屋根に描かれた煙突や煙は，男性の性象徴への関心や，暖炉に象徴される家庭の温かさへの関心を示していることがあります．

c．壁　家屋の壁は，被験者の自我や，バウンダリーの強さを表すと考えられています．一般に壁がしっかりと描かれているときは強い自我をもつと解釈されます．壁の基底線が描かれているか・いないか，輪郭線はどのように描かれているか，何面の壁が描かれているか，一つの面と他の面との結合は適切になされているか，垂直線あるいは水平線の強調，透明な壁などが解釈のポイントとなります．

d．ドア　家の内部と外界との間の直接的交流の場であるドアは，被験者の人間関係への態度を示すと考えられます．ドアが描かれていない家は，被験者が人間関係において閉鎖的であることを想像させます．ドアが描かれている場合も，その描かれ方によって（大きさ，場所，ノブや階段，その他付属物の有無，開閉など），被験者が対人関係に対してどのような態度をとっているかが推測できます．ドアの過度の強調は，その人が対人関係においてなんらかの問題を抱えているサインであるとも考えられます．なお，ドアの解釈は，同じように外界への開口部である窓の描かれ方と併せて見ていく必要があります．例えば，ドアの描かれていない家でも，窓が描かれている場合，積極的な対人関係は苦手であっても，消極的・受動的には対人的交流が可能であることが考えられます．しかし，ドアも窓もまったくない場合は，その人がかなり閉鎖的・内閉的であることを示しています．

e．窓　窓はドアほど直接的ではありませんが，やはり外界へと開かれている部分です．また人間でいえば目の役割を果たしています．そのため，窓はドアよりもより間接的・受動的な対人関係のあり方を示すとされています．窓の欠如はドアの欠如と同様，引きこもりのサインですが，より受動的・間接的な交流さえもとれないという点で，ドアの欠如よりも問題があると考えられます．窓はその数や開閉のされ方，カーテンやブラインドのあり方などによって，ドアよりもより繊細なニュアンスが表現されやすく，被験者の対人関係のあり方についてのより微妙なニュアンスが投影されます．

f．その他の付属物　家はその主要部分だけでなく，その他の付属物が，ど

のように，あるいはどのくらい描かれているかによって印象が変わってきます。例えば，家そのものの付属物としては，煙突と煙，アンテナ，ドアのノブや呼び鈴，郵便受け，階段，カーテンやブラインド，雨樋やひさしなど，家のまわりにあるものとして，塀や垣根，溝，花壇，道，物置，ガレージや自動車などです。これらの付属物がある程度描かれることで，内容の豊かさ，被験者の家への愛着感，親近感などが示されるといえます。また，ある付属品の過度の強調は，そこになんらかの問題が反映されていると考えられ，こうした付属品がどのように描かれているかについても，注意が払われなくてはいけません。

(4) 総合的評価

　家屋画・樹木画・人物画の個々の内容分析が終了したら，最初に行った全体的評価，形式分析と併せて総合的評価をすることが大切です。HTPテストは最初に述べたように，三つの異なった課題を与えることによって，人格の多様な局面を見ることが可能であるといわれています。しかし，そうした3枚の絵から得られる情報をバラバラに記述しただけでは，被験者の人間像をとらえることはできません。3枚の描画に共通して表れている点は，被験者の基本的な傾向を示していると考えられます。これに個々の絵に固有に表れている特徴を合わせることによって，被験者のより全体的で多面的な人間像がとらえられるのです。

　なお，形式分析や内容分析における個々のサインの解釈仮説については，紙数の都合上，詳しく取り上げませんでした。これらについては，すぐれた解説書が多数ありますので(例えば，高橋，1974 など)，そちらを参照してください。

■ 引用文献

Buck, J. N. 1948 The HTP Techniqe-a qualitative and quantitative scoring manual. *J. Clin. Psychol.,* 4, 317-396.（加藤孝正・荻野恒一訳　1982　『HTP診断法』　新曜社.）

Buck, J. N. 1966 *The House-Tree-Person Technique, Revised Manual.* Los Angels Western Psychological Services.

Burns, R. C. 1987 *Kinetic-House-Tree-Person Drawings (K-H-T-P), An Interpretative Mana1.*（伊集院清一 他訳　1997　『動的 H-T-P 描画診断法』　星和書店.）

Hammer, E. F. 1953 The role of the H-T-P in the Progmostic battery. *J. Clin. Psycho.,* 9, 371-374.

三上直子　1995　『S-HTP 法──統合型 HTP 法による臨床的・発達的アプローチ』　誠信書房.

高橋雅春　1974　『描画テスト入門──HTP テスト』　文教書院.

16 章　内田 - クレペリン精神検査

16-1　はじめに

　人が簡単な作業に取り組むときにも人柄が表われるということは，日々体験するところです。検査場面での簡単な作業を通して，取り組み方や反応のパターンを抽出して，人格特性に触れようとするのが作業検査法の心理テストです。本章で取り上げる内田 - クレペリン精神検査もそのひとつです。この検査はドイツの精神医学者クレペリン（Kraepelin, E.）が実施していた連続加算検査にヒントをえて，内田勇三郎が実用的な心理テストに完成したものです。

16-2　内田 - クレペリン精神検査の施行法

(1)　連続加算

　内田 - クレペリン精神検査の検査用紙には一桁の数字が横に何行にもわたって印刷されています。被験者はとなりどうしの数字を加算し，その答えを数字の間に書くことが求められます。答えが二桁になったときには一の位を記入します。この作業を1分ごとの合図に従って行をかえながら 15 分 (15 行) 行ない，5 分の休憩をはさんだのちさらに 15 分 (15 行) の作業を行ないます。この一連の作業を連続加算と呼びます。

(2)　作業曲線

　連続加算の各行の最終到達点を結ぶと，休憩の前後それぞれの作業のプロフィールを示す曲線が得られます。連続加算のときは横並びで行ないますが，作業曲線を得るときは縦に作業量の変化を取ります。これを作業曲線と呼びます。内田 - クレペリン精神検査基礎テキスト（日本・精神技術研究所，1973）には作業曲線の例が多数示されています。図 16-1 はその一例です。内田 - クレペリン精神検査は作業曲線の形，作業量，誤答数などを手がかりに判定を行ないます。

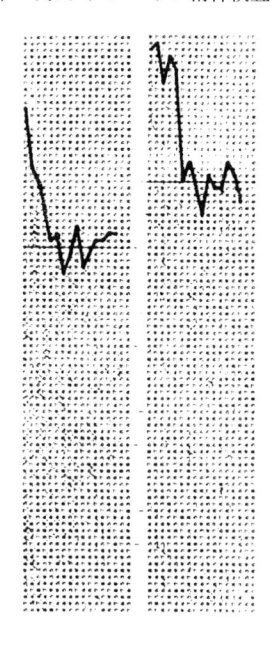

図 16-1　内田-クレペリン精神検査の
　　　　作業曲線(定型曲線)
　　　（日本・精神技術研究所，1974，p 28 より）

16-3　作業曲線の意味するもの

　連続加算を行なう際，次の五因子が働きます。
① **意志緊張**　　作業に気持ちを向けて取り組もうとする態度。作業開始時に顕著に表われます。
② **興奮**　作業に没頭し調子づいた状態。
③ **疲労**　疲労は作業量の低下に表われます。強い緊張のあとに作業量の落ち込みなど疲労がみられることが多いです。
④ **慣れ**　作業に慣れてあまり深く考えることなく連続加算を行なっている状態。興奮はすぐ消えるが慣れは比較的長く持続します。
⑤ **練習効果**　同じ作業を繰り返すことで慣れの現象が続きます。

　精神活動の安定した成人の被験者の作業曲線は概ね次のような特徴をもち，それを**定型曲線**とよびます。先に示した図 16-1 は**定型曲線**の一例です。
① 前期がその骨組みにおいてU字型，もしくはV字型である。後期がその骨組みにおいて右下がりになっている。特に第1行目には他の行と比べて強い意志緊張が表れやすい(初等努力)。

② 前期の作業量に対して，後期の作業量が全体的に増加する。後期の1分目が最高位を示すことが多い（休憩効果）。これには休憩後の疲労回復，慣れ，練習効果などが反映している。
③ 曲線に適度な動揺がみられる。
④ 誤答がほとんどない。
⑤ 作業量が極端に低くない。

　このような定型曲線は作業に対して適当な緊張をもって取り組み，気分のむらなく安定して作業を行ない，慣れ上達もスムーズであり，外界の変化にも脅かされにくい，といった被験者の姿を想定しています。

　内田 - クレペリン精神検査において典型的な定型曲線を示すのは大変まれで，たいていの被験者は多少の動揺を見せます。定型曲線に収まらない特徴がみられたとき，それを非定型の指標としています。非定型の指標には，被験者の次のような特徴が示されています。

① **誤答の多発**　これは精神活動の粗雑さや知的能力の低さなどを反映しています。誤答が散在しているときには，あせりのためペースを乱していることがうかがわれます。

② **大きい落ち込み**　作業中，急に考えがとまったりその場と無関係のことに考えが移ったとき，作業における落ち込みとなります。また，緊張が強すぎて，とっさに答えが思い浮かばなくなったときにも作業量の落ち込みとなって表われます。

③ **大きい突出**　気持ちが高ぶりやすく，抑制を欠いた衝動的な行動が生じやすいことを示唆します。

④ **激しい動揺**　気分や感情が変わりやすく行動にもむらがあることが多いとき，曲線の動揺が大きくなります。小さい波動が多発するときには，内心の緊張が強すぎたり，細かいことを気にかけすぎる傾向が示唆されています。

⑤ **動揺の欠如**　物事に対してよそよそしく深く感情を関わらせない傾向を示唆しています。動揺の欠如が軽い場合には，粘り強い性格や適応に時間がかかることをうかがわせます。

⑥ **後期作業量の下落**　気力が衰えやすいことがうかがわれます。軽度の場合は最初の意志緊張が強すぎて，実際の作業がともなっていない可能性を示唆します。

⑦ **著しい初等努力の不足**　仕事のとりかかりにおいて気重になりやすい傾向があります。臨機応変の行動ができにくかったり，対人関係でも不活発なことが示唆されています。

⑧ **作業量の著しい不足**　知的能力の低さ，あるいは課題に対するやる気のなさがうかがわれます。
⑨ **その他**　作業を途中で放棄する，曲線範囲が大きい，などの指標があります。特に曲線範囲が大きいとき（作業量が経過につれて大きく落ち込んでいく場合），環境の影響を受けやすく，気遣いが多いために疲労しやすい可能性があります。

　こうしてみると内田－クレペリン精神検査の作業曲線には，被験者の緊張，新しい事態の受けとめ方，感情の安定性などが示されています。では次に事例にあたってみましょう。

16-4　事　例

　内田－クレペリン精神検査の判定には熟練を要します。それは非定型の指標を見分けるのみならず，作業曲線を有機的に理解する力が求められているからです。小林(1974)，外岡(1978)などは内田－クレペリン精神検査を用いた興味深い事例研究を報告しています。ここでは小林(1974)の報告を取り上げてみます。

(1)　パーソナリティとの関連

　ここに作業曲線をいくつか示します。いずれも特に適応に困難を見せている事例ではありませんが，特徴の明確な例を紹介します。

■ **事例1**（高校3年生，女子，A子）

　A子は自分の性格を「内気で感情にもろく，小さいことが気にかかる。人前でものがいえない」と述べています。いろいろなことにこまやかに気遣いする生徒

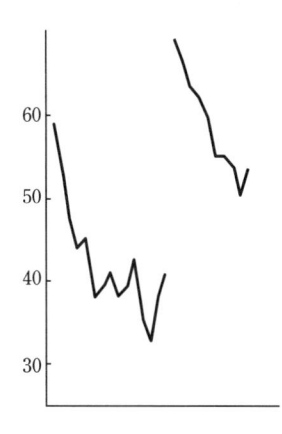

図 16-2　A子の作業曲線
　　　　（小林，1974，p 44より）

です。A子の作業曲線が図 16-2 です。

　この作業曲線は最初は作業量が突出していますが，下降傾向が比較的大きいのが特徴です。これは対人関係，作業などには慎重，緻密に取り組むが気遣いが多すぎるために控えめになっている性格を示しています。作業曲線の下降に気遣いのために意志が長続きしにくく疲れやすいことが示されています。

■ **事例2**（大学生，女子，B子）

　B子はあっさりした物事にこだわらない性格です。考えるより先に実行し，決断が速いのですが，多少なげやりなところもあり，意志が長続きしない一面もあります。喜怒哀楽も激しく，あまり飾らずに表現します。B子の作業曲線が図 16-3 です。1分目の作業量は大きく，あとは振幅しながら大きく下降しています。

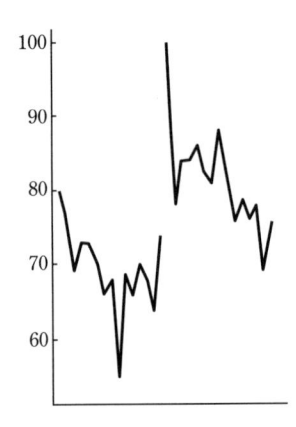

図 16-3　B子の作業曲線
（小林，1974，p 62 より）

　これは何事にも取りつきが早く考えるより先に実行する人に多い作業曲線で，最初は作業量が突出しています。ただ最後まで粘り強くなしとげたり，深く考えたりする面に欠けており，そのことが作業量の下降や振幅に反映されています。振幅には直情的で抑制のきかない面がうかがわれます。

■ **事例3**（大学生，男子，C夫）

　C夫は忍耐強い努力家ですが，無口で要領の悪く柔軟性に乏しい面があります。C夫の作業曲線が図 16-4 です。1分目特に休憩後の初等努力がでにくく，そのあといったん作業量は増えますが，徐々に下降してゆきます。

　これは何事にもとりつきが遅く，仕事も速くはないですが，確実に粘り強く成し遂げる人柄に多い作業曲線です。あるいは遅れて作業にのってくるタイプと

いってよいでしょう。作業量は極端に下降せず，ある一定を保とうとしていることがうかがわれます。生真面目で融通のきかない性格ですが，人情に厚く信念を通す一面もあります。

■ 事例4（大学生，女子，D子）

D子は孤独を好む大学生です。自分の存在について深く考えています。D子の安らぎの場所は自然にあります。D子の作業曲線が図 16-5 です。初等努力がでにくいこと，くさび形の深い陥没があることが特徴です。

作業の経過にみられる深い陥没から目の前の作業から思考が離れている様子がうかがわれます。それは気乗りしていないといったものではなく，そこにスイッチが入っていないというのがふさわしいでしょう。これは分裂気質の人に多くみられる作業曲線です。分裂気質の独特の特徴は，くさび形の陥没や激しい振幅などの形で表われます。

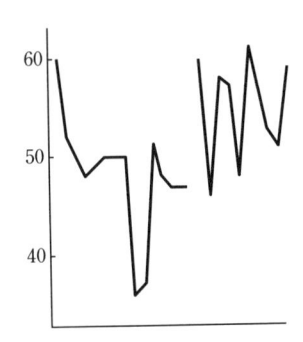

図 16-5　D子の作業曲線
（小林，1974，p 79 より）

(2) ストレスと曲線の変化

作業曲線は状況によって変わります。このことに関して，小林は興味深い実験を報告しています。次の事例は，子どもたちに計算のトレーニングというストレスをかけることが作業曲線に影響を及ぼしている様子を示しています。

■ 事例5

　これはある小学校の5年生21人のクラスで毎朝10分ずつの珠算練習を課し，それが教科や行動面にどのような影響を及ぼすのか調べたものです。この珠算課題は早くたくさんのことをこなし，競争心を奮い立たせるモデルとして，行なわれました。珠算練習課題が始まる前，練習開始後3か月経過したとき，練習をやめて1か月経過したときの3回の作業曲線を得て，検討したものです。

　この3回につき21人の作業曲線の平均を得たものが図16-6です。①は課題開始前，②は課題開始3か月後，③は課題終了1か月後の作業曲線です。課題開始前は右下がりの定型に近い作業曲線が，課題開始後，作業量の増加とともに

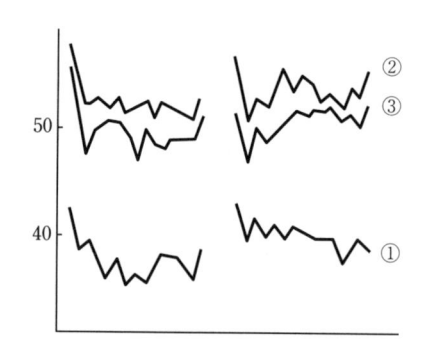

図16-6　珠算練習課題による作業曲線の変化（1クラス21人の平均）
（小林，1974，p6より）
①は課題施行前，②は課題開始三か月後，③は課題終了1か月後

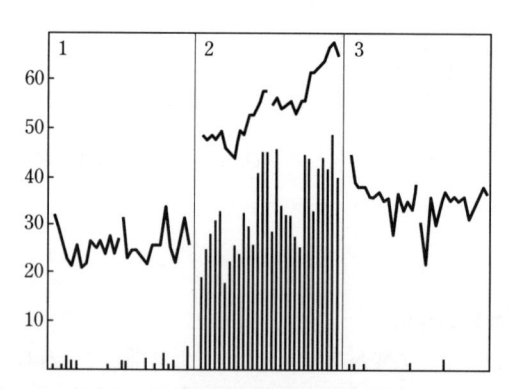

図16-7　珠算練習課題による作業曲線の変化（個人例）（小林，1974，p5より）
①は課題施行前，②は課題開始三か月後，③は課題終了1か月後

上昇傾向を示していることがわかります。これは興奮が強くなっている状態です。誤答率をみてみると，課題開始前1.04％，課題開始3か月後2.61％，課題終了1か月後1.04％，と②の作業曲線の時に増加しています。

個別の事例でみたのが図16-7です。誤答数は縦棒線で示されています。珠算課題継続中は作業曲線が上昇傾向にありますが，誤答が大幅に増加しています。課題終了後は，課題前の作業曲線に戻っています。この子どもは珠算練習課題をしている間，他の科目の成績も落ち，落ち着きがなくなりました。

この事例はせかされることによって生じた興奮が子どもたちの本来のペースを乱している様子を示しています。

16-5 内田-クレペリン精神検査の効用

以上の事例をみますと，内田-クレペリン精神検査の作業曲線には被験者の気質や構えや意志の持続性や感情の安定性が示されます。また与えられた課題にどのような方略で対応するのかが作業曲線から見て取れます。事例2は熱しやすくさめやすい様子，事例3は取り掛かりにくいが粘り強い様子が作業曲線に示され，二人の被験者の課題に対する関わり方が対照的です。

また作業曲線には緊張状態において，被験者がそれをどのように受けとめて心的平衡を保とうとしているのかが示されます。例えば事例1では連続加算が大きな負担となったために意志緊張が持続しない様子が表われています。事例5では興奮が高まり，多少万能感が強くなった状態です。一時的に積極性がみられることがあっても本来の被験者の力と離れていることを示唆しています。ここでもう一度定型曲線をみると，初等努力が出現し，多少振幅しながらも作業量が徐々に落ちていく様子が示されています。課題の遂行に際して，不安等におびやかされることなく関わることができるとき，人は適度な緊張と弛緩をうまく使い分けることができるのでしょう。

内田-クレペリン精神検査の作業曲線は，人それぞれにもっている精神のテンポ，作業に向けての持続可能なエネルギーの量，その持続の仕方を視覚的に示します。作業曲線は精神の運動の形跡だといえるでしょう。内田-クレペリン精神検査は課題が明確で作業曲線という決まったものが得られるため集団で実施することも可能で採用試験や更正などの場で用いられることが多いですが，そのようなスクリーニングの働きのみならず，被験者を映しだす鏡として被験者(クライエント)と実験者(治療者)がともにながめることも可能です。

内田-クレペリン精神検査は被験者の精神の姿勢が外的に示されたものであ

り，投影法で扱われるような無意識にある欲求や不安には触れにくいと思われます。また一連の描画法は一本の線が描かれるときにも象徴的な意味を帯びますが，その点では作業曲線が示すものには限界があります。このように内田－クレペリン精神検査は無意識の深層に触れるという点ではその効用が限られています。しかし，一本の線の変化に，その人が課題をどのように受けとめ，また返しているのかが，比較的正直に表われること，それが内田－クレペリン精神検査のもっとも興味深いところでしょう。

■引用文献

小林晃夫　1974　『曲線型の話──人間育成の道しるべ──』　東京心理技術研究会.
日本・精神技術研究所編　1973　『内田クレペリン精神検査・基礎テキスト』　日本・精神技術研究所.
外岡豊彦　1978　『内田クレペリン曲線　臨床詳解』　清水弘文堂.

17章　言語連想テスト

17-1　はじめに

　言語連想テスト(Word Association Test：WAT)とは，刺激語に対する連想を分析，解釈することで，被検者の心理状況，パーソナリティ傾向を明らかにする人格診断法です。広義には投影法に分類されていますが，ロールシャッハ・テストに比べると，被検者が日常的に経験している世界が，反応語としてそのまま表現されやすいという特徴があります。このため言語連想テストは，実際的な問題とその背景力動をはっきりさせるために，たいへん有益な手法となります。

　人格診断のための連想テストとしては，Kent-Rosanoff法(1910)，Rapaport法(1946)なども知られていますが，本章では言語連想テストの創始者ともいえるユング(Jung, C.G.)の手法を取り上げ，詳述してみたいと思います。

17-2　言語連想テストの歴史

　ユングによる体系的な研究以前にも，さまざまな学派による実験的な連想研究がなされていました。「連想(association)」というのは，ある観念がきっかけとなって別の諸観念が生じる心の働きです。この現象は，すでに古代ギリシャ時代より注目されていましたが，言語連想に初めて科学的な興味を示したのは，進化論で有名なダーウィンのいとこに当たる英国人ガルトン(Galton, S.F.)でした。彼は，75個の単語表を用意し，1か月間隔で4か月にわたり自ら連想実験を繰り返し，刺激語と連想語の間に，どのような関係があるのかを見い出そうとしました(Galton, 1879)。

　エービングハウス(Ebbinghaus, H.)は1885年，意味のない言葉を用いた実験を行い，意味のある単語の方が意味のない単語よりも記憶に留まりやすいことを発見しました。ブント(Wundt, W.)とクレペリン(Kraepelin, E.)は，連想実験を精神科研究に用い，診断の役に立てようと考えました。クレペリンの弟子に当たるアシャッフェンブルグ(Aschaffenburg, G.)は，躁病患者に言語連想実験を

行い，注意力が減弱すると反応が平板となり，表面的なものとなること(例えば，友好 —— 友好的な)を見い出しました。

ツィーエン(Ziehen, G.T.)は，反応時間の長い反応には，しばしば強い情動が伴っていると報告しました。マヤー(Mayer, A.)とオルト(Orth, J.)は，情動によって負荷された意識内容は，刺激語と反応語の間に入り込みやすいことを見い出したのです。こうした知見から，情動を伴った意識内容の重要性が認められるようになっていきました。

その頃ユングは，チューリッヒのブルグヘルツリ病院で，ブロイラー(Bleuler, E.)のもとに連想研究を始めました。数人の被検者を対象としたそれまでの心理実験に対して，ユングは数十人におよぶ被検者から数万個の連想を集め，その分析過程を通して言語連想テストを確立していったのです(Jung & Riklin, 1904)。ユングの卓見は，言語連想テストの「失敗」，つまり障害された反応に着目したところにありました。ここでの「失敗」とは，遅延した反応時間，刺激語の誤解，刺激語の復唱，反応できない，言い間違い，どもりなどの形で現れた障害された反応のことです。外側から注意を妨害するような要因が少しもないにも関わらず，これらの失敗が生じてくることから，注意はいわば「内側から」障害されているに違いないと，ユングは推論しました。

当時のクレペリン学派は，「失敗」はすべて外的な妨害要因で起こると考えていたので，ユングの推論には大きな意味がありました。もし注意が内側より障害されるとするならば，無意識の中に存在する情動的に負荷された心的内容，すなわち「コンプレックス」が連想過程を妨害したに違いないとの結論に達したのです。つまり，言語連想テストを行うことで，コンプレックスがどのように作用しているのかが明らかにされるのです。

ユングの行った言語連想テストの成果は，1904年に発表されましたが，同年フロイト(Freud, S.)は『日常生活の精神病理』を単行本として出版し，言い間違い，もの忘れ，紛失，やり損ないなどの日常生活上の失敗を取り上げ，その背後に常に抑圧された考えがあることを主張しました。フロイトの主張する「抑圧」をユングの連想テストが実験的に証明したことで，これより無意識の解明が一挙に進んでゆくこととなったのです。

17-3 言語連想テストの理論的背景：コンプレックス理論

連想テストにおいて「失敗」が起こってくるのは，意識的な意図を妨害する無意識の傾向が作用するからです。この無意識の傾向をユングは「コンプレッス

ス」と呼びました。ここでは，言語連想テストの理論的背景をなすコンプレックス理論について整理しておきたいと思います。

　私たちはコンプレックスを実際の体験として経験します。特定の状況，出会い，映像，音楽，においなどによって，それまでの人生の中で重要な意味をもつ出来事や心を揺さぶるような状況が思い起こされてきます。同時に，現在の状況にそぐわない情動が湧き上がってくるのを感じます。コンプレックスが布置されたのです。さまざまな強度の恐れ，怒り，寂しさ，喜び，切望が身体の反応を伴って，主観的に経験されます。立ち居振る舞い，思考，行動がステレオタイプとなり，説明できないような硬直した防衛反応や現状から掛け離れた行動パターンを示してしまうのです。意志の力はずいぶん弱まり，自分が望まないような反応を起こします。自我のコントロールを超えて，いつもなぜかこうなってしまうのです。これが，誰にも身に覚えのあるコンプレックス体験です。

　コンプレックスとは，核とその核に連想的に連らなった心的内容群から構成される複合体です。核は，生きてゆく上で必要不可欠の出来事を反映しており，ユング心理学での「元型」に由来します。核と心的内容群は，同一の情動で結びつけられています (Jacobi, 1957)。

　コンプレックスは，周囲や無意識からの情報に影響を及ぼす情動的なセンターであって，知覚過程や興味関心の持ち方に一定の方向づけをします。例えば，ポジティブな母親コンプレックスをもつ人は，信頼をもって世界を経験するのに対し，ネガティブな母親コンプレックスは，人生への不信を生み出します。自分のコンプレックスに気づかない場合，しばしばコンプレックスは外界に投影され，周囲の人の属性として現われてきます。

　コンプレックスはまた，行動に影響を与えます。コンプレックスの語源であるラテン語の"Complexus"とは，「含む」，「包みこむ」，「制限する」という意味です。コンプレックスは私たちをおりに閉じ込め，身動きがとれないようにしてしまうのです。強力なコンプレックスには，残忍ともいえる力が備わっていて，ひと度そのコンプレックスに落ち込むと，自動的に，あたかもプログラムが作動するかのように，爆発的になったり，不適応を起こしたり，「凍りついた」ような反応を示してしまいます。このように，なにかと問題を引き起こしてくるものではありますが，コンプレックスには秩序を与える作用もあるのです。コンプレックスはいつも「精神生活のかなえ」であり，コンプレックスのもつ意味と情報に背く出来事は妨害し，意向に沿うような現実の知覚と興味を組織することで，その人なりの人柄を形成するのです (Jung, 1931)。

　言語連想テストは，刺激語によってコンプレックス現象を誘発します。そこに

発生してくる障害を分析することで，被検者の現時点での諸問題，問題相互の関連性，そこから生じてくる行動パターン，さらには変化の可能性を知ろうとするのです。また，必ずコンプレックスのない領域を見つけることができるので，そこを治療的関わりの出発点とすることも可能となります。

17-4　言語連想テストの実際

　言語連想テストを試行する際の目的設定，実施法，記録の取り方を具体的に説明します。

(1) テストの目的

　テストを行う際には，「何のために」かを明確にしておく必要があります。人格診断テストの一つとして，言語連想テストを単独で施行することは可能です。しかし，テストのみを行うよりは，臨床の一部として用いられることが多くあります。この場合，次の三つのうちのどれかが主たる目的となりやすいようです。

　a．治療初期に，状態診断をつけるため　　連想テストを行うことによって，治療のかなり早い段階で，問題の全体像をつかむことができます。症状が身体的に表現される心身症，思春期以前の子どもたち，そしてその親たちのように，「問題自体」にまったく気づいていない人々には，とりわけこの状態診断が有効です。テストによって「家族コンプレックス」が明らかとなり，実り豊かなカウンセリング・セッションをもつことができます。同様のことは，夫婦カウンセリングにも当てはまり，連想テストによって葛藤領域が明示されます。

　b．心理療法の進行度を知るため　　言語連想テストによって，当初の問題がどのように変化したか，あるいはしていないのか，それまでの治療で何が起こったのかを知ることができます。これは治療者にとっても，クライエントにとっても，重要なことです。初回に100個の刺激語によるテストを行い，2回目は50個の刺激語を使ってもよいでしょう。

　c．無意識を活性化させるため　　治療の場に提供される無意識の素材があまりにも少ない場合，言語連想テストによって無意識のプロセスに被検者の注意を向けることができます。テストを実施すると，重要な夢をみることがあります。

(2) 言語連想テストの準備

　連想テストを行うに当たっては，まずラポールをつけておくことが必要です。ある程度の信頼関係ができていない段階で，テストを行うことは好ましくありません。テストということで学生時代への退行を誘発し，過度の緊張による混乱を

引き起こす可能性があるからです。リラックスした雰囲気をかもし出すことによって，この退行を回避できます。テストを行うには，静かな部屋がよいでしょう。検査者と被検者は，向かい合って座ります。テストの所要時間は，1時間から2時間です。

　検査者は，あらかじめ100個の刺激語リスト，記録のための用紙と鉛筆，ストップウォッチを用意しておきます。表17-1にチューリッヒ・ユング研究所で使われている標準的な刺激語リストの日本語訳を挙げておきます（河合，1967）。

　言語連想テストのことは，ある種の「注意持続力テスト」（決して知能テストではありません）を行うと説明します。そして，次のように教示します。「これから100個の単語を順に読み上げます。一つ一つの言葉について，まず思いついたことをできるだけ早く答えてください。なるべく，一つの単語で答えてください。私は，答えるのにかかった時間を測ります。大切なのは，いちばん最初に心

表17-1　言語連想テストの刺激語リスト

1. 頭	26. 青い	51. 蛙	76. 洗う
2. 緑	27. ランプ	52. 別れる	77. 牛
3. 水	28. 犯す	53. 空腹	78. 妙な
4. 歌う	29. パン	54. 白い	79. 幸運
5. 死	30. 金持ち	55. 子ども	80. うそ
6. 長い	31. 木	56. 注意する	81. 礼儀
7. 船	32. 刺す	57. 鉛筆	82. 狭い
8. 支払う	33. 同情	58. 悲しい	83. 兄弟
9. 窓	34. 黄色い	59. あんず	84. 怖がる
10. 親切な	35. 山	60. 結婚する	85. 鶴
11. 机	36. 死ぬ	61. 家	86. 間違い
12. 尋ねる	37. 塩	62. 可愛い	87. 心配
13. 村	38. 新しい	63. ガラス	88. キス
14. 冷たい	39. くせ	64. 争う	89. 花嫁
15. 茎	40. 祈る	65. 毛皮	90. 清潔な
16. 踊る	41. 金	66. 大きい	91. 戸
17. 海	42. 馬鹿な	67. かぶら	92. 選ぶ
18. 病気	43. ノート	68. 塗る	93. 干し草
19. 誇り	44. 軽蔑する	69. 部分	94. 嬉しい
20. 炊く	45. 指	70. 古い	95. あざける
21. インキ	46. 高価な	71. 花	96. 眠る
22. 怒り	47. 鳥	72. 打つ	97. 月
23. 針	48. 落ちる	73. 箱	98. きれいな
24. 泳ぐ	49. 本	74. 荒い	99. 女
25. 旅行	50. 不正な	75. 家族	100. 侮辱

に浮かんだことを答えてくれることです。」

　被検者がこの教示をよく理解したかどうかを確かめる必要があります。刺激性の少ない単語を使って，軽く練習した方がよいでしょう。子どもや不安の強い人には，特に練習が必要です。比較的安全な刺激語としては，「木」，「森」，「走る」などを用います。実際にテストを始めてみて，被検者が2語以上の言葉を連ねた反応を繰り返す場合は，「一つの単語で」答えるよう，再度教示を伝えます。それでも被検者が同様の反応を続けるならば，そのままにさせ，それらの反応をコンプレックス現象とみなします。

(3) 言語連想テストの実施

a．初回検査　　検査者は，はっきりと刺激語を読み上げ，反応時間を測定します。刺激語の最後の母音を発声した時点でストップウォッチを押して，時間の測定を開始します。被検者が，反応語の最初の母音を発声した時点で，ストップウオッチを止めます。

　　　　頭　　　あたま　　──── 開始
　　　　良い　　よい　　　──── 終了

　検査者は，反応語と反応時間(0.1秒単位)をテスト用紙に記録します。30秒たっても反応がない場合は，反応失敗とみなし，(−)と記録します。

　テスト実施中，検査者は被検者をそれとなく観察します。被検者に「監視されている」と感じさせてはいけません。観察する項目は，刺激語の復唱，刺激語の無理解あるいは誤解，しかめ面，手，足あるいは身体の動作，笑い，泣き，言い間違い，叫び，つば飲み込み，などであり，それぞれ略語で記録します。

b．2回目の検査（再生テスト）　　初回の100語による検査が終わってから，15分間程度の休息をとり，その後2回目の再生テストを行います。

　再生テストには，次のような教示を与えます。「あなたがいった言葉を覚えているかどうかを確認するために，テストをもう1度行います。1回目のテストであなたがいったとおりの言葉を思い出して答えてください。今回は時間を測りません。もし，1回目のテストで言った言葉を思い出せない場合は，「思い出せません」といってください。また，1回目の答えかどうかはわからなくても，何かを思いついたなら，その言葉をいってください。」

　再生テストの記録は，次のようにとります。

　　　　1回目と同じ反応語　　──── ＋
　　　　思い出せない　　　　　──── −
　　　　新しい反応語　　　　　──── 反応語を記入

初回検査と再生テストの記録例を挙げておきます。

刺激語	反応語	反応時間（秒）	再生
1. 頭	いい	1.2	＋
2. 緑	さわやか	2.0	草
3. 水	きれい	1.4	＋
4. 歌う	楽しい	1.8	－

c. コンテクストの記録 　初回と2回目のテストがすべて終わってから，被検者が検査中に感じた体験，感情，不安などを話してもらいます。多くの被検者は，検査中に気づいたことを言語化する必要があり，しばしば説明したがります。一語で答えることが難しかった人は，特にそうです。

被検者が落ち着きを取り戻してから，反応障害を示した刺激語についてのコンテクストを聞きます。それらの刺激語がどのような情緒的関連をもつのか，どのような連想を形成しているのかを被検者に語ってもらうわけです。コンテクストを聞く際に用いるのは連想法であり，次のような質問をします。

・「この言葉を聞くと，どのようなことが思い浮かんできますか？」
・「この言葉に反応したとき動揺したようですが，どうしてか思いつくことはありませんか？」

連想は連想を呼んで，どんどん広がってゆくでしょうが，なるべく連想障害を引き起こした刺激語に戻り，その刺激語に関する連想を聞いてゆきます。コンテクストを聞く際，反応がひどく障害された刺激語から質問を始めるのは避けた方がよいでしょう。被検者がたいへん情動的に揺り動かされているときには，コンプレックスを刺激しない刺激語についてのコンテクストを尋ねる工夫も必要です。

コンテクストをとるとき，検査者は質問をしながら被検者の連想をうながします。刺激語から遠く離れたり，堂々めぐりになったときには，次のコンテクストに移ります。中にはコンテクストを話したがらない被検者もいます。そうした防衛は，必要があってのことも多いので，無理強いはせず，被検者の抵抗を尊重したいと思います。

17-5 　結果の分析とその意義

(1) コンプレックス指標

検査中に起こったコンプレックス現象のうち，次のものをコンプレックス指標として取り上げます。

a. 遅延した反応時間(Prolonged Reaction Time：PRT)　まず，前半の50個の反応と後半50個の反応に要した時間の中央値を別々に調べ，次に全体の中央値を決定します。反応時間を順に並べ，25番目と26番目の平均値(1～50語)，75番目と76番目の平均値(51～100語)，そして50番目と51番目の平均値(1～100語)を，それぞれの中央値とします。

全体の中央値(50番目と51番目の平均値)よりも長い反応時間を遅延しているとみなし，コンプレックス指標に数えます。逆に，極端に短い反応時間も防衛反応であり，症候の一つとみなします。

前半と後半の中央値の相違は，次に示す例のように考えることができます。

1～50語	51～100語	
1.9秒	2.0秒	もっともよくあるパターン。通常の疲れを示している。
1.9秒	3.0秒	コンプレックスが刺激されて心がかき乱され，ひどく疲れたことを示す。被検者のストレス耐性は低い，と判断できる。
2.6秒	2.0秒	内向的，抑制的あるいは抑うつ的な人で起こりやすい。被検者は，検査を受けながら徐々に慣れ，調子が出てきている。

b. 反応失敗　30秒以内に反応がなければ，失敗とみなします。

c. 再生失敗あるいは違った再生　再生テストで，初回の反応語を思い出せなかったり，初回と異なった反応語を述べた場合。

d. 刺激語の復唱，誤解あるいは理解できないこと　検査者が刺激語を明瞭に発声したかどうかを確認する必要があります。

e. 笑い，手ぶり，動作　どのような種類の動きもコンプレックスを示す。

f. どもり，言い間違い，感嘆語

g. 類音反応，リズムをつけた反応，引用　類音反応とは，言葉の「意味」ではなく「音」に関連した反応をいいます。注意力が減弱すると起こりやすくなります。例：バナナ——ハバナ，狭い——せまる。

h. 刺激語とまったく関連のない反応語　刺激語に対する反応語が思い浮かばないと，被検者は部屋の中の家具などたまたま目に入ったものを答えることがあります。関連性が疑わしい場合は，コンテクストを聞く段階で確認します。

i. 複数の言葉やセンテンスでの反応

j. 新語，造語

k. ステレオタイプ　初回検査の反応語と再生テスト中の初回とは異なった反応語を合わせた反応語全体のうち，同じ言葉を用いた反応が3回以上あった場合，ステレオタイプとみなします。

17 章　言語連想テスト

(2) コンプレックス指標の数

　刺激語ごとに，上記 a から k のうち，どのコンプレックス指標が現れているかを調べます。そして，各刺激語に対して，何個のコンプレックス指標が付随しているかを数えます（最多で a から k まですべての 11 個）。コンプレックス指標数が多いほど，強いコンプレックス反応が引き起こされたと考えられます。

　コンプレックス指標数は，テストの時点でどのようなコンプレックスが強く布置されているかを示しています。検査者が慣れてくると，テストの最中からコンプレックス指標数の多い刺激語に気づくので，その刺激語についてのコンテクストを注意深く聞くことができます。

(3) 形式分析

　反応の形式的な側面を次のように分析します。
- 反応時間：前半の 50 語と後半の 50 語の反応時間を比べ，どちらがどの程度長くなっているかを調べます。分析方法については，上記コンプレックス指標の項を参照してください。
- どのような種類のコンプレックス指標がいちばん多いか？
- コンプレックス指標を示した後の回復はどうか？
- 連想の種類はどうか？事実反応か自己中心的反応か？（次の項を参照）

(4) 反応タイプ

　形式分析の結果から，次の三つのタイプに分類できます。

a. 事実反応タイプ　　刺激語が伝える意味や，感覚に対応した連想である場合，事実反応と呼びます。例えば，机——勉強，暑い——夏。コントラスト反応も事実反応に入れます。例：山——川，大きい——小さい。

　事実反応を数多く示す被検者は，人生に対して実際的なスタンスをとろうと努めており，その結果しばしばうまく適応しています。その反面，世界の中で実際的な視点に合わないものごとは，すべて抑圧しているともいえます。したがって，事実反応タイプの人に対しては，事実反応以外の反応を取り上げ，それらの意味を探ってゆくことが大切です。

b. コンプレックス布置タイプ　　テストの間中，コンプレックスが被検者に影響を与え続けるタイプです。反応語の多くは，特定の強いコンプレックスに従って形成されます。コンプレックスに関連して，多数の自己中心的な反応が示される場合も珍しくありません。被検者の個人的な経験から語られる反応を自己中心的な反応と呼びます。例えば，金持ち——うらやましい，くせ——ありません！

この場合，優勢なコンプレックスが発動していない領域を見きわめることが大切です。

　c. 叙述タイプ　叙述的で価値判断を下すような反応を繰り返し示す人々を叙述タイプと呼びます。例えば，水――きれい，歌う――楽しい，病気――辛い，争う――よくない。

　このタイプの反応は，個人的関与を示してはいるものの，評価の陰に隠れようとしているのです。このタイプの被検者に対しては，どのような評価が繰り返し（しばしばステレオタイプに）現れてくるかを調べます。また，独特の価値評価によって，どのような意味領域が表されているのかを問うていく必要があります。

　ここで，形式分析と反応タイプをまとめたプロトコールの分析結果例を示しておきます。

・反応時間：前半（1～50語）の中央値は 2.2 秒，後半（51～100 語）の中央値は 2.4 秒で，全体の中央値は 2.3 秒。前半と後半の中央値を比較すると，後半の中央値がやや高く，通常の疲労を示しています。
・コンプレックス指標：感嘆語，刺激語の復唱，身振りが多いです。「美しい」，「必要だ」，「幸せ」，「悪い」の 4 語が反応語全体で 3 回以上使われ，ステレオタイプを示しました。
・コンプレックス現象後の回復：かなり遅く，引き続く数語に影響が及んでいます。
・反応タイプ：たいへん自己中心的で，実に 31 個の刺激語に対して評価・判断的な反応を示しています。叙述タイプです。

17-6　言語連想テストの解釈

(1)　仮説的解釈

　プロトコールの評価（形式分析，反応タイプ）と障害を強く受けた刺激語から，問題のある領域が明らかとなってきます。解釈を行う際，検査者の主観がある程度入り込むのは避けがたいことです。いくつかの言葉が検査者自身のコンプレックスを刺激するからです。それゆえ，まず仮説的な解釈を行い，次にコンテクストによってその仮説を検証する必要があります。

　仮説的解釈をすることで，検査者はテスト結果に一歩踏みこむことができ，コンテクストをより敏感に理解することができます。仮説的な解釈としては，コンプレックス指標が多い刺激語を選び，それらの相互関係を線や矢印で結ぶことでシェーマを形成します。例として，27 歳の既婚女性が受けた言語連想テストの

17 章　言語連想テスト　　　　　　　　　　　　　　　　　　　　　　　　285

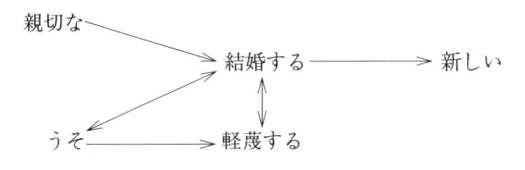

```
        親切な
            ↘
              結婚する ─────→ 新しい
            ↗    ↕
うそ ─────→ 軽蔑する
```

図 17-1　仮説的解釈のためのシェーマ図の一例

うち，コンプレックス指標を 4 個以上示した刺激語を取り上げ，図 17-1 のようにシェーマ化してみます。

　シェーマ図 17-1 からただちに，「この女性は親切にされて結婚したものの，結婚生活の中にうそや軽蔑があること。新しいスタイルの結婚生活を望んでいること」が推測できます。

(2)　コンテクストの解釈

　コンテクストの解釈に当たって，一方では反応障害を起こした刺激語に関連する問題領域を記述しようと試みますが，他方では被検者がそれらの問題をどのように取り扱っているかも考察します。解釈とは，決定的な結論に達することではありません。他の見方の可能性を考慮しながら進む必要があります。

　いくつかのコンテクストで触発されている情動やステレオタイプ的な行動パターンを見い出すことが重要です。被検者がたいへん個人的な話から始めたのに，やがて事実一点ばりの言明に逃げ込む場合は，そのパターンを取り上げる必要があります。このような行動パターンが，テストの場面以外にも現れているかもしれないからです。

　コンテクストを分析していくと，いくつかのコンプレックスが相互につながり，影響し合っているのがわかってきます。そのリンクをたどってゆくと，問題の焦点，つまり実際に葛藤を起こしている領域を見つけることができます。コンテクストを分析する目的は，コンプレックス間のダイナミックス，相互的な効果そして行動への影響を明らかにするところにあります。

　紙面の都合上，コンテクスト解釈の具体例は省略しますが，コンテクストにはかなり深い心的領域が現れてくるので，テストの数日後に，コンテクストについて被検者と話し合うこともできます。治療の一環としてテストを行っている場合は，ぜひともそうすべきであって，たいへん重要な話し合いをするよい機会となるでしょう。

17-7 まとめ

　臨床領域で言語連想テストを用いる利点は，一方では診断的手法でありながら，他方でたいへん治療的な効果をもつところにあります。コンテクストに触れながら被検者と個人的な内容の話をすることで，治療プロセスの進展が期待できます。

　連想テストでは，どれか一つの特質が際だって重要というわけではありません。ポイントは，いくつかのコンプレックスが相互にからみ合って被検者の内的世界を構成しているようすが記述され，理解されるところにあります。テストによって，少なくとも重要なコンプレックスをもらすことなく検出できます。

　言語連想テストを実施するとわかることですが，しばしば母親コンプレックスや父親コンプレックスが現れてきます。実のところ，重要なのはコンプレックスの名前ではなくて，その性質とダイナミックスにあります。コンプレックスの典型的な側面を見い出すのはそうむずかしいことではありません。むしろ，被検者その人に固有なコンプレックス特性や相互依存的関連こそが，テストを通して知りたいところなのです。そのためには，検査者が何度もテストを行い，妥当な解釈を行うトレーニングを受けることが，何よりも必要とされます。

　最後に，これまで具体的に紹介されることのあまり多くなかった言語連想テストですが，今後は臨床の各分野で活用されることを期待します。

■ 参考文献

Kast, V.　1980　*Das Assoziationsexperiment in der therapeutischen Praxis.* Bonz Verlag.
　豊富な臨床例を含む現代的な参考書。個々に引用はしなかったが，本章も Kast の考えによるところが多い。謝して記しておく。

■ 引用文献

Galton F.　1879　Psychometric Experiments. *Brain* **2**, 149-162.
Jacobi, J.　1957　*Komplex, Archetype, Symbol in der Psychologie C. G. Jung.* Rascher Verlag. (*Complex, archetype, symbol.* Translated by Manheim R. 1959 Princeton University Press.)
Jung, C.G. & Riklin F.　1904　Experimentelle Untersuchungen über Assoziationen Gesunder. *Journal für Psychologie und Neurologie* III, 55-83, 145-164, 193-215, 283-308, VI. 24-67.（高尾浩幸 訳　1993　『診断学的連想研究』　人文書院.）
Jung, C.G.　1931　*Psychologishe Typologie. (Psychological Types.* Translated by Hull R.F.C. 1971　Princeton University Press.)
河合隼雄　1967　『ユング心理学入門』　培風館.
Kent, G.H. & Rosanoff, A.J.　1910　A study of association in insanity. *American Journal of Insanity,* **67**, 37-96, 317-390.
Rapaport, D., Gill, M. & Schafer, R.　1946　*Diagnostic psychological testing: The theory, statistical evaluation, and diagnostic application of a battery of tests.* Year Book Publishers.

索　引

■人名索引

石川　元　256
ウェクスラー(Wechsler, D.)　194
内田勇三郎　266
小此木啓吾　31,69
ガルトン(Galton, S.F.)　275
ギルフォード(Guilford, J.P.)　189
グッドイナフ(Goodenough, F.L.)　249
クレッチマー(Kretschmer, E.)　190
クレペリン(Kraepelin, E.)　266
コッホ(Koch, K.)　240
コピッツ(Koppitz, E.M.)　250
サリバン(Sullivan, H.S.)　70

ジェンドリン(Gendlin, E.T.)　8
シフニオス(Sifneos, P.)　44
シモン(Simon, Th.)　202
鈴木治太郎　206
スピッツア(Spitzer, R.L.)　22
ターマン(Terman, L.M.)　204,211
辻岡美延　189
ドイチェ(Deutsch, F.)　36
ドルト(Dolto, F.)　10
ハサウェイ(Hathaway, S.R.)　177
バック(Buck, J.N.)　240,250
ハマー(Hammer, E.)　256
バリント(Balint, M.)　70

ハンドラー(Handler, L.)　257
ビネー(Binet, A.)　202
ブック(Buck, J.N.)　240
フロイト(Freud, S.)　36,276
マッキンレイ(McKinley, J.C.)　177
マッコーバー(Machover, K.)　249
ヤスパース(Jaspers, K.)　22
矢田部達郎　189
ユング(Jung, C.G.)　190,275
吉松和哉　23
ロジャーズ(Rogers, C.R.)　2,54
ローゼンハーン(Rosenhahn, D.L.)　54

■事項索引

▶あ　行

IQ(Intelligence Quotient)　195,215
ICD　38,40,56,87
アクティブ・イマジネーション　84
アグレッション　170
アセスメント　55
　間接的——　112
　直接的——　112
アセスメント面接　48,49
アルコール依存症　155,158
アレキシサイミア　44
意識的プロセス　9
意識優位　236
医者-患者関係　41,48
異性像　158
遺伝的な素因　88
いま・ここ　3
意味体験　38
　——の中でのつながり　46
ウェクスラー知能検査　194

WAIS　194
WAT　275
WISC　194
WPPSI　194
内田-クレペリン精神検査　266
雨中人物画　256
うつ状態　25,26
SCT(sentence completion test)　137,161
STAI(State-Trait Anxiety

Inventory) 118
HFD(Human Figure Drawing) 250
HTP(House-Tree-Person)法 240,250,259
MSA(Manifest Anxiety Scale) 118
MMPI（ミネソタ多面人格目録） 177
MMPI-Alexithymia Scale 44
LMT(The Landscape Montage Thechnique) 228
エディプス的 157
遠景化現象 230

▶か 行

外向型 190
解釈仮説 181
回答の正確さ 116
解(乖)離現象 231
家屋画 259,262
拡散反応 148
仮説的解釈 284
課題性 207
過敏性腸症候群 45,46
感覚レベル 7,10
感情のプロセス 7
感情レベル 7
器質性精神障害 37,39
記述的診断 22
基底欠損 233
基底断層 233
基底断層症候群 232
逆転移 41,70
キャッチアップ 222,224
QOL(quality of life) 3
境界水準 27
共感 7,10
共感的理解 2,19,245
教示 279
矯正年齢 222
共通空間 10
京都市児童院 206
強迫性 46
局限化 82
虚構尺度 117
去勢 157
空間象徴 244

群指数 198
経験効果 207
K式発達検査 218
形態立体反応 149
外界と自己に関する現実感 77
元型 89,277
言語性 IQ 198
言語性検査 195
言語連想テスト 80,162,275,277
顕在性不安尺度 118
検査システム 128
検査目的 123
現実検討 28,77
現実の妥当性 203
構造化された面接 31
構造化されていない質問 112
構造化されている質問 114
行動観察法 113
興奮 267
効用と限界 102
心と身体のつながり 44
個性記述的反応 148
ことばの二重性 5
個別指標 247
暦年齢 219
孤立指標 148,149
コンサルテーション・リエゾン 40
コンテクスト 281
コンプレックス 80,276,277
コンプレックス指標 81,281
コンプレックス理論 277

▶さ 行

再検査法 204
再質問 207
再生テスト 280
作業曲線 266
作業同盟 41
自我
　――の自律的機能 78
　――の成熟度 39
　――の弾力性 78

自我機能 28,46,71,77
視覚刺激 105
自我阻害場面 169
自記式 113
刺激語リスト 279
次元の評価 63
思考過程 77
自己像 158
自己中心的スコア 149
自己中心的な反応 283
自殺 111
GCR(Group Conformity Rating) 172
事実反応 283
思春期内閉症 236
シゾイド 46
下ごしらえの心理療法 49
実在的空虚 233
質問紙 113
質問紙性格検査 185
質問紙調査法 113
質問紙法 104,110,113,114,185
　――の長所 114
質問調査 72
社会的望ましさ 116
修正年齢 222
集団知能検査 211
自由連想法 69,83
主観（体）的共感 7
主観的体験 26
主訴 27
樹木画 259,262
情意的側面 154
症候学的視点 42
症候学的診断 38,42
状態診断 278
状態-特性不安目録 118
焦点づけ精神療法 71
情動 277
除外診断 46
叙述タイプ 284
心因 25
心因性精神障害 24,37,39
人格障害 59
進行麻痺 23
審査分析 69
心身医学 36,40,41
心身医学的検査 43

索　引

心身医学的診断　37, 38, 42, 47
心身症　36, 44, 45
　　狭義の――　39, 42, 48
身体因(外因)性精神障害　24
診断　16, 52, 53, 68, 80
診断的理解　2, 19
診断面接　70, 71
診断面接課程　71, 74
診断面接関係　73
シンナー乱用　155, 156, 158
新版K式発達検査　209
人物画　259, 262
信頼性　106, 175, 203
心理アセスメント　7, 48, 68, 102, 110
　　――観察による方法　68
　　――面接による方法　68
　　――の意義と目的　111
　　――心理学的な諸検査　68
心理検査　43, 44, 46, 48, 102
心理測定　207
心理的に考える能力 (psychological mind)　28
心療内科　35, 40
心療内科医　35, 36, 37, 38, 40, 48
心理療法の適応　48
鈴木・ビネー検査　206
スタンフォード・ビネー検査　204
ステレオタイプ　282
ストレス　271
性格特性論　190
生活年齢　222
精神医学的面接　70
精神診断学　142, 143
精神発達　219
精神分析医　69
精神分析的診断面接　69
精神分裂病妄想型　81
積極的-消極的　148
Zスコア　149
全検査 IQ　198
潜在知覚　8

全体性　82
早期発見　220
総合的な診断　71
相互の関係的診断　71
操作的診断　57
創造性　203
早発性痴呆　81
ソシオメトリック・テスト　113

▶た　行
第一特性の問題　117
対象関係　78
　　――の質　39
態度尺度　113
対面法　69
他記式　113
多軸的診断　58
妥当性　106, 203
遅延した反応時間　281
知的機能　203
知能　154
知能検査　103, 203
知能指数　205
知能尺度　202
知能偏差値　206
聴覚刺激　105
超自我因子　174
超自我阻害場面　169
直観(診断における)　60
定型曲線　267
DAM (Draw-A-Man test)　249
DSM　38, 40, 56, 87
TAT　104, 110, 166
DAP (Draw-A-Person test)　249
DQ　146
抵抗　117
Tronto Alexithymia Scale　44
テストの選択　125
テスト・バッテリー　48, 121, 122, 128, 225
転移　41, 42
伝統的な診断　71
投影法　102, 104, 259
統計的妥当性　203
動作性 IQ　198

動作性検査　195
特殊スコア　149
特殊反応　148
特性　118
特性的評価　63

▶な　行
内因　25
内因性精神障害　24
内向型　190
内的整合性　175
慣れ　267
濃淡-展望反応　148, 149

▶は　行
バウムテスト　240
破瓜型分裂病　229
パーソナリティ　269
パーソナリティ検査　113, 177
パーソナリティ特性と行動　119
パーソナリティ理論(人格理論)　108, 111
発達検査　218, 219, 220
発達指数　218, 222
発達障害　219
発達水準　146
発達年齢　219
発達プロセス　246
発達臨床カウンセリング　224
母親固着　157
バベルの塔　151
反射反応　148, 149
反応時間　280
反応失敗　280
反応転移　174
反応の構え　117
P-Fスタディ(絵画欲求不満テスト)　168
Big Five 仮説　191
描画姿勢　245
描画法　112, 259
標準化　114
評定尺度　114
評点因子一覧表　171
病理水準　159
病歴の聴取　80

非欲求阻止者　169
疲労　267
風景構成法　228
普通反応　148
フラストレーション　168
ブルグヘルツリ病院　276
ブレンド反応　148
文章完成テスト　112,161
分析心理学　80
ペア反応　148,150
Beth Israel Hospital Psychosomatic Questionnaire　44
偏差 IQ　195
防衛機制　29
防衛機能　78
包括的システム　144
棒人間　256
母性的専心　10

▶ま 行
見立て　16,21,68,85,111

無意識　8,230,276,278
無意識優位　236
面接調査段階　73
面接による見立てと見通し　69
面接法　113
妄想型分裂病　230
黙従　117
物語　89
問診　42

▶や 行
誘目性　254
夢　84,278
　　──の分析　89
抑圧　276
欲動の調査・支配　77
欲求阻止者　169

▶ら 行
来談者中心療法　2
来談者との関係性　61

ライフサイクル　30
ラポール　221
力動的観点　39,45
力動的診断　38,41,42
力動的心理療法　44,48
力動的見立て　41
臨床心理士　47,48
臨床的診断　51
類音反応　282
類型分類　62
練習効果　267
連想(association)　275
連続的連想法　83
ロジェリアン　6
ロールシャッハ・テスト　12,104,110,134,153,100
ロールシャッハ面接　15
YG法　115,185

編者略歴

氏原　寛（学術博士）
（うじ　はら　ひろし）

- 1953年　京都大学文学部史学科卒業
- 1977年　大阪外国語大学教授
- 1984年　大阪市立大学生活科学部教授
- 1992年　四天王寺国際仏教大学文学部教授
- 1995年　梅山女学園大学人間関係学部教授
- 2002年　帝塚山学院大学大学院教授

主な著訳書
- 意識の場理論と心理臨床（誠信書房）
- カウンセリングはなぜ効くのか（創元社）
- カウンセリングの心（創元社）
- ユングを読む（ミネルヴァ書房）
- ユング―そのイメージとことば（訳，誠信書房）
- 心理学入門（共編，培風館）
- 夢の道＝ユング心理学による夢解釈（監訳，培風館）
- 臨床心理学入門（共編，培風館）
- 私の知らない私＝無意識の心理学（共編，培風館）
- 心理臨床大事典（共編，培風館），ほか

成　田　善　弘
（なり　た　よし　ひろ）

- 1966年　名古屋大学医学部卒業
　　　　　精神医学専攻
- 1978年　社会保険中京病院精神科部長
- 1994年　梅山女学園大学人間関係学部教授
- 2002年　桜クリニック，
- 2003年　大阪市立大学大学院教授

主な著訳書
- 精神療法の第一歩（新療新社）
- 心身症と心身医学（岩波書店）
- 青年期境界例（金剛出版）
- 強迫性障害（医学書院）
- 青年期境界例の治療（共訳，金剛出版）
- 強迫パーソナリティ（共訳，みすず書房）
- 赤ん坊と母親（共訳，岩崎学術出版社），ほか

© 氏原　寛・成田善弘　2000

2000年 2月18日　初版発行
2005年11月18日　初版第6刷発行

臨床心理学 2
診断と見立て
―心理アセスメント―

編　者　氏原　　寛
　　　　成田善弘
発行者　山本　　格

発行所　株式会社　培風館
東京都千代田区九段南4-3-12・郵便番号102-8260
電　話(03)3262-5256(代表)・振替 00140-7-44725

正進社印刷　組版・平文社　印刷・三水舎　製本

PRINTED IN JAPAN

ISBN4-563-05624-3　C3011